대통령의 말하기

대통령의 말하기

노무현 대통령에게 배우는 설득과 소통의 법칙

| 윤태영 지음 |

위즈덤하우스

생각이 빈곤하면
말도 빈곤하다

사람은 소통한다. 아니 소통해야 사람이다. 말을 하고 글을 쓰는 동물이 사람이다. 자신을 표현하고 상대를 설득하기 위해 사람은 말을 하고 글을 쓴다. 말이 글을 낳았고, 글은 다시 말을 다듬었다. 쓰지 않고는 살 수 있지만 말하지 않고는 살 수 없다. 어쩌면 말은 의·식·주의 앞에 있다.

말은 세상과의 교류이다. 대화하고 교류한다는 것은 살아 있다는 의미이다. 오늘도 많은 사람이 말로 교류를 시작하고 말로 하루를 마무리한다. 말하는 것이 사람의 기본이라면 말 잘하는 것은 리더의 기본이다.

2000년부터 2009년까지 10년 정도의 세월을 '노무현의 말'과 함께 살았다. 특히 2003년부터 2007년까지는 대통령인 그의 말을 받아 적는 것이 직업이었다. 말에 관해 뜨거운 찬사와 차가운 비난을 함께 듣는 사람이었다. 달변이라는 별칭이 '거듭된 말실수'라는 지적과 공존했던 대통령이었다. 그만큼 그는 말하는 사람이었다. 그냥 '말하는' 사람이 아니라, 아주 특별히 말하는 사람이었다. 그의 말을 받아 적은 결과물은 500여 권에 달하는 휴대용 포켓수첩, 100권의 업무수첩, 그리고 1,400여 개의 한글 파일로 남아 있다.

임기를 9개월 남겨놓았을 즈음이었다. 그는 진해에서 휴가를 보내던 중 김경수 연설기획비서관에게 이렇게 말했다. '말'에 관한 이야기였다.

"말도 잘하고 일도 잘하는 사람이 지도자다. 그런데 말만 잘하고 일은 못하는 사람이 있었는가? 그동안 외교무대에 나가서 선진국 지도자들을 보니 말을 못하는 지도자가 없더라."

사석에서 '말'에 관해 이야기할 때마다 그는 상기된 표정이었다. 자신의 말에 대한 파상적인 공격 때문이었다. 스트레스이기도 했고 부담이기도 했다. '말과 지도자론'이 계속된다.

"민주주의의 핵심은 설득의 정치이다. 그래서 '말'은 민주정치에서 필수적이다. 김대중 대통령만 보아도 알 수 있다. 말만 잘하고 일을 못하는 지도자가 과연 있는가?"

잠시 호흡을 가다듬은 후 그는 '말'에 관한 자신의 철학을 피력한다.

"말은 한 사람이 지닌 사상의 표현이다. 사상이 빈곤하면 말도 빈곤하다. 결국 말은 지적 능력의 표현이다."

그는 자신이 만나본 외국 지도자들을 구체적으로 거명하며 그들의 말에 대해 이야기한다. 토니 블레어도 있고, 빌 클린턴도 있다. 지난 날 미국 대통령의 이름도 등장한다. 링컨, 루스벨트의 말 한마디가 지금도 세상을 움직이고 있다고. 그리고 지시 하나를 덧붙인다.

> "그동안 외국을 다니면서 외국 지도자들의 말에 대해 내가 언급해놓은 것을 날짜별로 뽑아보라고 윤태영 비서관에게 지시하라. 외교에서 말이 얼마나 중요한지…"

'말'에 관한 지시는 이것이 처음은 아니었다. 그는 기회가 있을 때마다 '말'에 관한 자신의 생각을 참모들에게 이야기했고, 문제가 있을 때마다 나에게 관련 자료를 모을 것을 지시했다. 그가 얼마나 '말에 대한 시비' 때문에 힘들어했는지 알 수 있는 대목이다. 그러한 부담이 결국은 '글쓰기'에 대한 집착으로 이어지기도 했다. 어쨌든 이러한 이야기들이 말해주듯이 그에게 말은 엄청난 '애증'의 대상이었다. 그가 대통령으로 있던 참여정부 5년은 '말의 전성기'이기도 했다.

말을 잘하려는 사람, 말로 사람의 마음을 움직이려는 사람, 말로 세상을 바꾸려는 사람들이 많다. 그렇다면 먼저 노무현 대통령의 말을 연구할 필요가 있다. 그는 무엇을 어떻게 말했는지, 그리고 왜 그렇게 말했는지를 분석해볼 필요가 있다. 이 글은 그런 시도의 하나이다.

같은 날 그는 '지도자의 말'에 대해 명확한 개념을 제시했다. '말'에 관한 그의 철학이 압축되어 있는 말이다.

"말을 잘하는 것과 말재주는 다른 것이다. 국가 지도자의 말은 말재주 수준이 아니고 사상의 표현이고 철학의 표현이다. 가치와 전략, 철학이 담긴 말을 쓸 줄 알아야 지도자가 되는 법이다."

이 책은 대통령 노무현, 나아가 정치인 노무현의 말하기 원칙과 노하우를 소개한다. 그가 어떻게 말했고, 또 말을 위해 얼마나 치열한 고심을 거듭했는가를 보여준다. 또 어떻게 하면 훌륭하게 대화하고 연설할 수 있는지 그 포인트를 알려준다. 말하기의 세계에서 앞서나가려는 사람들에게 좋은 참고자료가 될 것이다.

책이 나오기까지 많은 분들의 도움이 있었다. 일일이 밝히지 못함을 송구스럽게 생각한다. 무엇보다 위즈덤하우스 관계자들의 노고가 컸다. 박경순 편집장과 윤서진 님께 각별한 고마움의 인사를 전한다. 아무쪼록 이 책을 통해 더 많은 사람이 노무현 대통령의 진면목을 발견하고 또 자신을 한 차원 높게 성장시켰으면 하는 바람이다.

2016년 8월
윤태영

차
례

1부

편법은
없다

01

맞지 않고
공격할 순 없다

"링 위에 오르는 사람은
두 개 잃고 세 개를 얻으면
남는 것이다."

노무현 대통령은 당면한 현안을 뒤로 미루거나 회피하는 성격이 아니었다. 제1부속실장으로 일하던 시절 대통령의 판단이 필요한 문제를 보고하면 가급적 그 자리에서 결론을 내주었다. 시간을 지나치게 오래 끌어 아랫사람을 힘들게 하는 일이 거의 없었다. 최대한 많은 자료를 판단의 근거로 삼되, 결정을 내리기까지의 시간은 최소한으로 줄였다. 언론으로부터 비판받을 일이 생겼을 때에도 곧바로 공개했다. 일부러 시기를 조절하지 않았다. 부당한 공격에 대해서는 즉시 대응했다. 그렇게 거의 모든 사안에 대해 정면 돌파를 시도했다. 편법은 그의 사전에 없었다.

대통령 재임 시절 그는 기회가 있을 때마다 기자회견이나 간담회를 가졌다. 현안이 생기면 참모를 앞세우기보다 자신이 직접 연대에 섰다. 대변인의 말이 신문 2면의 하단기사라면 비서실장의 언급은 1면 하단에 위치한다. 대통령이 나서서 설명하면 1면 톱이 된다. 그는 그런 효과를 잘 알고 있었다. 그래서 스스로 총대 메는 일을 주저하지 않았다. 그가 기자회견을 자청하여 논쟁의 한가운데로 끼어들면 지지율 하락으로 이어지는 경우가 많았다. 모름지기 대통령은 점잖게 가만히 있어야 한다는, 세간의 선입관이 한몫했다. 하지만 그는 그것조차도 기꺼이 감내했다.

난처한 현안이 생겼을 때 참모들의 만류에도 불구하고 대통령이 춘추관에 나가 해명하는 일이 자주 있었다. 그럴 때면 일부 참모들이 '입장만 발표하고 기자와의 일문일답은 없는 것으로 하자'고 건의하기도 했다. 나 역시 그런 입장에 섰던 적이 몇 차례 있었다. 대통령은 그런 나를 물끄러미 바라보기만 할 뿐 아무런 대답도 하지 않았다. 사리에 맞지 않다는 뜻이었다.

⋮

최고의 전략은 '정면 돌파'다

2007년 5월이다. 대통령선거를 앞두고 후보 선출 문제로 정국이 어수선하던 시절, 그가 '청와대브리핑'에 한 편의 글을 기고했다. 다음은 그 가운데 일부이다.

"정치는 잔꾀로 하는 것이 아닙니다. 복잡한 분석과 수읽기, 거기서 나오는 잔꾀는 한계가 있습니다. 적어도 지도자라면 그런 것에 기대는 정치를 하지 말아야 합니다. 대통령보고 대단한 전략가라고 말합니다. 무슨 치밀한 분석과 수읽기를 가지고 말하고 행동한다고 믿는 모양입니다. 그러나 정치인 노무현은 그렇게 정치해오지 않았습니다. 오히려 그런 것에 의존해서는 안 된다고 생각하는 사람입니다. 정치는 양심의 명령에 따라 성실하게 해야 합니다. 그렇게 하는 것이 정도이고, 그래야 국민의 지지를 받을 수 있습니다."[1]

그의 캐릭터가 진하게 묻어나오는 글이다. 그렇게 그는 언제나 편법에 의존하지 않으면서 정면 돌파하는 정치를 해왔다. 그것이 때로는 사람들에게 '전략'으로 비쳐졌을 뿐이다. 그가 문제의 본질을 회피하지 않았던 다양한 언급들을 소개한다. 먼저 2003년 12월 17일, 일련의 정치개혁 입법을 촉구하며 국회에 보낸 서한의 한 대목이다.

"또한 권역별 비례대표 의석을 확대하기 위해서는 지역구를 줄이는 것보다 의원 정수를 늘리는 것이 옳은 방법이라고 생각합니다. 현 상황에서 지역구 의석수를 줄이면 많은 농어촌 지역에서 2~4개의 자치행정구역이 하나의 선거구로 통폐합되어 지역 대표성이 무너지게 됩니다. 의원 개개인의 이해관계를 떠나 국회의 대표성을 위해서 바람직하지 않습니다. 갈수록 소외되어 가는 농어촌의 지역 대표성이 크게 약화되는 것은 옳은 선택이 아니라고 봅니다. 물론 의원 정수를 늘리는 것에 대해 국민의 비판과 불신이 적지 않습니다. 그러나 현재의 의원 정수는 우리나라 인구수와 비교할 때 많은 수가 아닙니다. 중요한 것은 국회의원 숫자가 아니라 국회의 질입니다. 국회의원 200여 명의 소모적 정치공방에 발목 잡힌 국회보다, 국회의원 100여 명이 늘어나더라도 그 국회가 더 생산적일 수 있다면 그 비용은 기꺼이 지불할 가치가 있다고 생각합니다. 국민들에게 호소하고 이해를 구하면 가능한 일일 것입니다."[2]

지역구도 정치를 해소하는 방안의 하나로 권역별 비례대표제를 도입하되 이를 위해 필요하다면 국회의원 정수를 늘리자는 제안이다. 의원 정수의 증원 문제는 예나 지금이나 언급 자체가 역풍을 불러일으킬 정도로 민감한 사안이다. 그의 말대로 '국민의 비판과 불신이 적지 않은' 만큼 웬만한 정치인이라면 하기 어려운 주장인 것이다. 그러나 그는 이처럼 소신껏 자신의 주장을 전개하고 있다. 단순한 일회성 주장이 아니다. 그다음 날인 18일, 충북지역 언론인과의 만남에서의 이야기다.

"우리 국민들이 결단해서 학계에서든 시민사회에서든 있는 현실을 직시하고 용기 있게 말해야 됩니다. '국민들이 반대한다, 정서적으로 싫어한다.' 그래서 말 안 하면 영원히 이대로 가는 것입니다. 용기 있게 말해서 적어도 3백 몇십 석, 350석 정도 국회의석이 되더라도 정치구조를 기본적으로 고쳐야 됩니다. 350명 국회의원이 결코 많지 않습니다. 16개 상임위원회가 있는데 입

법 활동을 할 때 되면 눈코 뜰 새 없이 바쁩니다. 감당하기 매우 어렵습니
다. 지역구에서 의원들의 시간을 덜 빼앗아 의원활동의 부담을 많이 줄여주
고 모금도 좀 적극적으로 해서 활동할 수 있게 뒷받침을 해준 다음에 국회
에서 열심히 일하게 하는 것이 개혁의 요체이지, 그냥 국민들 기분이 좋지
않다고 자꾸 국회를 깎아내리고 줄이는 이런 방식으로 가서는 안 된다고
생각합니다."[3]

:

확고한 소신의 힘

주장의 옳고 그름이나 그 객관적 타당성을 떠나서 그는 이렇게 자신
의 생각을 펼치는 데 주저함이 없는 사람이었다. 원칙과 소신이 없다면
불가능한 일이다. 여기서 확인되는 포인트가 하나 있다. 말하기의 기본
은 역시 분명한 소신이라는 사실이다. 이야기를 하고 있기는 한데 들을
수록 입장이 무엇인지 헷갈리는 사람을 가끔 접한다. 소신이 분명하지
않기 때문이다. 입장이 없는데 어쩔 수 없이 말하고 있기 때문이다. 애
매모호한 말보다는 차라리 침묵이 나을 수도 있다.

2004년 1월, 노무현 대통령이 신년 기자회견을 하는 도중 이른바
'식사정치'에 대해 질문을 받았다. 정치인들을 자주 청와대 관저에 초대
하여 저녁식사를 함께하자 비판적인 여론이 제기된 것이다. 기다렸다
는 듯 그는 다음과 같이 답변했다.

"본 질문에 답변 드리기 전에 '식사정치'부터 먼저 말씀드리겠습니다. 좋은 것 아닙니까?"

반문에 이어서 그는 미국의 제7대 잭슨 대통령 시절의 이야기를 소개했다.

"미국이 독립하고 제6대 대통령 때까지는 제한된 선거제도를 가지고 있었습니다. 아주 세금을 많이 내는 일부 유력자들만 선거권을 가지고 일반 국민들은 참정권이 없었습니다. 민주주의를 했지만 소위 '귀족민주주의'라 할 수 있는 그런 제한된 민주주의를 하고 있었습니다. 제7대 잭슨 대통령이 역시 저와 비슷하게 학력이 낮고 독학으로 변호사를 해서 대통령이 된 사람인데, 그분이 대통령이 되고난 뒤의 별명이 '커먼맨(Common Man)'이라고 해서 그야말로 보통 사람이라는 이름이 붙었습니다. 그 이전의 사람들은 보통 사람이 아니라는 뜻이었습니다. 그분이 대통령이 되고난 뒤에 새로 생긴 버릇이 식당에서 각료들과 국정을 논의했다고 해서 '키친캐비닛(Kitchen Cabinet)'이라고 이름이 붙여졌습니다. 당시에는 그것이 야유였지만 지금은 미국의 대중민주주의 발전사에서 상당히 긍정적인 역사적 사건으로 평가되고 있습니다. 실제로 그분이 대통령을 하는 동안에 미국의 일반 국민들이 대대적으로 정치참여를 하게 되는, 보통선거권이 확대된 그런 역사적 사실이 있습니다."[4]

우선 '식사정치'라는 표현이 주는 부정적인 뉘앙스를 정면으로 부인하고 있다. 이어서 미국에서 있었던 역사적 사실을 예로 들면서 그것이 오히려 바람직한 모습임을 강조하고 있다. 이른바 '식사정치', 나아가 '대중민주주의'에 대한 평소의 소신이 없었다면 할 수 없는 답변이다. 그래서 예상치 못한 질문에도 명확하게 자신의 입장을 밝힐 수 있었던 것이다. 만일 이 대목에서 '식사정치'의 부정적 뉘앙스를 반박하지 못한 채 '바쁜 대통령의 일정상 불가피했다'라거나 '앞으로 자제하겠다'는 식으로 답변했다면 어땠을까? 일부의 사람들은 이해를 표할 수도 있겠지만 전체적으로는 대통령이 무언가 '떳떳하지 못한 일을 했다'는 이미지로부터 결코 자유로울 수 없을 것이다. 그만큼 확고한 소신과 이를 바탕으로 한 정면 돌파가 중요하다.

말과 글은 자신의 생각을 다른 사람들에게 전하는 수단이다. 사람들이 듣기 좋아하는 이야기만 하는 것은 진정한 '말하기'의 세계가 아니다. 노 대통령처럼 자신의 생각을 당당하게 주장하고 전개하는 것이 말 잘하는 사람으로 가는 첫걸음이다.

시간을 거슬러 올라가 1994년의 일이다. 당시 나는 출판사 편집장이었는데, 그로부터 2년 전 14대 총선에서 낙선한 정치인 노무현의 자서전을 출간하기 위해 한창 작업에 몰두하고 있었다. 이삼일에 한 번씩 대여섯 차례에 걸쳐 그를 만나고 구술을 받았다. 그래서 초고를 정리하면 그가 집중적으로 수정하는 방식이었다. 그렇게 완성된 책이 그의 첫 자서전인 《여보, 나 좀 도와줘》였다. 당시 그가 구술한 내용 중에는 이런 대목이 있었다.

"얼마 전 대구 보선에서 당선된 한 의원이 자전거를 타고 다니겠다고 선언한 일이 있다. 나는 그 기사를 보는 순간, '아차, 저 사람 실수하는구나' 싶었다. 나도 처음 당선되었을 때에는 자가용 없이 버티어 보려고 마음먹었다가 여의도 안에서 택시 잡느라 30분이 넘게 이리 뛰고 저리 뛰기를 몇 번 해보고 나서야 잘못된 것임을 깨달았던 일이 있었다. 그랬던 경험이 있었던 만큼 나는 그 선언을 지켜보면서 '나중에 뒷감당을 어떻게 할까?' 하는 걱정만 했을 뿐 그분의 선의를 의심하지는 않았다. 그런데 며칠 후 한참 선배 되는 어떤 의원이 기자들을 불러놓고 자전거 출근을 하는 쇼를 벌리는 것을 보고는 마음으로 분개하지 않을 수 없었다. 그래서는 안 되는 일이었다. 그 초선의원이야 겪어보지 않아서 그런 궁리를 냈다 하더라도 알 만한 선배라면 더 이상 실수를 하지 않도록 말려야지 그를 이용해서 쇼를 하다니…"

나 또한 그의 생각에 충분히 동의하는 쪽이었다. 하지만 그는 엄연한 현실 정치인이었다. 동료와 선배 정치인을 비판하는 구술은 부담이었다. 책으로 활자화되면 독자들이 금방 누군지 알아차릴 수 있는 상황이었다. 더욱이 이 구술을 할 즈음에는 '자전거 출근'이 실현 가능성을 떠나 언론의 주목을 받으며 칭찬을 듣고 있었다. 이 이야기를 군이 책에 넣어야 하는지가 나와 출판사의 의문이었다. 나는 삭제하자는 의견을 냈다. 그러나 그는 개의치 않은 채 끝내 이 대목을 책에 담았다. 욕을 먹더라도 지적할 것은 분명히 지적하겠다는 입장이었다.

이렇듯 말하기의 기본은 문제의 핵심이나 본질을 회피하지 않는 자세다. 이것이 두 번째 포인트다. 자신의 말만 일방적으로 전달하고 상대방의 질문은 외면하면 안 된다. 때로는 곤란한 질문이 있을 수도 있다. 그것이 문제의 핵심이라면 노 대통령처럼 적극적으로 의견을 개진해야 한다. 소신에 찬 발언이 단기적으로는 작은 논란과 불이익을 초래할 수도 있다. 그러나 긴 안목으로 보면 결코 나쁘지 않다. 어느 날 문득 '소신이 뚜렷하고 생각이 분명한 사람'이라는 평가 위에 서 있는 자신을 발견하게 될 것이다. 두렵고 힘들더라도 문제의 본질에 마주서야 한다.

노무현 대통령은 순간의 인기를 위해 본질을 외면하는 정치인이 아니었다. 마주하는 사안마다 그렇게 정면 돌파를 도모했다. 그런 한편에서는 긴 호흡으로 이루어지는 역사의 발전을 추구했다. 현안은 대부분 정면 돌파였지만, 역사의 발전이라는 측면에서는 직선이 아닌 우회도 기꺼이 포용했다. 공존하며 함께 가야 한다는 철학이었다. 그가 서명할 때 즐겨 사용했던 '강물처럼'이라는 문구에 담겨 있는 철학이기도 하다.

말하기의 '기본'

1. 언제 어디서든 생각을 당당하게 주장하려면 '확고한 소신'을 가져야 한다

주장의 옳고 그름이나 그 객관적 타당성을 떠나서 자신의 생각을 펼치는 데 주저함이 없으려면, 반드시 원칙과 소신이 있어야 한다. 이야기를 하고 있기는 한데 들을수록 입장이 무엇인지 헷갈리는 사람을 가끔 접한다. 소신, 즉 입장이 없는데 어쩔 수 없이 말하고 있기 때문이다. 애매모호한 말보다는 차라리 침묵이 나을 수도 있다.

2. 문제의 핵심이나 본질을 회피하지 않아야 한다

자신의 말만 일방적으로 전달하고 상대방의 질문은 외면하면 안 된다. 그것이 문제의 핵심이라면 노무현 대통령처럼 적극적으로 의견을 개진해야 한다. 소신에 찬 발언이 단기적으로는 작은 논란과 불이익을 초래할 수도 있다. 그러나 긴 안목으로 보면 결코 나쁘지 않다. 두렵고 힘들더라도 문제의 본질에 마주서야 한다.

02

미사여구가 아닌 팩트로
상대의 마음을 움직여라

"진실을 말하는 것이야말로
진정한 지도자의 용기라고 생각합니다."

"지지율이 60% 되었을 때는 집에 가서 잠이 안 오더군요. 풍선 껴안고 자는 기분이었습니다. 그러다가 YS를 만나서 시계 자랑했다가 그만…"[5]

노무현 대통령의 말이다. 2005년 여름, 대연정 구상에 몰두해 있을 무렵이었다. 6월 24일, 그는 총리공관에서 열린 당·정·청 수뇌부 11인 회의에 예정에 없이 참석했다. 고심을 거듭하던 대연정 구상의 일단을 밝히려는 생각이었다. 대화가 오가던 중 2002년 대통령선거 때의 일들이 화제에 오르자, 그가 '풍선 껴안고 자는 기분'을 이야기했다. 지지율이 급격히 오르락내리락하던 시절의 일이었다.

무거운 분위기의 좌중에 잠시 웃음꽃이 터졌다. 배석한 나는 그 말을 들으며 '역시 노무현'이라고 잠시 생각했다. 그래도 지금은 대통령이 아닌가? 웬만하면 그때의 상황을 조금이라도 더 멋있게 표현할 법했다. '멋있게'까지는 아니어도 조금은 '고상하게' 또는 '드라마틱하게' 표현하는 게 인지상정이 아닐까? 나라면 '풍선을 껴안은 기분'이라는 표현도, '시계를 자랑했다'는 이야기도 입에 올리지 않을 성싶었다.

나는 정치인 노무현의 솔직함을 익히 알고 있었다. 1994년 《여보, 나 좀 도와줘》의 구술과 집필 과정에 관여했을 때부터였다. 그는 가족에 대해 구술하면서 지난날의 부부싸움에 대해서도 언급했다. "아내가 조금이라도 불평하면 소리를 질러 대었고 그 말에 심하게 반발을 하면 다시 손을 올려붙였다"는 것이었다. '손찌검하는 남편이었다'는 이야기였다. 아무리 과거사지만 정치인의 회고로서는 적절치 않다고 생각했다. 두고두고 시빗거리가 될 수 있다는 판단이었다. 하지만 그는 끝까지 삭제에 반대했다. 덕분에 이 책은 '정치인의 글치고는 보기 드물게 솔직하다'는 평을 들었다. 덕분에 '정치인의 책치고는 보기 드물게 많이' 팔렸다.

노무현 대통령의 솔직함을 보여주는 일화는 수도 없이 많다. 그 일화들을 하나하나 살펴보면 그가 불리한 상황에서도 결코 솔직함을 포기하지 않는다는 사실을 발견한다. 힘겹고 열악한 상황에서도, 심지어 자신의 솔직함이 사태를 악화시킬 가능성이 높을 때에도, 그는 결코 거짓말을 입에 올리지 않는다. 솔직함이 전략이 아니라 천성인 것이다. 2002년 대통령선거 때의 일이다. 민주당의 선거캠프가 '귀족후보'로 공격하던 이회창 후보가 '옥탑방'의 뜻을 모른다는 사실이 알려졌다. 캠프는 즉시 이를 집중적으로 공격할 준비에 돌입했다. 그런데 막상 노무현 후보는 언론과 인터뷰를 하면서 '자신도 모른다'고 솔직히 대답해버리고 말았다. 해프닝으로 끝나는가 싶었는데, 결과적으로는 후보의 솔직한 모습이 알려지면서 사람들에게 더 큰 감동으로 다가가게 되었다.

⋮

'표현'보다 '사실'로 승부하라

나는 정치권 안팎에서 다양한 글을 써왔다. 나에게 글을 부탁하는 사람들의 주문은 대체로 비슷했다. 가슴 뭉클한 감동을 만들어달라는 것이다. 나는 가끔 이렇게 대답한다.

"감동은 표현에 있지 않습니다. 사실, 즉 팩트(fact)에 있습니다."

사람마다 느낌의 차이가 있겠지만, 다큐멘터리가 주는 감동의 무게가 영화를 능가할 때가 많다. 살아온 내력의 진솔한 토로가 가공의 이야기보다 더 진한 감동을 주는 것이다. 이것이 포인트다.

솔직함은 '말하기'에서도 최선의 정책이 된다. 최강의 무기이기도 하다. 노무현 대통령의 사례에서 보듯이 솔직함의 힘은 강하다. 그런 만큼 이야기를 억지로 꾸며낼 필요가 없다. 그 누구도 아닌 자신이 살아온 이야기를 솔직하게 풀어내면 된다. 말하기의 어려움을 느끼는 사람이라면 자신의 삶을 진솔하게 표현하는 일부터 시작하면 어떨까? 지금은 웅변의 시대라기보다 메시지의 시대다. 표현 방법보다는 메시지의 내용으로 차별화가 되는 세상이다.

정부나 정치권에서도 솔직함을 가장 중요한 덕목으로 삼아야 할 분야가 있다. 언론을 상대하는 사람들이나 그 부서이다. 기업의 경우도 크게 다르지 않을 것이다. 최근 이른바 '갑질' 문화와 관련하여 몇몇 대기업과 경영진이 세간의 지탄을 받는 사례가 여러 번 있었다. 그런 사건들의 경과를 추적하다 보면 공통적으로 발견되는 특징이 있다. 초기 대응에 실패하는 것이다. '실패'의 원인은 다름 아닌 '거짓말'이다. 처음부터 솔직하게 사실을 이야기하고 사과했다면 논란의 더 큰 증폭만큼은 최소한 막을 수 있었는데, 급한 마음에 거짓말로 둘러대다가 사태를 키우는 것이다. 청와대나 공직사회도 마찬가지다. 엄연한 사실을 은폐하거나 고의로 누락하려다가 나중에 사실이 밝혀지면 오히려 더 크고 거센 역풍을 맞게 된다. 청와대 대변인직을 수행하는 동안 이와 유사한 사례를 자주 겪었다. 최선의 방법은 가장 빠른 시점에 가장 먼저 솔직하게 사실대로 이야기하고 양해를 구하는 것이다.

⋮

'못한 일'도 감동이 될 수 있다

노무현 대통령은 커다란 현안이 터질 때마다 그것을 즉시 외부에 밝히는 데 주저하지 않았다. 시간을 전혀 끌지 않았다. 2005년 여름, 이전

정부 국정원의 도청 사건이 확인되었을 당시 그가 내부 회의에서 언급한 표현이 있다.

"다이너마이트는 깊이 묻을수록 폭발력이 크다."

깊이 묻어두고 은폐할수록 나중에 그것이 사실로 밝혀질 경우 역풍이 걷잡을 수 없다는 의미이다. 거듭 말하지만 솔직함은 최고의 감동으로 가는 지름길이다. 당연히 그 내용에는 잘한 일만 포함되어선 안 된다. 실패의 사례도 있어야 하고, 부끄럽거나 쑥스러웠던 경험도 담겨야 한다. 그것이 진정으로 사람들의 마음을 움직일 수 있는 솔직함이기 때문이다. 이것이 두 번째 포인트다. 자신의 허물조차 스스럼없이 이야기할 때 사람들은 화자의 생각에 공감하기 시작한다. 다음은 2008년 10월에 봉하의 사저 앞을 찾은 방문객들 앞에서 젊은 시절을 회고하는 퇴임 대통령의 이야기다.

"제가 고등고시 되고 얼마 뒤부터 '성공했다', '출세했다'는 말이 나오면 얼굴이 빨개지며, 내가 성공했다는 말을 내세우기 어려웠습니다. 그런 말을 내세우기가 불편해요. 출세했다는 얘기를 하면 낯이 뜨거워지고… 자꾸만 그렇게 하면서 꽁무니를 빼는 거지요. 판사가 되고 변호사가 됐으니까 분명히 성공한 것 아니에요, 그렇지요? 성공했는데, 자꾸만 꽁무니를 빼게 되는 것이지요. 스스로는 성공했다는 자부심보다는 약간 미안함이나 부끄러움 같은 것을 가지고 있었습니다. 왜냐하면 제가 성공하는 전 과정에서나, 성공하고 난 뒤에, 저뿐만이 아니고 대체로 어느 사회에서나 성공한 사람들이 이전의 자기 친구들이나 비슷하게 사는 사람들, 또는 더 어렵게 사는 사람들에게 아무런 도움이 안 된다는 것이죠. 보기에 따라서는 그 사람 몫을 더 차지하고 그 사람들 위에서 특별히 보태주는 것도 없이 꽝치고, 또 그 사람들과 혹시 싸움이라도 붙으면 백을 동원해서 받아버리죠, 그렇지요?"[6]

인권변호사로 변신하기 이전, 자신이 살았던 삶에 대한 겸허하고 솔직한 반성이다. 어쩌면 부끄러워서 더욱 말하고 싶지 않은 기억일 수도 있다. 이 이야기를 하고 나서 며칠 후에는 그 미안함의 내용을 좀 더 구체적으로 표현한다.

"예를 들면 제가 변호사인데, 변호사의 수입 수준하고 변호사한테 수임료를 갖다 주는 사람의 수준이 (다릅니다.) 그 사람이 가져온 수임료… 전세방을 빼서 (수임료를) 가져오는 사람들이 있거든요. 전세방을 담보 잡혀서 가져오는 사람이 있는데, 이거는 그 사람에겐 피와 같은 돈이지만 저에게는 대개 술값이고…. 근데 이런 건 좀 작은 규모이지만, 그 당시가 이제 전두환 대통령의 독재가 아주 뭐 엄청날 때인데, 제 지위가 그렇게 높지 않았는데도 그런데, 하물며 까마득하게 저 높은 사람들은 얼마나 힘없는 사람들을 괴롭히고 살까 하는 생각을 그 어느 순간부터 알게 되고 배우기 시작했어요."[7]

최고의 말하기는 '투명한' 말하기

그가 솔직함을 표현하는 계기는 일상적인 대화나 연설만이 아니었다. 그는 외교 무대에서의 솔직함을 특별히 강조했다. 다음은 2005년 5월 말, 정상회담을 준비하는 자리에서의 언급이다.

"외교도 정직해야 한다. 인간사 바깥의 일이 아니다."[8]

의례적으로 좋은 이야기만 하는 것이 외교가 아니라는 뜻이다. 좋은 이야기로만 일관하다가는 상대국이 우리의 입장을 오해할 수도 있다는 것이 그의 생각이었다. 그러니 조금은 불편하더라도 자신과 대한민국의 입장을 솔직하게 밝혀야 한다는 것이다. 그 말처럼 다소 어색할 수도 있었겠지만 그는 2003년 6월 일본을 방문하여 국회에서 연설하는 계기에도 해야 할 이야기를 분명하게 했다. 일본 지도자들이 역사에 대해 진솔하게 이야기해달라는 '쓴 소리'였다.

"진실을 말하는 것이야말로 진정한 지도자의 용기라고 생각합니다."[9]

솔직한 토로가 항상 긍정적 효과를 가져오는 것은 아니다. 리더의 솔직함은 때로는 청중의 일반 정서와 배치될 수도 있다. 다음의 사례가 그렇다. 퇴임한 대통령이 재임 중 세금 문제에 대해 자신의 입장을 피력했을 당시를 회고하는 장면이다. 2008년 10월 사저 앞 방문객 인사의 한 대목이다.

"그래서 세금 올리자는 말은 못 하고 세금이 좀 더 필요하다는 말을 했다가 세금폭탄 정부로 또 박살나고 그랬습니다. 그랬는데, 제발 딴것 보지 마십시오. 그놈이 착한 놈이고 예쁜 놈이고 얼굴 잘생기고 다 필요 없고 정책이 중요합니다. 정책! 세금 올리려고 하거든 무조건… 세금 올리겠다고 하거든 무조건 밀어주십시오. 제발 우리 한국에 세금 올리겠다는 정당 하나 나오면 좋겠어요."[10]

세금 인상만큼 사람들에게 민감한 주제는 또 없을 것이다. 그래서 더욱 전략적으로 접근할 필요가 있는 사안이기도 했다. 하지만 그는 거의 정공법을 선택했고, 결과는 역시 역풍이었다. 그럼에도 불구하고 그는 퇴임 이후 여전히 같은 입장을 견지하며 '세금 올리는 정당'을 이야기하고 있는 것이다. 다음의 언급도 적지 않은 역풍이 있었던 발언이다. 2006년 11월 말 국무회의 모두발언이다.

"대통령의 인사권이 사사건건 시비가 걸리고 있어서 대통령의 권한 행사가 대단히 어려운 상황입니다. 어렵더라도 해야겠지요. 지금 대통령이 가지고 있는 정치적 자산은 당적과 대통령직 두 가지뿐인데 만약에 내가 당적을 포기해야 되는 상황까지 몰리게 되면 그건 임기 중에 당적을 포기하는 네 번째 대통령이 될 것입니다. 아주 불행한 일이라고 생각합니다. 그래서 가급적이면 그런 일이 없도록 노력하겠습니다마는 그러나 그 길밖에 없는 경우도 있을 수 있습니다. 어쨌든 임기 동안에 책무를 원활히 수행하자면 이런저런 타협과 굴복이 필요하면 해야 될 것 아닌가 이렇게 생각합니다. 다만 임기를 다 마치지 않은 첫 번째 대통령이 되지 않았으면 좋겠다는 희망을 가지고 있습니다. 열심히 최선을 다해보겠습니다."[11]

'임기' 문제를 거론하자 야당과 언론은 물론 여당에서도 크게 반발했다. '푸념하는 대통령', '반성은 빠졌다'가 진보언론의 기사였고, '임기도박'은 보수언론의 제목이었다. 여당에서는 '이참에 청와대와 갈라서자'는 이야기도 나왔고, 야당에서는 '국민 협박 말라'는 비난이 쏟아졌다. 이렇듯 솔직함은 때로는 역풍을 불러온다. 그러나 긴 호흡으로 보면 그래도 솔직함이 최선의 정책이다. 그것이 진리임을 온몸으로 보여준 사람이 바로 노무현 대통령이다. 2004년 5월, 대학생들을 대상으로 한 특강에서 그는 자신의 솔직함에 대해 이렇게 표현하기도 했다.

"재주를 한 가지만 딱 얘기하라고 하면 가장 정직한 것이 가장 훌륭한 술수가 될 것입니다. 정치적 술수에서 최고의 단수(單手)는 투명한 것입니다. 그렇게 생각합니다. 솔직한 것입니다. 그런데 내용도 좀 좋아야 할 것입니다. 선의를 갖고 하는 것이라고 생각합니다."[12]

'솔직함'은 어떻게 전략이 되는가

1. '형식'보다 '내용'으로 승부하라

살아온 내력의 진솔한 토로가 가공의 이야기보다 더 진한 감동을 준다. 감동은
표현에 있지 않다. 사실, 즉 팩트에 있는 것이다. 이야기를 억지로 꾸며낼 필요가
없다. 말하기의 어려움을 느끼는 사람이라면 자신의 삶을 진솔하게 표현하는 일
부터 시작해보자. 지금은 표현 방법보다는 메시지의 내용으로 차별화가 되는 세
상이다.

2. 양해를 구하려거든 가장 빠른 시점에 해야 한다

처음부터 솔직하게 사실을 이야기하고 사과했다면 갈등이 커지지 않을 수 있는
데, 급한 마음에 거짓말로 둘러대다가 사태를 키울 수 있다. 엄연한 사실을 은폐
하거나 고의로 누락하려다가 나중에 사실이 밝혀지면 오히려 더 크고 거센 역풍
을 맞게 된다. 문제가 생겼을 때는 그것을 즉시 외부에 밝히는 데 주저하지 않아
야 한다. 시간을 끌지 않는 것이 좋다.

3. '못한 일'도 감동이 될 수 있는 법

솔직함은 최고의 감동으로 가는 지름길이다. 당연히 그 내용에는 잘한 일만 포함
되어선 안 된다. 실패의 사례도 있어야 하고, 부끄럽거나 쑥스러웠던 경험도 담겨
야 한다. 자신의 허물조차 스스럼없이 이야기할 때 사람들은 화자의 생각에 공감
하기 시작한다.

사임과 임기단축 발언,
솔직함인가? 수사인가?

2006년 11월, 노무현 대통령의 '임기' 관련 언급에 정치권과 언론은 크게 술렁였다. 일부에서는 '임기를 담보로 국민을 협박한다'는 비난을 쏟아냈다. 그런 지적들처럼 그의 언급은 과연 정치적 입지를 확보하려던 수사에 불과했던 것일까? 생각보다 많은 사람이 당시 그렇게 받아들이고 있었다. 청와대 내부에서도 그렇게 생각하는 사람이 없지 않았던 것으로 기억된다. '임기' 언급의 진의는 무엇이었을까?

그해 봄, 이해찬 총리가 3·1절 골프 파동으로 물러나면서 대통령 권력은 미세하게 흔들리기 시작했다. 대연정 제안의 후유증과 한미 FTA의 추진으로 지지자들 가운데 상당수는 참여정부와 거리를 두고 있었다. 진보 쪽 언론도 크게 다르지 않았다. 전선이 곳곳에 그어졌다. 보수 언론과 야당은 전시작전통제권의 환수 방침을 놓고 청와대와 대립했다. 여당은 여당대로 대통령과의 거리가 멀어지고 있었다. 여름, 인사 문제를 놓고 당청은 크게 갈등했다. 교육부총리 임명 파동을 거치면서 당과의 틈은 더 벌어졌다. 그 후 헌법재판소장 지명 문제로 대통령과 국회는 정면으로 대립했다. 달리 방법이 없었다. 그는 결국 '지명 철회'라는 굴복을 선택했다. 여당은 한걸음 더 나아가, 대통령과의 차별화를 전면화하기 시작했다. 그가 전국정당으로 발전할 것으로 기대했던 열린우리당은 분화될 조짐을 보이고 있었다. 그는 고립무원의 상태에 있었다.

11월 말, 그는 국무회의 모두발언을 통해 심경의 일단을 드러냈다. 그가 '임기'나 '사임'과 같은 언급을 한 것은 이것이 처음은 아니었다. 2003년 가을에는 재신임 제안이 있었다. 2004년 봄에는 야당의 탄핵소추 앞에서도 사과를 거부했다. 2005년에는 대연정을 제안하면서 권력의 절반을 넘길 수도 있다는 뜻을 내비치기도 했다. 이러한 일련의 과정을 통해 그가 일관되게 내놓는 메시지가 있었다. 권력을 나눌 수 있으며 대통령직에서 내려올 수도 있다는 것이었다. 역으로 말하면 권력에 큰 집착이 없음을 말해주는 것이었다. 하지만 그때만 해도 조건이 있었다. '재신임'이나 '지역구도 해소'와 같은 조건이었다.

12월로 접어들자 '임기단축'과 '사임' 언급이 더욱 많아졌다. 이번에는 달리 조건을 붙이지도 않았다. 그야말로 '순수한 사임'을 이야기하기도 했다. 대통령연임제를 내용으로 하는 '원포인트 개헌'이 단서가 되기도 했다. 개헌을 위해 임기를 1년 단축하겠다는 것이었다. 그래서 개헌이 성사되면 대통령선거와 국회의원선거가 동시에 치러져 집권한 측에서 안정적으로 국정을 운영할 수 있다는 의미였다. 그렇게 '개헌'에 희망을 걸기도 했다. 그동안 야당의 대표들이 개헌의 필요성을 줄곧 언급해 왔기 때문에 더욱 그랬다.

12월 중반으로 접어들 무렵 그는 '사임' 언급에 더욱 무게를 실었다. 금방이라도 대통령직을 내려놓을 듯싶은 분위기였다. 이병완 비서실장 이나 이호철 비서관 등 참모들은 '임기단축'을 조건으로 내세우면 '될 개헌도 안 된다'며 대통령을 설득했다. 침울한 대통령의 모습을 지켜보던 한명숙 국무총리가 12월 29일, 그를 총리공관의 저녁식사에 초대했다. 이창동, 문성근, 박재동, 황지우 씨 등이 자리를 함께했다. 그들을 만난 노무현 대통령은 이렇게 말했다.

"나는 당신들이 다 떠난 줄 알았는데…."

한 총리와 이들의 설득으로 그는 '사임'이나 '임기단축' 이야기를 더이상 꺼내지 않기로 했다. 이듬해인 2007년 1월 개헌을 구체적으로 제안하는 과정에서도 이러한 언급은 일체 없었다. 참모들의 반대를 수용한 것이었다. 그리고 임기를 마칠 때까지 그는 두 번 다시 '사임' 이야기를 꺼내지 않았다. 그렇다면 정말 2006년 말의 '사임' 관련 언급들은 상황을 돌파하기 위한 정치적 수사였던 것일까?

나는 관련한 그의 언급을 단 한 번도 수사로 생각할 수 없었다. 그는 수사를 동원하여 말하는 사람이 아니었기 때문이다. 자신의 심경을 토로할 때면 더욱 그랬다. 고심의 내용을 담백하게 표현하는 사람이었다. 그런 점들을 고려할 때 당시의 그는 실제로 대통령 임기를 단축하고 싶었던 것으로 생각된다. 무척 남다른 내공의 소유자이긴 하지만, 그로서는 이 무렵이 참으로 넘기 힘든 고비였던 것으로 보인다. 지난 4년 동안 좌우로부터 받아온 공격으로 인한 상처는 깊을 대로 깊은 상태였다. 그런가 하면 필생의 꿈인 지역구도 해소는 다시 원점으로 돌아가는 분위기였다. 쉽지 않았던 20년 정치역정 가운데에서도 최대의 시련기가 아니었을까 싶다. 그래서 그는 남은 임기 1년을 내놓고 이를 개헌이라는 정치 발전의 매개로 삼고 싶었던 것이 아니었을까? '사임'과 '임기단축'은 그 절박한 호소가 아니었을까?

'대통령이 어떻게 그럴 수 있나?'가 일반인들의 반응이었지만, 지근거리에서 그의 힘겨움을 지켜보는 입장에서는 그런 반응이 섭섭하게 느껴지기도 했다. 그는 겉으로 드러나는 강한 면모의 이면에 무척 인간적인 구석을 갖고 있는 사람이었다. 거기에는 수많은 매력이 공존하고 있었다. 어쨌든 그는 완전한 사람은 아니었다. 또 완벽을 지향하지도 않았고 완벽하게 보이려고 노력하지도 않았다. 그것이 언제나 솔직함을 유지할 수 있었던 바탕이었을 것이다.

03

'아니오'를 말하는 사람,
'아니오'를 들을 줄 아는 사람

"그럴 바엔
패배를 선택하겠습니다."

"사과하라는 여론이 많은 것을 잘 알고 있습니다. 잘못이 있어 국민들에게 사과하라면 언제든지 사과할 수 있습니다. 그러나 잘못이 뭔지 잘 모르겠는데 시끄러우니까 그냥 사과하고 넘어가자거나 그래서 탄핵을 모면하자는 뜻이라면 받아들이기 어렵습니다. 원칙이 있고 또 각기 책임을 질 사람이 책임져야 합니다. 시끄러우면 대통령이 원칙에 없는 일을 해서 적당하게 얼버무리고 넘어가고 호도해가는 것은 좋은 정치적 전통이 아닙니다. 탄핵은 헌정이 부분적으로 중단되는 중대한 사태입니다. 이와 같은 중대한 국사를 놓고 정치적 체면 봐주기나 흥정하고 거래하는 선례를 남기는 것은 한국 정치 발전을 위해서 결코 이롭지 않습니다. 사과할 일이라면 탄핵 문제가 끝난 뒤에, 그리고 선관위 해석을 둘러싼 저의 입장을 충분히 설명해도 사과를 요구하는 상황이라면 사과하겠습니다."[13]

노무현 대통령에 대한 야당의 탄핵소추 의결이 가시화될 즈음, 마지막 고비가 된 기자회견이다. 2004년 3월 11일이었다. 이 자리에서 그가 사과했다면 어쩌면 '대통령 탄핵소추 의결'이라는 전대미문의 사건은 없었을지 모른다. 이로부터 보름여 전인 2월 24일, 그는 SBS 목동 사옥에서 열린 방송기자클럽 초청 회견에서 이렇게 말했다.

"국민이 압도적으로 (열린우리당을) 지지해줄 것을 기대한다. 대통령이 뭘 잘해서 우리당이 표를 얻을 수만 있다면 합법적인 모든 것을 다 하고 싶다."

야당의 요구는 이 발언에 대한 대통령의 사과로 모아졌다. 그가 사과만 한다면 탄핵소추를 철회할 수 있다는 시사도 있었다. 청와대 내부에서도 적지 않은 수의 참모들이 대통령의 사과를 건의했다. 최소한 대통령이 탄핵되는 사태만큼은 막아야 한다는 의견이었다. 그는 끝내 사과를 거부했다. 자신의 발언은 정치인인 대통령으로서 충분히 할 수 있는 언급이라는 생각이었다. 탄핵이라는 극단적 상황을 앞두고도 그는 자신의 철학을 굽히지 않았다. 일국의 대통령이기에 더욱 흥정이나 거래를 할 수 없다는 그의 생각은 확고했다. 결국 '사과 거부'는 탄핵소추 의결과 직무정지로 이어졌다.

이로부터 15개월 전인 2002년 12월. 당시 그는 정몽준 후보와의 단

일화를 통해 다시 지지율이 상승한 대통령 후보였다. 어쩌면 대한민국 제16대 대통령으로 당선될 가능성이 높아 보이는 시점이었다. 그 즈음, 단일화의 상대방이었던 정몽준 후보 측에서 대선에서의 지지를 담보로 '공동정부'의 구성을 요구해왔다. 몇몇 장관직에 대한 보장 등 구체적인 조건이 붙어 있었다. 대선 캠프의 많은 참모들이 제안에 동의해줄 것을 후보에게 요구했다. 그는 끝까지 이를 거부했다. 그의 대답은 간단했다.

"그럴 바엔 패배를 선택하겠습니다."

결국 선거일 전날 정몽준 후보 측의 '지지 철회' 사태가 촉발되었고, 그는 일순간에 당선권에서 멀어지는 것처럼 보였다. 그는 '공동정부'의 구성이 정도(正道)가 아니라고 생각했던 것이다.

:

'아니오'는 하기 힘든 말이 맞다

'아니오'는 쉽게 하기 힘든 말이다. '말하기'에서는 특히 그렇다. 글쓰기와 달리 상대방을 앞에 두고 있기 때문이다. 많은 사람들이 분위기를 위해서, 그냥 좋게 마무리하기 위해서 고개를 끄덕이는 경우가 많다. 때로는 침묵으로 넘어가기도 한다. 진정한 소통의 모습이 아니다. 자신의 의사를 분명히 밝히는 것이 원만한 소통의 시작이다.

'아니오'를 이야기할 수 있는 사람, 노무현 대통령은 흔치 않은 정치인이었다. 정치에서 대세가 얼마나 중요한지는 누구보다 그 자신이 잘 알고 있었다. 그럼에도 불구하고 그는 모두가 '예!' 할 때 '아니오!'를 말할 수 있는 사람이었다. 가장 대표적인 사례가 바로 '3당합당 거부'이다.

"이의 있습니다."

1990년 1월, 민주자유당과의 통합을 결의하는 통일민주당 전당대회에서 그가 손을 들고 외친 말이다. 만일 그가 3당합당이라는 대세에 몸을 실었다면, 이후의 정치역정은 어떻게 달라졌을까? 적어도 1990년대의 부산에서 거듭 낙선하며 풍찬노숙하는 처지는 아니었을 것이다. 어쩌면 3, 4선 국회의원도 하고 장관직도 맡으면서 이른바 '잘 나가는 정치인'이 되었을 가능성도 높다. 하지만 그의 실제 삶처럼 '대통령'이라는 자리에 오르기는 어렵지 않았을까?

⋮

애매한 태도는 논란을 키울 뿐

'아니오'를 말하려면 소신은 물론 용기도 필요하다. 생각은 그렇지 않은데 말로는 표현하지 못하는 경우가 많기 때문이다. 한두 번은 모르지만 이것이 일상화되면 자칫 소신과 생각이 없는 사람으로 비치게 될 수도 있다.

2005년 상반기의 일이었다. 일본이 유엔 안보리 상임이사국으로 진출하기 위해 이사국의 숫자를 증설하려는 움직임을 보이자 대통령이 반대의사를 밝혔다. 일각에서 '지금 단계에서는 일본에 대해 반대할 것이 아니라 증설에 대해 반대해야 한다'는 의견을 내놓자 그는 이렇게 지적했다.

"지금 이 상황은 명확하게 반대해야 합니다. 자꾸 모호하게 미루는 것이 외교라고 생각하는데 나는 반대합니다."[14]

대통령으로 재임하는 5년 동안 그는 북핵 문제 해결에 몰두해야 했다. 이를 위해서는 무엇보다 미국과의 공조가 중요했다. 그런 한편으로는 한미동맹의 현안들도 매끄럽게 풀어나가야 했다. 한미정상회담을 앞두고 있을 때마다 그는 고심에 고심을 거듭했다. 한국의 입장을 분명히 밝히면서도 양국 간 차이를 줄여나가기 위한 기교가 필요했다. 2006년 11월에는, 하노이에서 부시 미국대통령과의 정상회담이 있었다. 북핵 문제에 대한 미국의 입장에 상당한 변화가 보인 회담이었다. 회담을 마친 후 그는 그동안의 노력에 대해 다음과 같이 회고했다.

"한미동맹에 대해 일부 문제 제기도 있었지만 만나서는 좋게 끝내었다. 외교라는 것이 무엇인가를 생각하게 된다. 차이를 극복하면서 원만하게 풀어온 것이다. 그런 바탕 위에서 대통령이 연기를 잘해야 하는 것이다. 그런 것이 외교다. 그 기록을 복원시켰으면 좋겠다. 내가 국내 분위기를 주도하고 있으면 모르지만, 그렇지 않은 상황이다. 주도권이 흔들리고 있기 때문에 정책이나 여론이 부정적 평가로 흐른다. (중략) 여러 가지 살얼음판을 걸어오면서 양자의 차이를 정리해왔던 과정이다. 기록들을 보면 전혀 이해할 수 없는 대화일 수도 있다. 부시 대통령과 마무리하면서 근본적 문제를 해결한 것은 아니지만 봉합을 하고 다음의 가능성을 만들고 유지해나가기 위한 것이다. (중략) 오늘 기록에 남기고자 하는 것은 '외교'라는 것이 무엇이냐에 대한 것이다. 빡빡하지만 '풀리겠나?' 하는 것이다. '북한이 결단하고 미국이 결단하면 풀린다' 이런 이야기들을 매끄럽게 하는 것이다. 빡빡해지면 더 좋게 이야기한다. 이것은 '기교의 문제'라고 생각한다. 상황을 비관적으로 보는 편인데 그런 상황 속에서도 '기교의 문제'가 기록되었으면 좋겠다."[15]

할 말은 하되, 매끄럽게 대화를 풀어가며 공통의 이해를 끌어내려는 노심초사를 엿볼 수 있는 대목이다. 퇴임한 이후에도 그는 어디에서나 이처럼 분명한 태도를 유지했다. 다소 껄끄럽더라도 단호해야 할 때는 주저하지 않고 자신의 입장을 분명히 했다. 다음은 2008년 9월 21일 오후, 사저 앞 방문객과의 대화 도중에 있었던 일이다. 일부 방문객들이 그에게 "인터넷 카페 회원들의 마음을 담아 선물을 드리겠다"고 말했다. 선물의 내용은 '미국산 쇠고기'였다. 그가 물었다.

"말하자면 야유하시는 것 같은데, 미국산 쇠고기를 저한테 꼭 선물해야 될 이유가 뭘까요?"

계속해서 '선물을 받아 달라'고 일부 방문객들이 요청하자 그는 단호하게 대답한다.

"이곳은 오늘 제가 얘기하는 곳이고 토론하는 장소는 아닙니다. 그냥 가세요. (중략) 안 받겠습니다. 그렇게 사람을 야유하는 법이 아니지요. 토론할 때는 토론장에서 하는 것이고, 그런 방식으로 하는 건 아닙니다."

퇴임 대통령의 분명한 태도에 논란은 더 이상 이어지지 않았다. 그가 만일 예의를 갖추기 위해 애매한 태도로 대응했다면 소모적인 논란이 계속되었을지 모른다. 토론을 마다할 그는 아니었지만 많은 방문객들과 대화를 나누는 그 자리는 아무래도 적절하지 않았을 것이다.

⋮

'아니오' 할 수 있는 사람이 '아니오'도 들을 줄 안다

'아니오'를 말하는 사람이었던 그는 자신의 의견에 대한 '아니오'도 충분히 들어줄 만큼 열린 정치인이었다. 무엇보다 참모들의 격의 없는 의견을 듣기 위해 그가 먼저 다양한 노력을 기울였다. 마주앉은 사람이 대통령이라는 무게에 짓눌려 자유로운 의견 개진을 주저하는 일이 없도록, 긴장을 풀어주는 배려를 잊지 않았다. 그의 표현대로 때로는 '싱거운' 농담이나 유머로 대화를 시작하기도 했다. 또 기회가 있을 때마다 참모들과 토론을 벌였다. 대화와 토론은 자신의 생각 속에 있을 수도 있는 잘못된 정보나 판단의 오류를 바로잡으려는 검증 장치이기도 했다. '아니오'를 말하는 것이 소통의 시작이었다면 '아니오'를 듣는 것은 소통의 완성인 셈이었다.

나아가 그는 자신에 대한 언론과 일반의 비판도 악의적인 것이 아닌 한 열린 자세로 받아들이려고 노력했다. 2004년 11월, 하와이에서 동포 간담회를 가졌을 때 어떤 교민이 이렇게 말했다.

"제가 신문을 보면 정치인이나 언론인 대부분이 부정적으로 대통령이 하는 일에 제동을 걸고 있습니다. 고통스럽고 마음이 아프실 것입니다. (중략) 많은 국민들이 후세에 노 대통령이 한 일을 치하하고 지금 잘못 생각하는 사람들도 칭찬하는 시간이 올 것입니다. 끝까지 잘해주시기 바랍니다."

군이 답변하지 않아도 될 이야기였지만 그냥 넘어갈 수 없었는지 대통령은 이렇게 대답했다.

"감사합니다. 이 말씀에 대해선 제가 잠시 답변을 해야겠습니다. 저도 그런 생각이 들 때가 많이 있습니다. 그래서 섭섭하고 힘이 빠질 때가 있습니다. 그런데 괜찮습니다. 대통령은 말을 들어야 합니다. 욕을 많이 먹는 자리입니다. 대통령 하는 일이 절반은 일하고 절반은 욕먹는 겁니다. (웃음) 국민들이 스트레스도 풀어야 하고 대통령을 만화로 이상하게 그려서 욕하면 재미도 있고 스트레스도 풀릴 것입니다."[16]

'아니오'라는 말을 주고받기는 결코 쉽지 않다. 그러나 명확하게 한 번 '아니오'라고 의사표현을 하는 것이, 훗날 수백 번의 '아니오'를 말해도 통하지 않는 상황을 미연에 방지하는 길이 될 수도 있다. 2004년 12월 프랑스를 방문했을 당시 노무현 대통령이 했던 다음의 이야기가 '아니오'란 말의 중요성을 다시 한 번 생각하게 만든다.

"한국 정부로서는 최선을 다해서 한국 국민들의 이와 같은 처지와 생각이 반영되도록 그렇게 해나가겠다. 그걸 위해 혹 누구랑 얼굴을 붉혀야 한다면 얼굴을 붉히지 않을 수 없다. 그건 우리 생존의 문제이기 때문이다."[17]

'소통'의 시작과 완성

1. 침묵보다는 '아니오'를 외쳐라

자신의 의사를 분명히 밝히는 것이 원만한 소통의 시작이다. '아니오'를 말하려면 소신은 물론 용기도 필요하다. 생각은 그렇지 않은데 말로는 표현하지 못하는 경우가 많기 때문이다. 한두 번은 모르지만 일상화되면 자칫 소신과 생각이 없는 사람으로 비치게 될 수도 있다.

2. 공통의 이해를 끌어내야 한다

서로의 이해관계가 달라 껄끄럽더라도 주저하지 않고 자신의 입장을 분명히 해야 한다. 분명한 태도는 오히려 논란을 종식시킨다. 만일 예의를 갖추기 위해 애매한 태도로 대응한다면 자칫 소모적인 논란이 계속될지 모른다. 단호하게 자신의 입장을 전했다면, 상대의 의견을 듣기 위해 다양한 노력을 기울여야 한다.

3. 대화와 토론은 훌륭한 검증 장치다

대화와 토론은 자신의 생각 속에 있을 수도 있는 잘못된 정보나 판단의 오류를 바로잡으려는 검증 장치이다. 때로는 '싱거운' 농담이나 유머로 대화를 시작하기도 하고, 기회가 있을 때마다 토론을 벌이는 것도 좋다. 비판도 악의적인 것이 아닌 한 열린 자세로 받아들일 줄 알아야 한다. '아니오'를 말하는 것이 소통의 시작이라면 '아니오'를 듣는 것은 소통의 완성이다.

04

아무리 좋은 말도 타이밍을 놓치면 죽은 말이 된다

"참으로 송구스럽습니다. 아울러 괴롭고 부끄럽습니다.
해일에 휩쓸려 가는 장수를 붙잡으려고 허우적거리다가
놓쳐버린 것 같은 심정입니다."

2002년, 대통령선거가 본격적으로 전개되기 전의 일이다. 노무현 후보가 부산 검찰에 전화를 걸었던 일을 두고 논란이 있었다. 나중에 대통령으로 취임한 후 '검사와의 대화'에서도 논란이 되었던 건이다. '청탁 전화가 아니었는가?'가 논란의 핵심이었다. 당시 일간지의 어느 기자가 지방일정을 수행하여 취재하던 중 후보에게 틈이 생기자 이 문제에 대해 질문을 던졌다. 노 후보는 기다렸다는 듯 답변을 시작했다. 한두 마디로 끝날 줄 알았던 답변은 예상 외로 길어졌다. 질문을 던진 기자를 제외하곤 나머지 사람들이 하나둘 자리를 떴다. 결국 기자와 노 후보 단 둘이 남아 한쪽은 답변하고 한쪽은 받아 적는 상황이 계속되었다. 기자의 입장에서는 질문을 던진 터라, '그만 되었다'고 말할 수도 없는 처지였다. 얼마 후 그 기자는 받아 적는 일이 쉽지 않았다고 나에게 토로했다.

노무현 후보는 기자의 질문을 미리 예상하고 답변을 준비해놓고 있었던 것이다. 대체로 이런 유형의 건들은 그 시점에 충분하게 해명해서 사실을 바로잡아놓아야 한다. 논란을 그대로 방치해두면서 '시간이 지나면 잠잠해지겠지'라고 쉽게 생각하면 안 된다. 잘못된 사실이 그대로 사람들의 머릿속에 각인되기 때문이다. 사실이 아닌 것은 곧바로 정정해야 한다. 그것도 분명한 사실과 강한 어조를 동원해서 부인해야 한다. 세상 모든 일에는 때가 있는 법이다.

⋮

별일 아닌 것이 '별일'이 되는 이유

2003년 청와대 대변인으로 처음 일하기 시작했을 때의 경험이다. 언론사 경력이 없는 만큼 초기에는 기자들의 취재관행에 익숙하지 못했다. 그래서 때로는 불필요한 일을 하기도 했고, 때로는 작은 사안을 본의 아니게 키우기도 했다.

기자들은 '뉴스', 즉 새로운 것을 썼다. 어떤 사건이 발생하거나 대통령의 워딩이 주어졌을 때 기자들이 가장 먼저 따지는 사항이 있었다. '과거에도 이런 사건이 있었는가?', '대통령의 이 말은 처음인가?' 등이었다. 예전에 했던 말은 더 이상 기사가 아니었다. 마찬가지로 과거에도 있었던 일이면 기사의 가치는 절반 이하로 떨어졌다. 즉 기사가 되지 않았다. 이렇게 기자들이 기사감이 아니라고 생각할 문제를 놓고 대변인의 입장에서 열심히 답변을 준비하는 경우가 많았다.

이러한 엇박자는 특정 사건이 발생했을 때 두드러졌다. 기자들은 기사로 이야기하는 사람이었다. 그런 만큼 기사를 써서 사안이 일단락되고 나면, 그 후로는 아주 큰 사건이 아니면 웬만해서는 후속취재를 하지 않았다. 그런 관행을 모르면 다음 날에도 유사한 질문이 있을 것으로 전제하고 똑같은 답변을 나름대로 업그레이드하며 준비하게 된다. 그런데 일문일답 시간이 되면, 정작 기자들의 관심은 새로운 건에만 집중된다. 지난 일은 더 이상 초점에 남아 있지 않는 것이다.

반대의 사례도 있었다. 별일이 아닐 것으로 판단하고 대응을 늦춘 경우였다. 물론 난처해서 응답을 회피한 때도 있었다. 위의 이야기처럼 하루나 이틀이 지나면 기사의 가치가 떨어질 것이라는 판단 때문이었다. 하지만 모든 사건이 그렇게 희망대로 전개되는 것은 아니었다. 청와대의 늦은 대응이나 침묵이 새로운 파장을 낳으면서 문제가 더욱 확대되기도 했다.

언론의 이러한 속성을 속속들이 잘 알고 있었다면 대변인으로서의 능수능란한 대응이 처음부터 가능했을까? 대답은 여전히 미지수로 남아 있다. 언론의 관행에 따라 처신하고 대응하는 것이 과연 백 점짜리 평가를 받을 수 있을까 하는 의구심도 있다.

셈하기 전에 대응하라

대통령 노무현, 나아가 정치인 노무현의 경우 이 문제에 대해 확고한 기준을 갖고 있었다. 그는 언제나 상황의 유·불리를 셈하지 않았다. 말하자면 난감한 문제라 해서 시간이 지나면 논란이 잦아들 것이라는 기대가 그에게는 애초에 없었다. 그는 시간을 자기편으로 생각하는 사람이 아니었다. 그의 이러한 생각은 때때로 참모들과의 이견으로 표출되었다.

그는 당면 현안이 있을 때마다 가급적 자신이 직접 청와대 춘추관에 나가 설명 또는 해명을 하려고 했다. 참모들의 입장에서는 대통령이 직접 설명하는 것이 아무래도 부담스러웠다. 그렇다고 해서 참모들의 대응이 대통령을 만족시킬 만큼 신속한 것도 아니었다. 그렇게 하루 이틀 시간이 지나다 보면 결국 대통령이 먼저 언론 앞에 모습을 나타내곤 했다.

2003년 10월 10일의 일이다. 노무현 대통령은 인도네시아의 발리에서 열린 아세안+3 정상회의에 참석했다가 바로 전날 귀국했다. 그 기간 국내에서는 청와대 참모가 SK로부터 비자금을 수수하여 검찰에 소환된다는 보도가 있었다. 그가 서울에 도착한 것은 저녁 7시 무렵이었다. 그는 밤새 고심을 거듭한 끝에 이날 긴급기자회견을 가졌다. 도저히 그냥 넘어갈 수 없는 사안이었던 것이다. 대변인인 나는 브리핑을 하는 도중 '대통령께서 기자회견을 위해 춘추관으로 가신다'고 연락을 받았다. 그만큼 그는 이 사안에의 대응을 시간을 다투는 문제로 판단하고 있었다. 일 초라도 지체할 수 없었던 것이다.

"여러분 안녕하십니까? 오늘 예정에 없이 이렇게 특별히 자리를 마련한 것은 ○○○ 씨 문제에 대한 제 입장을 국민들에게 설명 드리기 위해서입니다. ○○○ 씨는 약 20년 가까이 저를 보좌해왔고 최근까지 저를 보좌해왔습니다. 수사결과 사실이 다 밝혀지겠지만 그러나 그 행위에 대해서 제가 모른다 할 수가 없습니다. 입이 열 개라도 그에게 잘못이 있다면 거기에 대해서는 제가 책임을 져야 합니다. 우선 이와 같은 불미스러운 일이 생긴 데 대해서 국민 여러분들께 깊이 사죄드립니다. 아울러서 책임을 지려고 합니다. 수사가 끝나면 그 결과가 무엇이든 간에 이 문제를 포함해서 그동안에 축적된 여러 가지 국민들의 불신에 대해서 국민들에게 재신임을 묻겠습니다. 재신임의 방법은 그렇게 마땅하지 않습니다. 국민투표를 생각해봤는데 거기에는 안보상의 문제라는 제한이 붙어 있어서 그것이 재신임의 방법으로 적절할지는 모르겠지만 그러나 어떻든 공론에 부쳐서 적절한 방법으로 재신임을 받을 수 있을 것입니다."

이날 그의 회견은 그러한 사실들을 알게 된 비서실장 등 참모들의 반대에도 불구하고 강행된 것이었다. 아무튼 대통령의 이 회견으로 정국은 다시 재신임 국면으로 전환되었다.

이렇듯 '말하기'에서 시기의 선택은 매우 중요하다. 적절한 시기를 놓치면 아무리 좋은 표현이라도 죽은 말이 되고 만다. 이것이 핵심 포인트다. 너무 앞질러 말하면 그것 자체가 또 다른 사고가 될 수도 있다.

⋮

말해야 할 때 말해야 한다

2004년 2월, 취임 1주년을 맞은 노무현 대통령은 KBS 특별대담 '도올이 만난 대통령'에 출연했다. 대담이 진행되는 중 도올은 "그러나 국민들의 바람은 대통령이 되기까지는 '편가르기'적인 것이 필요할지 모르겠으나 대통령이 되고 나서 국정을 하는 입장에서는 뭔가 철저하고 보편적이고 전 국민을 상대로 사고해야 한다는 것입니다. 이것은 확실하게 주문하고 넘어가겠습니다"라고 말했다.

순간 이 말을 들은 대통령이 "넘어가지 마시고 그 대목은 제가 꼭 따져야 할 것 같습니다"라며 즉각 반응을 보였다. 그러고 나서 왜 그냥 넘어갈 수 없는지 설명을 이어간다.

"가랑비에 옷 젖는다'는 말처럼, 권투하는 사람들이 끊임없이 똑같은 방향의 잽을 맞아 골병 들듯이 제가 가랑비를 맞아서 실제로 편가르기를 한다고 사람들이 인식하고 있습니다. 조금 전 김 선생님께서도 마찬가지입니다. 제가 앞에서 '나는 편가르기를 하지 않는다'고 분명히 말씀드렸습니다. 그런데 금방 다시 이야기하십니다. 대통령이 되고 난 이후에 편을 가르는 것이 아니라 나를 반대하던 사람들이 요구하는 정책을 엄청나게 많이 수용했습니다. 그래서 '사람 변했다'는 소리를 들을 정도입니다. 다만 '왜 반대편을 각료로 기용하지 않았느냐?'고 질문하는 사람들까지 있는데 그것은 그렇지 않습니다. 미국에서도 민주당 대통령이 나오면 민주당 쪽 사람이 각료를 합니다. 다만 상대방을 인정하고 존중하고 대화하면서 정책을 받아들이면 되는 것입니다."[18]

이렇듯 그는 편견이나 잘못된 선입관을 접하면 항상 그 자리에서 바로잡으려 했다. 실기하지 않으려는 원칙과 철학이었다.

노무현 대통령은 재임 중, 특정 참모나 장관에 대해 문책론이 제기될 때마다 자신이 직접 나서서 이를 방어하곤 했다. 그는 책임을 물어 해임하는 일에 극히 신중한 자세를 유지했다. 대통령이 지켜주지 못하고 여론에 휩쓸려 쉽게 해임해버리면 '누가 과연 자신을 위해 일을 해줄 것인가?'라는 문제의식이었다. 2003년 9월 김두관 행자부장관에 대해 국회가 해임건의안을 결의했을 때가 그 시작이었다. 이때의 경험 탓이었을까? 2004년 6월 이라크에서 김선일 씨 사건이 발생했을 때, 그는 당시 반기문 외교부장관에 대한 문책론에 대응하기 위해 바삐 서둘렀다. 초기 대응에 실패해 문책론이 걷잡을 수 없이 확산되면 대통령으로서도 달리 선택의 여지가 없게 되기 때문이다.

유사한 사례는 2005년 6월에도 있었다. 전방부대에서 총기난사 사건이 발생하여 윤광웅 국방부장관에 대한 문책론이 거세게 제기되었다. 국회에서는 해임건의안 제출도 논의되고 있었다. 이때에도 대통령은 부지런히 움직여 야 3당 대표를 만나는 등 시간을 지체하지 않았다. 그 결과 민주노동당이 야당 공조에서 이탈했고 결국 해임건의안은 무산되었다.

이처럼 장관이나 참모를 지켜내는 데 성공한 경우도 있지만 실패한 사례 또한 적지 않다. 2005년 초 이헌재 경제부총리의 사퇴도 그러한 경우의 하나이다. 당시의 안타까움을 그는 '국민에게 드리는 글'에서 이렇게 표현하기도 했다.

"참으로 송구스럽습니다. 아울러 괴롭고 부끄럽습니다. 해일에 휩쓸려 가는 장수를 붙잡으려고 허우적거리다가 놓쳐버린 것 같은 심정입니다."[19]

말해야 할 때 말해야 한다. 기회를 놓치면 아무 소용이 없다. 대변인 시절 기자들이 질문하면 자연스레 답하려고 생각했다가 결국 이야기하지 못한 사안이 적지 않다. 꼭 해야 할 말이라면 형식에 구애받을 필요가 전혀 없다. 리더가 나서도 좋고 참모가 나서도 좋다. 비판은 비판대로 다 들은 후에 해명하는 뒷북이야말로 가장 어리석은 처신이다. 이것이 노무현 대통령으로부터 배운 말하기 노하우의 핵심이다.

말 잘하는 '시간'의 법칙

1. 셈하기 전에 대응해야 한다

상황이 유리한지, 불리한지 셈하지 않아야 한다. 난감한 문제라 해서 시간이 지나면 논란이 잦아들 것이라는 기대는 버리는 것이 좋다. 시간은 내 편이 아님을 명심해야 한다. '말하기'에 있어서 시기의 선택은 매우 중요하다. 적절한 시기를 놓치면 아무리 좋은 표현이라도 죽은 말이 되고 만다. 너무 앞질러 말하면 그것 자체가 또 다른 사고가 될 수도 있다.

2. 형식을 갖추기 전에 말해야 한다

말해야 할 때 말해야 한다. 꼭 해야 할 말이라면 형식에 구애받을 필요가 전혀 없다. 지도자가 나서도 좋고 참모가 나서도 좋다. 비판은 비판대로 다 들은 후에 해명하는 뒷북이야말로 가장 어리석은 처신이다.

분명하고 구체적으로 표현한다

"대통령이 되면 다 알 수 있을 것 같았는데
대통령이 된 지금도 이 의문 사이에서 끊임없이 방황합니다.
조금 전에 협의회장 한 분께서 '잠 못 이루는 시애틀의 밤'을 말씀하셨는데
'잠 못 이루는 청와대의 밤'도 있습니다."

대통령 재임 중의 어느 날, 가벼운 식사 자리에서 장관 한 명이 시중의 유머를 전했다. 다음과 같은 내용이었다. 각국 정상들이 골프 라운딩을 하던 중 공이 OB지점에 떨어졌을 때의 반응이다. 공이 떨어진 지점에 와서 눈으로 확인한 일본의 정상은 '아리까리'라고 한다. 프랑스 정상은 '알쏭달쏭', 독일 정상은 '애매모호'라고 한다.

여기까지는 이전에 이미 알려진 이야기인 듯싶었다. 장관이 전한 이야기는 여기에 노무현 대통령이 추가된 버전이었다. 노 대통령은 공이 있는 지점에 와서 눈으로 확인하자마자 '이건 OB야. OB'라고 곧바로 결정하고 판단했다는 것이다. 그의 분명한 캐릭터를 그대로 드러내주는 유머였다. 그런데 얼마 후 이해찬 국무총리의 반응이 여기에 다시 추가

되었다. 공이 OB 지역으로 날아가자 그는 가서 확인하지도 않은 채 티 박스에서 "볼 것도 없어, 그건 OB야, OB!"라고 말했다는 것이다.

새로운 버전을 들은 노무현 대통령은 '정말 그렇다'며 박장대소했다. 이 유머가 말해주듯이 노 대통령은 이야기할 때 애매모호한 표현이 거의 없다. 명쾌하고 분명한 표현을 선택한다. 자신의 입장을 명확하게 밝히기 위해서이다. 그래서 듣는 사람들의 머릿속에 강한 인상을 심는다.

> "한·싱가포르 관계가 속도가 빨라서 서울에서 출발할 때에는 한참 뒤에 타결될 것으로 생각했습니다만, 여기에 도착해서 타결됐습니다. 체결 속도를 보면 '싱가포르 속도'라고 기억하고 있습니다. 한국의 속도는 얼마냐고 묻는다면 '싱가포르 속도'와 비슷하다고 생각됩니다."[20]

2004년 11월 라오스에서 열린 한·싱가포르 정상회담에서 FTA협상이 타결되자 그는 '싱가포르 속도'라는 조어를 만들었다. 막연히 '빠른 속도'라고 말하기보다는 대안을 선택한 것이다. '싱가포르 속도'는 이제 빠른 속도라는 의미를 넘어서 양국 간 우호가 증진되는 속도가 되는 셈이었다. 그런가 하면 외국 순방 시에 경제인들을 만나는 자리에서는 이런 말도 자주 했다.

> "한국에는 사람이 있습니다."

자원은 부족하지만, 대한민국에는 유능한 인적 자산이 많다는 뜻의 이야기였다. 안심하고 한국에 투자하라는 권유였다. 이처럼 구체적이고 분명한 한마디는 사람들에게 깊은 인상을 준다. 사석에서의 이야기이지만 김대중 대통령과 자신을 구체적으로 비교하기도 한다.

"김대중 대통령은 수첩을 쓰고 나는 쪽지를 씁니다."

두 사람 모두 수시로 메모하고 있다는 사실을 설명한 대목이다. '김대중 대통령과 나는 모두 메모를 합니다'라는 표현보다 훨씬 구체적이어서 머릿속에 쉽게 각인된다.

:

말하기의 세계 vs 글쓰기의 세계

구체적인 표현은 이야기를 생생하고 풍부하게 만드는 바탕이 된다. 이러한 표현을 구사하기 위해서는 아무래도 추상명사보다는 구체적인 사물이나 현상을 의미하는 명사를 활용하는 것이 좋겠다. 그중에서도 보통명사보다는 고유명사가 더욱 확실하게 의미를 전달해줄 것이다. 이것이 첫 번째 포인트다. 그러면 사람들의 체감도가 훨씬 배가될 것이다. 다음은 오바마 대통령의 2009년 취임사 가운데 한 문장이다.

"그들은 우리를 위해 콩코드와 게티스버그, 노르망디와 케산에서 싸우고 죽었습니다."

미국의 지난 역사에서 주요 계기가 되었던 전쟁을 이야기하고 있다. 오바마 대통령은 사람들에게 익숙한 전쟁의 이름을 하나하나 거명하기보다는 전장의 지명을 구체적으로 제시함으로써 청중을 실제의 현장으로 이끌고 간다. 노 대통령 역시 이와 비슷한 화법을 사용할 때가 종종 있다.

"모든 독재가 쓰러지지 않는 이유는, '박종철 사건'이 일어나지 않기 때문이다."

'박종철 사건'이라는 구체적이고도 상징적인 표현을 통해 독재의 횡포가 바깥으로 쉽게 드러나지 않을 수도 있음을 설명하고 있다.

말하기의 세계와 글쓰기의 세계는 같은 듯싶으면서도 다르다. 공통점도 있지만 차이점도 분명히 존재한다. 연설문 작성은 '글쓰기'의 세계이다. 그러나 연설문을 현장에 가서 낭독하게 되면 '말하기'의 세계가 된다. 그런 의미에서 엄밀히 말한다면 연설문은 '말하기의 세계'에 가깝다. 연설문을 준비할 때는 이 점을 주의해야 한다. 화자의 입장에서 호흡도 고려해야 하고 청중의 입장에서 쉽게 이해되고 공감되는 바를 써야 한다. 이것이 두 번째로 명심해야 할 포인트다.

일상적 언어 선택의 중요성

글이나 책의 경우는 한번 읽은 문장이라도 금방 다시 읽을 수 있다. 뜻이 이해되지 않으면 찬찬히 다시 읽어보면 된다. 말하기는 그렇지 않다. 한번 이야기하면 그것으로 끝날 때가 많다. 물론 두세 명이 모인 소규모 모임에서야 '한 번 더 이야기해달라'고 청할 수도 있다. 이해가 안되면 구체적인 설명을 요구할 수도 있다. 그러나 여러 사람이 함께 듣는 자리에서는 쉬운 일이 아니다. 말하는 사람의 입장에서도 듣는 이의 입장에서도 당장의 재청취가 불가능하다.

따라서 말하기의 세계에서는 쉽게 이해될 수 있는 일상적인 언어를 선택해야 한다. 한번 들었을 때 이해하기 어려운 문학적 비유나, 도무지 알아들을 수 없는 사회과학적 표현은 피해야 한다. 소설을 큰 소리 내어 읽지 않듯이, 반대로 연설문은 속으로 읽고 음미하는 것이 아니다. 연설문으로서는 훌륭하지만 연설로서는 실패하는 경우가 충분히 있을 수 있다. 명연설문이 반드시 명연설로 이어지지는 않는다는 점, 기억해야 한다.

예를 들어 이런 연설문이 있다고 가정하자.

이번 선거는 역사적으로나 시대적으로나 또 국가적으로도 중차대하고 막중한 의미를 가지고 있을 뿐만 아니라, 현 정권의 오만과 독선을 경고하고 심판하는 결정적인 장이라는 점에서 우리 유권자들의 머리와 어깨에는 바위보다 무겁고 커다란 책무가 주어져 있습니다.

글로서만 읽는다면 쉽게 이해되는 문장이다. 의미도 그런대로 전달된다. 그런데 이것을 연대에 서서 낭독한다고 가정하면 말하는 사람이나 듣는 이가 모두 답답함을 느낄 것이다. 물론 연설이 되지 않는 것은 아니다. 그러나 의미의 정확한 전달은 실패할 가능성이 높다. '○○적'이라는 표현이 많이 들어가는 문장으로는 좋은 연설이 나오기 어렵다. 무조건 쉬운 표현을 써야 한다. 한문 투의 어려운 명사들을 나열하는 것은 금기다. 그럴 이유도 없고 그럴 필요도 없다. 이렇게 바꾸어보자.

이번 선거는 참으로 중요합니다. 앞으로 4년 동안 우리가 지금처럼 힘들게 살아야 할지, 아니면 좀 더 나은 모습으로 살게 될지를 결정하는 선거입니다. 무엇보다 오만한 현 정권을 따끔하게 혼낼 수 있는 선거입니다. 그 어느 때보다 우리 유권자들이 훌륭한 선택을 해주셔야 할 선거입니다.

많은 사람들이 알아들을수록 좋은 표현이다

청중이 고등학교 2학년이라고 가정하고 연설문을 쓰라는 이야기가 있다. 수긍이 가는 조언이다. 더 많은 사람이 알아듣는다면 백번 좋은 일이다. 알아듣기 쉬운 표현, 이해하기 쉬운 비유가 필수이다. 다음은 퇴임한 노무현 대통령이 2008년 10월, 사저 앞을 찾은 방문객들에게 했던 이야기의 한 대목이다.

"그다음에 우리가 예산을 주면 예산이 얼마만큼 소화가 될 수 있느냐? 여러분, 우리가 꽃밭에 물을 주지 않습니까? 밭에 물을 주는데 땅을 잘 갈아놓았거나 아니면 지렁이나 두더지가 쑤셔놓아서 푸석푸석하게 되어 있으면, 물을 확 부으면 쑥 빨아먹습니다. 그런데 그냥 딱딱한 땅에 물을 부으면 속으로 안 들어가고 흘러가버리지요? 그래서 정부가 예산만 투입하면 바로 일을 할 수 있는 것 같지만 그게 아닙니다. 제도를 바꾸어 그런 시설을 만들고 그러고 나서 물이 새지 않도록 이렇게 둑도 만들어 놓고 물을 부어야 되는 것입니다."[21]

예산이 비효율적으로 낭비되는 일이 없도록 하려면 사전 정지작업이 필요하다는 이야기다. 쉽게 이해되는 비유를 활용하고 있다. 사전 정지작업이 없으면 '마른 땅에 물 붓기' 식으로 예산이 쓰일 때 쓰이지 못하고 엉뚱한 데로 흘러가버린다는 의미이다. 계속해서 대통령의 다음 이야기가 이어진다.

"어떻든 이것은 김대중 대통령 때부터 본격적으로 바뀌기 시작했습니다. 김대중 대통령 시절에는 제일 밑바닥에 물을 먼저 채웠습니다. 웅덩이가 푹 파인 곳에 물을 채운 것입니다. 그다음에 제가 보통 사람들이 사는 데까지 물을 조금 채운 것이지요. 그렇게 물을 채워서 보통 사람들도 이제 다니면

발바닥에 물이 좀 젖고 하니까 '아, 이제 물 들어오네' 느끼셨을지 모르지만 이렇게 된 것입니다."[22]

정치인 노무현은 대중연설뿐만 아니라 평소의 사적인 대화에서도 사람들이 쉽게 이해할 수 있는 표현을 활용했다. 정면으로 돌파해야 할 사안이 생기면 그 상황을 규정하는 한마디의 표현으로 반전을 도모했다. 불법대선자금 수사 당시 한나라당과 민주당의 불법선거자금을 '10분의 1'로 표현한 것이 대표적인 사례이다. 당시 일반 사람들의 입에 오르내리던 '차떼기'와 '쇼핑백'을 수치화한 버전이었다.

이야기를 조금 더 인상적으로 전달하기 위해서 시중에 유행하고 있는 말, 이른바 유행어를 활용하는 방법도 나쁘지 않다. 일종의 패러디인 셈이다. 대중적으로 잘 알려진 문구를 활용하여 창조적 모방을 하는 것이다. 다음은 2006년 5월, 민주평통 미주지역 자문회의에서 노 대통령이 선보인 패러디이다.

"대통령이 되면 다 알 수 있을 것 같았는데 대통령이 된 지금도 이 의문 사이에서 끊임없이 방황합니다. 조금 전에 협의회장 한 분께서 '잠 못 이루는 시애틀의 밤'을 말씀하셨는데 '잠 못 이루는 청와대의 밤'도 있습니다. (일동 웃음, 박수)"[23]

대통령의
노하우
05

'정확한 전달'의 법칙

1. 구체적이고 분명한 한마디로 깊은 인상을 심어라

구체적인 표현은 이야기를 생생하고 풍부하게 만드는 바탕이 된다. 이러한 표현을 구사하기 위해서는 추상명사보다는 구체적인 사물이나 현상을 의미하는 명사를 활용하는 것이 좋다. 그중에서도 보통명사보다는 고유명사가 더욱 확실하게 의미를 전달해준다. 사람들의 체감도는 훨씬 배가될 것이다.

2. 듣는 사람의 호흡도 고려해야 한다

글쓰기나 책읽기와는 달리 말하기는 곱씹는 일이 쉽지 않다. 한번 이야기하면 그것으로 끝날 때가 많다. 따라서 말하기의 세계에서는 듣는 사람이 쉽게 이해할 수 있는 일상적인 언어를 선택해야 한다. 한번 들었을 때 이해하기 어려운 문학적 비유나, 도무지 알아들을 수 없는 사회과학적 표현은 피해야 한다. 한문 투의 어려운 명사들을 나열하는 것도 금기다.

3. 비유는 쉽게 이해가 갈수록 좋다

더 많은 사람이 알아듣는다면 백번 좋은 일이다. 정면으로 돌파할 사안이 생기면 그 상황을 규정하는 한마디의 표현으로 반전을 도모하는 것도 방법이다. 이야기를 조금 더 인상적으로 전달하기 위해서 시중에 유행하고 있는 말, 이른바 유행어를 활용하는 방법도 나쁘지 않다. 일종의 패러디인 셈이다. 대중적으로 잘 알려진 문구를 활용하여 창조적 모방을 하는 것이다.

더 빨리 통하는 말은
따로 있다

06

적절한 비유로
말의 감칠맛을 높인다

"역사에는 흑백이 없다.
그러나 쓰는 사람은 흑백으로 쓰려고 한다."

'글쓰기'에는 여러 가지 기법들이 동원된다. 직유나 은유 같은 비유법도 등장하고, 반어법도 활용된다. 대구법도 빼놓을 수 없는 중요한 기법이다. '말하기'에서는 어떨까? 한마디로 말해 결코 다르지 않다. 비유법, 반어법, 대구법 등을 두루 활용한 말하기는 훨씬 감칠맛이 돈다. 말하는 사람도 재미가 있고 듣는 사람의 흥미도 배가된다.

:

"저는 경제 망친 대통령입니다"의 의미

노 대통령은 이야기할 때마다 다양한 기법을 동원했다. 우선 첫 번째로 반어법이다. 그가 실제로 활용했던 사례를 살펴보자. 퇴임 후인

2008년 10월, 사저 앞 방문객들과의 대화 가운데 일부이다.

"물론 경제이론에 의한 심판, 역사에 의한 심판은 아직 남아 있습니다. 그 렇죠? 역사에 의한 심판은 아직 남아 있을 것입니다. 어쨌든 국민의 심판 은 끝났습니다. 그래서 저는 경제 망친 대통령입니다. (웃는 사람들 있음) 그 다음에 이제 거기에 동의하지 않았던 사람도 숫자가 모자랐기 때문에 할 수 없이 승복해야 됩니다. '억울하게 졌다' 이렇게 생각하는 분들도 계시고 요."[24]

2007년 말에 치러진 대통령선거를 회고하는 이야기다. '저는 경제 망친 대통령입니다'라는 표현에 강한 부정의 뜻이 담겨 있다. 다만 반어 법은 주의해야 할 점이 있다. 듣는 사람 누구나 그것이 반어적 표현임 을 쉽게 파악할 수 있을 정도로 명확한 사실을 활용해야 한다. 듣는 사 람들 대부분이 '실제로 노 대통령이 경제를 망쳤다'고 생각하는데 위와 같이 이야기할 수는 없는 것이다.

⋮

의미를 명확히 전달할 자신이 있을 때만 쓰는 기법

두 번째는 반문법이다. 반어법처럼 강한 부정으로 깊은 인상을 남기 는 것이 아니라 최종 판단을 듣는 이에게 넘기는 방법이다.

"이 수치를 보면 우리나라 선진국 맞습니까?"

　대한민국이 선진국임을 자부하고 있지만 몇 가지 지표와 관련한 수치들이 아직 그 수준에 미달하고 있다는 의미이다. 꼭 반어법이나 반문법에 해당되지는 않지만, 이와 유사한 사례가 있다. 노무현 대통령 재임 시절의 이야기다. 그는 보수진영으로부터는 '좌파 대통령'이라고 공격받았고, 진보진영으로부터는 '신자유주의자'라고 비난받았다. 그러자 그는 새로운 조어를 만들어 스스로를 '좌파 신자유주의'로 규정했다. 양측의 공격에 대해 일종의 야유를 보낸 셈이었다. 2006년 3월 '국민과의 인터넷 대화'이다.

　"제가 제일 좀 황당하다고 느끼는 게 있는데요. '당신 신자유주의자요?' 이렇게 질문하는 사람들이 많이 있습니다. '참여정부는 신자유주의 정부다.' 또 한쪽에서는 '당신 좌파정부요?' 이렇게 자꾸 이야기하는데, 답답해서 (중략) 참여정부는 '좌파 신자유주의 정부'입니다. 그것이 나쁜가? 그렇지 않다는 것이지요. 이론적 틀 안에 자꾸 현실을 집어넣으려고 하지 말고, 필요한 것이라면 그것이 좌파이론이든 우파이론이든 현실의 문제를 해결하는 열쇠로써 써먹자는 것이지요. 저는 그게 가능하다는 것입니다."[25]

　이 언급으로 논란이 일단락될 것으로 생각했는데 뜻대로 되지 않았다. 이 발언 자체가 다시 문제가 된 것이었다. '참여정부는 좌파 신자유주의 정부'라고 스스로 시인한 것으로 해석되었고 기회가 있을 때마다 논란이 제기되었다. 노 대통령이 다시 해명했다. 2007년 10월 벤처기업인 대상 특별강연에서다.

"그래서 하도 답답해서 내가 뭐라고 해야… '좌파 신자유주의자요' 이렇게 얘기했습니다. 사실 그런 개념은 성립될 수가 없는 것이지요. 비꼰다고 한 얘기입니다. 질문을 자꾸 하니까요. 한쪽은 좌파라고 하고, 한쪽은 신자유주의라고 하니까 '나는 좌파 신자유주의자요' 비꼰다고 말했더니, 야 이거 무슨 큰 건가 싶어서 또 심각한 어조로 열심히 말하고 쓰는 사람들이 또 있습디다. 그리고 또 그 뒤에 저를 비판하면서 인용도 하고 해서 '야 그래서 말조심해야겠구나!', 앞으로 말조심하겠습니다. (일동 웃음)"[26]

이렇듯 반어법·반문법 등은 적절하게 활용해야 한다. 듣는 이가 누구냐에 따라 의미가 정확하게 전달되지 않으면서 오해를 불러일으킬 가능성이 있기 때문이다. 글의 경우는 몇 차례 거듭 읽다 보면 진의를 충분히 파악할 수 있다. 말은 다르다. 한번 듣고 넘어가는 것이다. 따라서 의미를 명확하게 전달할 자신이 없다면 이러한 기법은 포기하는 것이 좋을 수도 있다.

명문구는 비유에서 탄생한다

세 번째는 각종 비유법이다. 사람들로 하여금 무릎을 치게 만드는 명문구는 대체로 이러한 비유를 통해 만들어지곤 한다. 노무현 대통령이 활용했던 다양한 비유들을 소개한다. 먼저 2002년 10월 대통령선거 당시 광주·전남 지역 지지 교수들과 대화하는 자리에서의 이야기다.

"아이를 낳으면 제 발로 걸을 수 있을 때까지 키워줘야지 몇 번 넘어진다고 안 키워주면 어떻게 합니까? 낳았으면 책임져 주십시오!"[27]

대통령 후보 경선 당시 광주가 '노풍'의 진원지가 되었던 사실을 상기시키며 본선에서의 지지를 호소하는 장면이다. 다음은 2002년 11월, 부산대 앞에서의 거리유세이다.

"사자는 새끼를 낳아서 그냥 키우지 않습니다. 새끼를 물어서 벼랑에 떨어뜨려 살아 돌아온 놈들만 키운다고 합니다. 저는 부산이 계속 떨어뜨린 것이 강한 사자가 되란 뜻으로 받아들입니다. 제가 살아 돌아왔습니다.[28]

부산 출신 정치인이지만 이곳에서 낙선을 거듭했던 자신이 이제 대통령 후보가 되어 돌아왔음을 새끼 사자에 빗대어 이야기하고 있다. 그는 사석에서 대화를 나눌 때도 풍부한 비유들을 활용했다.

"편지 100통을 써도 배달부가 전달을 안 한다."
(안보관련 오찬 중 언론에 대한 아쉬움을 피력하며)

"역사에는 흑백이 없다. 그러나 쓰는 사람은 흑백으로 쓰려고 한다."
(KTX로 상경 중 참모들과의 오찬에서)

"비단옷을 잘 차려입었는데, 조명이 없다."
(이정우 정책기획위원장과의 조찬, '정책내용이 중요한데 정치적 게임에서 지고 있다'며)

"송판에 화살 꽂히는 듯싶은 감동이 없다."
(광복절 경축사 관련 오찬에서 준비된 연설문에 대해)

"조기 하선(下船)을 각오하고 정치적 게임을 해나가는 것이다. 칼만 던져주는 게 아니고 옷까지 남겨주고…"
(비서관들과의 조찬에서)

"아무도 안 보는 밤중에 축구하는 것이다."
(중앙언론사 논설 해설 책임자 오찬 간담회에서 한나라당이 제기하지 않는 국민투표 방안에 대해)

"안방에서 땅 짚고 헤엄치는 사람이야 안 급하지만 지역구도는 비 오면 터지는 둑이다. (중략) 지역구도는 아버지가 아이 학비, 아이 점심 걱정하는 수준이다. 나는 급하다."
(열린우리당 교육위원회 국회의원 초청 만찬 간담회에서)

"전임 사장이 어음 끊으면 후임 사장이 결제해야 한다."
(사저 앞 방문객 인사, 남북정상회담 후 차기정권의 대북정책 방향에 대해)

비유는 꼭 단문에만 활용되는 것은 아니다. 대화를 길게 이어가는 경우에도 적절한 비유를 활용하면 효과적이다. 사회과학 용어들이 등장하는 딱딱한 대화의 경우에는 더욱 그렇다.

"지금도 만일 부동산을 좀 푼다면 거래가 활발해지는 그 시기는 언제쯤일까, 아마 1년 이상 지나서 그때부터 조금씩 효과가 나기 시작하지요. 그런데 효과가 한번 나기 시작하면 이상하게 불이 붙어버립니다. 항상 불이 붙는 것이 아니고 기름이 있어야 불이 붙지요. 시중에 유동자금이라고 하는 여유 자금이 많이 있을 때 불이 붙어버립니다. 여유 자금이 있어도 다른 쪽으로 투자가 많이 될 때는 괜찮은데, 다른 데 투자할 데가 별로 없고 여윳돈 많이 생기면 그 틈새로 불이 붙어서 바로 부동산 같은 것은 확 붙어버리지요. 도저히 걷잡을 수 없이… 기름에 불붙으면 물을 갖다 부어도 한참 동안 안 꺼집니다. 소방관 불 끄는 거 비슷해서 얼추 껐다 싶으면 또 붙고 얼추 꺼졌다 싶으면 또 붙고 그렇게 하는 것이 이제 투기 같은 데서 발생하는 것입니다."[29]

2008년 10월, 사저 앞 방문객들에게 시중의 여윳돈과 부동산 가격 폭등의 상관관계를 기름과 불에 비유해서 설명하는 대목이다. 이런 비유도 있다. 권력자가 권력을 내려놓았을 때 주변에서 일어나는 상황이다. 역시 이 무렵의 언급이다.

"제가 이제 권력이 좀 있으면 권한이 있기 때문에 자리도 줄 수 있고, 월급도 줄 수 있지요. 이럴 때는 또 와서 줄을 다 서는데, 이제 끝나고 나면 콩알 흩어지듯이… 여러분 콩나물 할 때 이렇게 콩 고르지요? 상에 놓고 쫙… 장판방에 콩을 다 한데 쏟으면 쫙 흩어지지 않습니까? 쫙 흩어집니다. 물에 기름을 한 방울 탁 떨어뜨리면 쫙 퍼지듯이 끗발 떨어지면 사람이 그렇게 쫙 퍼져서 떨어져 나가지요. 허허."[30]

이날의 이야기 중에는 경제성장 문제를 학생의 키에 비유해서 설명한 대목도 있다. 단순히 통계수치만 가지고 이야기하는 것에 비하면 훨씬 설득력이 높다.

"성장이라는 것은, 애가 중학교 때 1년에 7센티 컸다고 대학교에 간 후에도 1년에 7센티씩 클 것으로 기대하면 안 되고요. 그냥 중학교 때 10센티 크고, 고등학교에서는 7센티 크고, 대학교 가면 뭐 한 1~2센티 크다가 안 크는데, 뭐 그래도 사람 안 죽거든요. 그리고 제가 얘기했지 않습니까? 복지 잘해야 성장한다고."[31]

:

대구법을 잘 쓰면 깊은 인상을 남길 수 있다

네 번째는 대구법이다. 사람들의 머릿속에 깊은 인상을 남기는 명문구는 의외로 대구법에서 나온다. '인생은 짧고, 예술은 길다'가 대표적인 사례일 것이다. 대화 내용을 구상할 때 다음과 같은 방식의 표현을 미리 준비해두면 좋을 것이다.

"여기까지 오는 동안, 파도는 높았고, 수렁은 깊었습니다. 그래서 시야는 넓어졌고, 시선은 더 멀어졌습니다. 바른 것과는 친해졌고, 잘못된 것과는 결별했습니다."

변형된 대구법도 있다. 문장이 꼭 대칭을 이루지 않아도 좋다. 대구법과 유사한 느낌을 줄 수 있다.

"노무현은 흔들어도 우리 경제는 좀 흔들지 말았으면 좋겠다고 말씀드리고 싶습니다."[32]

"권력은 절제해야 합니다. 절제하지 않는 권력은 흉기가 될 수 있습니다."[33]

"개인에게는 세월이지만 세월이 모여 역사가 됩니다."[34]

"혀는 짧고 침은 길게 내뱉고 싶어 한다."[35]

나도 재밌고 상대도 재밌어 하는
이야기의 법칙

1. 반어법 강한 부정으로 깊은 인상을 남기는 기법이다. 다만 주의해야 할 점이 있다. 듣는 사람 누구나 그것이 반어적 표현임을 쉽게 파악할 수 있을 정도로 명확한 사실을 활용해야 한다.

2. 반문법 반어법과는 달리 최종 판단을 듣는 이에게 넘기는 방법이다. 듣는 이가 누구냐에 따라 의미가 정확하게 전달되지 않으면 오해를 불러일으킬 가능성이 있기 때문에 반드시 적절하게 활용해야 한다.

3. 비유법 사람들로 하여금 무릎을 치게 만드는 명문구는 대체로 비유를 통해 만들어진다. 단문뿐만 아니라 대화를 길게 이어가는 경우에도 적절한 비유를 활용하면 효과적이다. 경제나 사회과학 분야 용어들이 등장하는 딱딱한 대화의 경우에는 더욱 그렇다.

4. 대구법 사람들의 머릿속에 깊은 인상을 남기는 명문구는 의외로 대구법에서 나온다. '인생은 짧고, 예술은 길다'가 대표적인 사례다. 문장이 꼭 대칭을 이루지 않아도 좋다. 대구법과 유사한 느낌을 줄 수 있으면 족하다.

07

정확한 수치로
더 빨리 설득한다

"우리 사회가 10 정도를 할 수 있다고 합시다.
말하자면 우리 사회에서 다른 반대가 없다면 10 정도까지 갈 수 있는 일을,
그분들은 12나 13 정도까지 요구하고 있습니다."

임기 마지막 해인 2007년, 노무현 대통령은 자주 강연에 나섰다. 참여정부가 해온 일을 사람들에게 직접 설명할 수 있는 기회인만큼 굳이 마다할 이유가 없었다. 6월 2일에도 행사가 있었다. 참여정부평가포럼 월례강연이었다. 이날은 청중의 대부분이 적극적 지지자들이었다. 그는 이날 작정한 듯 수많은 주제들에 대해 자신감 넘치는 어조로 입장을 밝혔다. 다른 강연과 달리 두 시간을 훌쩍 넘겨 진행되었다. 강연 도중에는 이례적으로 휴식시간도 있었다. 그가 직접 2부를 예고하는 멘트도 했다.

"여기에서 1부 순서를 마치고 진행을 맡으신 분들이 2부를 준비해주시면 2부

에 와서 하고, 내일 하라면 내일 하고 모레 하라면 모레 하고 그렇게 하라는 대로 하겠습니다. 진짜 알갱이는 2부에 있습니다."

대통령 재임 중 내가 접한 강연 가운데 가장 오랜 시간을 기록했다. 하지만 전혀 지루하지 않았다. 그는 특유의 유머와 비유를 동원하여 이 야기를 재미있게 풀어나갔다.

:

듣는 사람이 지루하지 않게, 연상할 수 있도록

이날은 특히 참여정부가 추진해온 정책에 대한 설명이 많았다. 자칫 지루하게 들릴 수도 있는 소재였는데, 그는 내용을 쉽게 전달하기 위해 다양한 방법을 활용했다. 다음은 그 첫 번째 방법이다.

"참여정부 대통령은 설거지 대통령입니다. 20년, 30년 묵은 과제들을 다 해
결했습니다. 행정수도는 30년 묵은 과제이고 용산기지 이전, 전시작전통제
권, 국방개혁은 20년 묵은 과제이며 방폐장 부지 선정, 장항공단은 18년 묵
은 과제입니다. 사법개혁은 10년 이상 끌던 과제이고, 항만노무공급체계 개
선은 백 년이 넘는 과제인데 이것을 참여정부가 해결했습니다."

단순히 '해묵은 과제'를 해결한 '설거지 대통령'이라고 이야기했으면 어땠을까? 큰 재미도 없고 절박했다는 느낌도 주지 못했을 것이다. 이

대목의 설득력은 역시 구체적인 수치에서 나온다. 시간의 무게로 그 절박했던 상황을 전달하는 것이다. 특히 장항공단은 10년도 아니고 20년도 아니고 18년이다. 구체적인 수치의 힘을 느낄 수 있다. 그런 의미에서 본다면 아쉬움도 남는다. 행정수도 '30년', 국방개혁 '20년'의 경우도 년 단위까지 더욱 구체적으로 적시했다면 하는 아쉬움이다. 물론 그렇게 특정하기 어려운 사정이 있었을 것이다. 아무튼 이 사례에서 보듯이 인용하는 수치는 구체적일수록 좋다. 그래야 더 큰 힘을 갖는다. 뭉뚱그려 대충 이야기하지 말고 정확한 수치를 제시하자.

다음은 두 번째 방법이다. 단순히 하나의 수치를 제시하는 것을 넘어서 서로 비교하는 방법이다. 변화를 설명할 때는 이것보다 좋은 방법이 없다. 변화를 훨씬 생생하게 실감할 수 있다. 다음 사례를 보자.

"예를 들면 특허 심사 기간이, 책에 있을 것입니다만 22개월에서 10개월로 줄었습니다. 화물 통관에 드는 시간이 참여정부 초기 9.6시간에서 2005년에 5.6시간으로 줄고 지금은 3.6시간으로 줄었을 것입니다. 이 수치는 제가 약간 기억의 착오가 있을지 모르지만 마찬가지입니다."

가능하다면 이러한 수치들을 도표로 만들어 화면에 띄워주면 더욱 좋을 것이다. 청각보다는 시각으로 전달하는 방법이 쉽게 이해하는 데 큰 도움이 되기 때문이다. 이 행사에서처럼 책자로 나누어주는 것도 방법이다. 백문이 불여일견이다. 효과적인 설득을 위해서라면 모든 방법을 동원해야 한다.

다음은 세 번째 방법으로, 실제 있을 수 있는 구체적 사례를 언급하는 것이다. 시기와 지역은 물론, 특정인이 처한 상황을 있는 그대로 제시하는 것이다.

> "부동산 세금까지 자꾸 건드려요. 몇 사람 되지도 않는 그거… 지난번에 제가 설명을 해줬는데요. 91년에 1억 8,000만 원 주고 은마아파트인가, 강남에 아파트를 사서 그것을 11억에 팔아 9억을 남긴 사람에게 양도소득세가 얼마 나옵니까? 6,800만 원입니다. 9억 2,000만 원 남긴 사람이 양도소득세 6,800만 원 낸다고 두려워서 '나 집 못 팔겠다.' 안 팔면 되는 거죠. 그거 팔 수 있도록 꼭 국가가 무슨 배려를 해줘야 되는 것입니까? 세율 7.5%인데 그걸 해줘야 됩니까? 참, 정책이라는 게 어렵지요. 어려우니까 자꾸 속인단 말이지요."[36]

모범적인 사례이다. 어떤 정책이나 계획을 설명할 때, 전체 규모를 제시하는 것도 중요하지만 각 개인이 받게 되는 영향을 구체적인 수치로 표현해주면 더욱 좋을 것이다. 즉 해당 정책의 영향을 받는 특정인을 상정해놓고, 그 사람이 받게 될 혜택 또는 불이익을 수치로 표현하여 제시하는 것이다.

"이 정책이 시행되면 일반적인 대학생들은 300만 원 이상의 장학금 혜택을 받을 것입니다."

큰 설득력이 없다. 더 좋은 방법은 없는 것일까? 다음과 같이 말하면 어떨까?

"이 정책이 시행되면, 대학생인 김철수 군은 1년간 두 학기에 걸쳐서 354만 원의 국가장학금을 받게 됩니다."

구체적인 수치가 활용되자 훨씬 실감이 난다. 그만큼 설득력도 높아질 것이다. 그렇다면 이것이 최선일까? 한 번 더 업그레이드시켜 보자.

"이 정책이 시행되면 충남 조치원에서 ○○대학에 다니고 있는 3학년 김철수 군은 1년 두 학기에 걸쳐서 354만 원의 국가장학금 혜택을 받게 됩니다. 한 학기당 177만 원입니다. 이는 지난 학기에 받은 140만 원에 비해 37만 원이 증가된 것입니다. 1년으로 환산하면 74만 원의 혜택이 늘어나는 셈입니다."

자료를 깊이 분석하다 보면 설득에 효과적인 수치들을 발견하게 된다. 필요하다면 위의 사례에서 한 걸음 더 나아가는 방법도 있다. 1년간의 혜택을 대학교 4년간 전체의 수치로 환산하여 설명하는 것이다.

"내년에 입학하는 이영희 양은 향후 4년 동안, 모두 1,416만 원의 국가장학금 혜택을 받게 됩니다. 이 가운데 296만 원이 이번 정책의 시행으로 증가된 혜택입니다."

결국 설득력은 자료와의 싸움이다

미국이나 유럽의 정치인들도 이러한 방식의 표현들을 자주 활용한다. 미국 대통령이나 후보의 연설들을 살펴보면 이와 유사한 사례를 쉽게 발견할 수 있다. 2008년 8월 28일 콜로라도 덴버에서 열린 민주당 전당대회에서는 버락 오바마 대통령 후보의 수락연설이 있었다. 다음은 그 가운데 한 대목이다.

"This country is more decent than one where a woman in Ohio, on the brink of retirement, finds herself one illness away from disaster after a lifetime of hard work."
"오하이오 주에 사는 어떤 여성이 곧 은퇴합니다. 그녀는 일생의 힘겨운 노동에서 가까스로 벗어나지만 병에 걸려 있는 자신을 발견합니다. 미국은 이러한 현실보다는 더 나은 나라입니다."

실제 지명을 거론하면서 그곳에 사는 어떤 여성의 사례를 구체적으로 이야기하고 있다. 이 시대의 사람들이 이처럼 어려운 현실을 살고 있음을 묘사하는 것이다. 이와 유사한 표현은 곳곳에 등장한다.

"This country is more generous than one where a man in Indiana has to pack up the equipment he's worked on for twenty years and watch it shipped off to China, and then chokes up as he explains how he felt like a failure when he went home to tell his family the news."

"인디애나 주에 사는 어떤 남성은 20년 동안 자신이 다룬 장비들을 포장하고는 그것이 중국행 배에 선적되는 장면을 지켜봅니다. 그러고는 집으로 돌아가 그 소식을 전하는 순간 자신이 얼마나 패배감을 느꼈는지 설명하면서 숨이 막힙니다. 미국은 이러한 현실보다는 더 여유로운 나라입니다."

이야기를 듣는 사람들이라면 누구나 하나의 영상을 그리며 떠올리게 된다. 아주 구체적인 인물이 힘겨워하거나 슬퍼하는 장면이다. 그런 모습을 상상하게 했다면 오바마의 이야기는 절반의 성공을 한 셈이다. 사람들은 오하이오 주에 사는 어느 여성의 아픔, 그리고 인디애나 주에 사는 남성의 슬픔을 자신의 일처럼 느끼게 된다. 그러한 공감의 바탕 위에서 오바마는 한 걸음 더 나아간다. 역시 구체적인 수치를 제시하고 비교하는 방법이다.

"We measure progress in the 23 million new jobs that were created when Bill Clinton was President – when the average American family saw its income go up $7,500 instead of down $2,000 like it has under George Bush."

"빌 클린턴이 대통령이었던 시절 2,300만 개의 새로운 일자리가 생겼습니다. 우리는 그것을 발전으로 평가합니다. 그때는 미국 평균 가정의 소득이 7,500달러 증가했습니다. 그러던 것이 조지 부시 시절에는 2천 달러가 감소했습니다."

막연히 '클린턴 시절에 소득이 늘었고 부시 시절에 다시 감소했다'고 이야기하지 않는다. 그렇게 이야기하면 절절하지 않다. 7,500달러가 증가했다가 2,000달러가 감소했다는 말이 훨씬 더 피부에 와 닿는다. 이러한 자료를 적극적으로 찾아내고 인용해야 한다.

대통령이나 대통령 후보 정도의 위치가 되면 주위 참모들이 각종 자료와 통계수치들을 챙겨줄 것이다. 본인은 그 가운데 어떤 수치를 어떻게 활용할지 고민만 하면 된다. 보통 사람들의 경우에는 그렇지 않다. 아무도 입에 딱 맞는 자료를 던져주지 않는다. 부지런히 검색하여 찾아내는 수밖에 없다. 찾아낸 자료를 자신의 것으로 만들고 다른 것과 차별화시키려면 다시 한 번 가공의 과정을 거쳐야 한다. 설득력 있는 지표로 만드는 수고를 감수해야 한다. 그것이 훌륭한 콘텐츠를 만드는 방식이다.

:

사례를 서로 비교하면 훨씬 더 효과적이다

구체적인 사례나 수치는 그 자체로도 효과적이지만, 비교할 경우 더욱 큰 설득력을 갖는다. 우리는 '여의도 면적의 몇 배'라는 표현을 흔히 듣는다. '몇십만 제곱미터', '몇만 평'이라는 말보다는 듣는 사람이 그 규모를 훨씬 쉽게 가늠할 수 있다. 좋은 사례이든 나쁜 사례이든 사람들이 쉽게 미루어 짐작할 수 있도록 기준을 제시해주는 게 좋다. 다음은 퇴임한 후 노무현 대통령의 이야기이다. 2008년 11월 사저 앞 방문객들과의 대화이다.

"그거는 그렇습니다. 그분들이 요구하는 정책의 수준은 우리 사회가 수용할 수 있는 수준을 한참 넘는 것이지요. 우리 사회가 10 정도를 할 수 있다고 합시다. 말하자면 우리 사회에서 다른 반대가 없다면 10 정도까지 갈 수 있는 일을, 그 사람들은 12나 13 정도까지 요구하고 있습니다. 그런데 현실적으로 우리 사회에서는 반대와 저항이 있기 때문에 2나 3, 잘해야 5 정도 가기도 힘들거든요."[37]

대통령 재임 중, 다양한 정치세력이 요구하는 정책의 수준을 온전히 수용할 수 없던 한계와 고충을 토로하는 대목이다. 그가 가늠하는 정책 수준이 절대적인 수치로 비교되고 있다. 그런데 비교를 위해서 꼭 수치가 활용되어야 하는 것은 아니다. 수치가 없어도 충분히 비교가 가능하다. 다만 막연한 이야기보다는 재미있는 구성을 활용하는 것이 좋겠다. 역시 노무현 대통령의 사례이다. 2004년 5월, 연세대학교 특강에서의 이야기이다.

"진보와 보수 얘기를 많이 합니다. 내용을 이야기하기 이전에 진보를 맨 왼쪽에 놓고 한 줄로 세우고, 보수를 맨 오른쪽에 놓고 한 줄을 쫙 세우면, 그렇습니다. 한국은 좌측으로 한참 달려가면 일본이 보일 겁니다. 일본을 지나서 또 왼쪽으로 한참 달려가면 미국의 사회제도가 있을 것입니다. 거기서 죽자 사자 또 뛰어가면 저쪽에서 오른쪽으로 막 달려오고 있는 영국을 만나게 될지도 모릅니다."[38]

구체적인 수치의 힘

1. 설득력을 높인다

설득력은 역시 구체적인 수치에서 나온다. 특히 절박했던 상황을 전달할 때 매우 효과적이다. 뭉뚱그려 대충 이야기하지 말고 정확한 수치를 제시하자.

2. 변화를 드러낼 때 효과적이다

단순히 하나의 수치를 제시하는 것을 넘어서 서로 비교하는 방법인데, 변화를 훨씬 생생하게 실감할 수 있다. 가능하다면 그러한 수치들을 도표로 만들어 보여주면 더욱 좋을 것이다. 청각보다는 시각으로 전달하는 방법이 쉽게 이해하는 데 큰 도움이 되기 때문이다.

3. 듣는 사람이 실감할 수 있다

실제 있을 수 있는 구체적 사례를 언급하는 것이다. 시기와 지역은 물론, 특정인이 처한 상황을 있는 그대로 제시하는 것이다. 어떤 계획을 설명할 때, 전체 규모를 제시하는 것도 중요하지만 각 개인이 받게 되는 영향을 구체적인 수치로 표현해주면 설득에 효과적이다.

정책 담당자가 쓰는
연설문

참여정부 시절, 청와대에는 글 쓰는 일을 하는 사람이 제법 많았다. 우선 대통령의 연설문을 작성하는 연설담당비서관실이 있었다. 김대중 정부와 참여정부 초기에는 연설 팀이 홍(공)보수석실 소속이었다. 그런데 임기 중반 즈음 노무현 대통령은 연설담당비서관실을 본관으로 불러올렸고 소속도 비서실장 직속으로 바꾸었다. 사실상 대통령이 직접 관장한다는 의미였다. 자신이 읽을 연설문을 쓰는 만큼 항상 호흡을 함께하는 게 좋다는 취지였다. 말과 글에 대한 그의 인식을 엿볼 수 있는 대목이다.

연설담당비서관실이 대통령의 말을 썼다면, 홍보수석실은 청와대의 글을 썼다. 홍보수석실에는 내로라하는 필사들이 많았다. 기자 출신도 있었고, 카피라이터 등 글쓰기에 일가견을 가진 전문가도 있었다. 이들은 홍보수석실 곳곳에 포진했다. 참여정부 청와대의 홈페이지인 '청와대브리핑'에는 날마다 다양한 글과 토픽이 올라왔는데, 대부분 홍보수석실이 생산한 작품이었다. 글에 대한 애착이 많았던 탓에 노 대통령은 홍보수석실을 상대적으로 편애했다. 자신의 생각을 글로 표현해줄 사람들인 만큼 틈이 날 때마다 본관이나 관저로 불러올려 대화를 나누었다. 대통령의 생각을 잘 알고 있어야 정확한 글이 나온다는 판단이었다.

노 대통령이 연설비서관실과 홍보수석실에만 글쓰기를 주문한 것은 결코 아니었다. 그는 기회가 있을 때마다 자신이 맡은 일에 대해 글을 쓸 것을 모든 직원들에게 권했다. 형편이 되면 외부에도 기고하고 또 임기 후에는 해당 분야의 5년 기록을 책으로 펴냈으면 좋겠다는 의견도 피력했다.

참여정부 청와대의 일상으로 잠시 돌아가 보자. 춘추관에 보도참고 자료를 배포하거나 청와대브리핑에 글을 올릴 경우 각 수석실은 초안을 작성하여 홍보수석실에 넘긴다. 물론 해당 수석실이 직접 배포하거나 올리기도 하지만 홍보수석실을 거치는 경우가 많다. 홍보수석실에서는 필사들이 문장을 다듬는다. 대통령 연설문도 비슷한 프로세스를 거친다. 정책실이나 각 수석실이 작성한 자료를 바탕으로 연설문이 만들어진다. 말하자면 콘텐츠 담당자와 글쓰기 전문가의 협업인 셈이다. 이러한 협업은 현재 대한민국의 수많은 기업에서도 실제로 이루어지고 있는 글쓰기 방식이 아닐까 싶다.

'과연 이 시스템이 바람직한 것일까?'

청와대에서 일하는 동안 나는 여러 차례 반문해보았다. '글과 말에서 가장 중요한 비중을 차지하는 것이 무엇일까?'라는 의문에서 비롯된 반문이었다. 매끄러운 문장보다 더 중요한 것이 콘텐츠라는 생각 때문이었다. 그 콘텐츠란 수치의 단순한 나열이 아니라 일반인들이 쉽게 이해할 수 있도록 가공된 자료를 말한다. 이 정도 수준의 자료는 홍보수석실의 필사들이 만들어내기 어렵다. 해당 분야의 전문가가 아니기 때문이다.

많은 사람이 모든 자료를 한곳에 쏟아놓고는 이를 글쓰기 전문가에게 넘기면 훌륭한 글이 생산될 것으로 기대한다. 내 생각은 다르다. 해박하고 탁월한 소수의 필사를 제외하고는 해당 전문가가 넘겨준 자료를 임의로 가공하는 일이 쉽지 않다. 자칫 의미가 달라질 수 있을 뿐만 아니라 심하면 뜻을 왜곡할 수도 있다. 자료에 정통한 사람은 역시 해당 분야의 전문가이다. 그 전문가는 위의 사례에서처럼 '어디 사는 몇 살의 누구라면, 내년도에 정부의 어떤 정책에 의해 얼마의 혜택을 볼 수 있다'는 통계를 뽑아낼 수 있다.

가장 훌륭한 글은 결국 글쓰기 고수가 아니라 각 분야의 전문가가 생산하는 것이다. 만일 지금은 그렇지 않다면 앞으로는 그렇게 되어야 한다는 것이 내 생각이다. 노 대통령에게서 보듯이 정책 내용을 꿰뚫고 있으면 말과 글을 통해 사람들을 설득할 콘텐츠가 많아진다. 말이나 글의 표현은 다소 매끄럽지 않아도 좋다. 얼마나 정확한 내용으로 콘텐츠를 만들어 사람들을 설득하는가가 가장 중요하다. '대지 위의 태양', '시대의 아픔' 등 수사나 미사여구가 많이 들어간다 해서 좋은 글이 되고 훌륭한 말이 되는 것은 아니다. 노 대통령의 말처럼, 또 오바마의 이야기처럼, '은마아파트를 팔면 얼마의 세금을 내야' 하고, '조시 부시 시절에는 소득이 얼마나 감소했는지'를 구체적으로 밝히는 것이 중요하다.

그래도 협업이 필요하다면, 필사의 도움이 꼭 필요하다면, 정책 담당자가 메인이 되고 글쓰기 고수는 보조가 되는 것이 바람직하다. 자료만 제공하며 전체의 작성을 맡기기보다는 전문가가 초고를 완성한다고 생각하면 좋겠다. 그러면 글쓰기 고수는 문장을 다듬어주는 역할에 그치게 된다. 아무래도 이런 방식의 협업에서 더 좋은 글이 탄생할 것으로 보인다. 다만 이것은 어디까지나 나의 경험에서 비롯된 주장이다.

08

뒤집어 말하기로
뜻밖의 감동을 선사한다

"노무현이가 30억 원짜리 땅을 갖고 있다고 합니다.
그 땅 찾아내면 한나라당에 다 주겠습니다.
그러나 찾지 마십시오. 100년 찾아도 안 나옵니다."

반전영화가 있다. 로버트 드니로의 〈디어헌터(The Deer Hunter)〉와 같은 반전(反戰)영화가 아니라, 브루스 윌리스 주연의 〈식스센스(The Sixth sense)〉와 같은 반전(反轉)영화를 말한다. 소설이든 영화에서든 반전은 사람들에게 깊은 인상을 남긴다. 미처 예상하지 못한 줄거리가 사람들의 마음을 사로잡는다. 뜻밖의 감동이 있는 것이다. 말하기도 예외는 아니다.

2006년 5월 14일, 현지 시각으로는 12시 반이었다. 두바이를 순방 중이던 노무현 대통령은 경제인 오찬간담회에 참석해 대화를 나누었다. 그의 이야기는 영어로 순차 통역되었다. 대통령이 한 문장을 이야기하면 뒤이어 통역이 이루어지는 방식이었다. 국제외교무대에서는 다자회의의 경우 동시통역 방식으로 진행되지만, 양자회담은 순차통역이 관행이었다. 순차통역은 헤드폰을 쓰지 않아도 좋다는 장점이 있지만 시간은 두 배로 걸렸다. 이날 노 대통령은 두바이와 한국의 경제인들을 상대로 이야기했다. 그의 이야기는 이렇게 시작되었다.

"비행기에서 끝없이 펼쳐진 사막을 보며 이 땅이 '신이 버린 땅'이 아닌가 생각했습니다."

곧바로 영어로 통역이 진행되었다. 좌중에 긴장이 흐르고 있었다. 이 지역에서 '신'을 언급하는 것에는 부담이 없지 않았다. 더욱이 '신이 버린 땅'이라는 표현이었다. 그의 다음 이야기가 이어졌다.

"하지만 내려와서 몇 시간이 안 돼 제 짐작이 틀렸다는 사실을 알았습니다. 신은 이 나라에 석유를 주고 이를 활용할 지도자를 주고 지도자에게 지혜와 용기를 주었습니다."

장내에 웃음과 함께 박수가 터졌다. 지켜보던 나도 안도의 한숨을 내쉬었다. 순차통역이었던 탓에 반전으로 이어지는 두 문장의 간격이 무척 길게 느껴져 부담스러웠다. 반전화법은 이렇게 극적인 효과를 가져다주기도 하지만, 잘못 활용되면 그 이상의 역작용이 있을 수도 있다. 노 대통령 역시 그 역작용의 피해를 본 사람이다. 그의 말은 언론을 통해 전달되는 과정에서 단장취의(斷章取義)되는 경우가 적지 않았다. 반전화법의 말이 단장취의되면 정작 의도한 메시지는 묻혀버린 채 뜻밖의 내용이 부각되어 오해를 불러일으키기도 한다. 그만큼 세심한 주의가 필요하다.

정치인 노무현은 설화(舌禍)를 많이 겪었다. 그렇게 되기까지는 대중적 언어의 활용이 큰 몫을 했다. 그런데 그에 못지않은 배경이 또 하나있다. 지금 이야기하고 있는 반전화법이다. 그가 어느 시점부터 반전화법을 즐겨 사용했는지는 확인하기 어렵다. 추론컨대 변호사 시절이 아니었을까 싶다. 효율적인 변론을 위해서 그는 평소에도 과장법이나 반어법 등을 동원했을 것이다. 때로는 극적인 효과를 얻기 위해 반전화법도 적극적으로 활용했을 것이다.

위의 사례에서 보았듯이 반전화법은 듣는 사람들에게 최고의 긴장감을 주며 메시지를 전달한다. 사람들은 생각지도 못했던 반전에 무릎을 치며 감탄하거나 감동한다. 어떻게 하면 이렇게 반전화법을 능수능란하게 구사할 수 있을까?

적절한 반전화법 1
현실을 반전시켜 성과를 부각한다
첫째, 현실을 근본적으로 뒤집어놓고 생각하는 사고가 필요하다. 노 대통령은 평소 사적인 대화를 나누는 자리에서도 이런 화법을 종종 사용했다. 예를 들면 이런 식이다.

> "그 친구는 일도 안 하고 적당히 놀기만 하는 줄 알았는데, 어제 올린 보고서를 보니 대단한 실력을 갖추고 있더군."

'대단한 실력'의 이면에 '적당히 놀기만 하는' 모습이 있다. 즉 말하려고 하는 현실과는 정반대의 상황을 전제로 깔아놓는 것이다. 그런데 누군가 이 이야기를 듣고는 앞의 문장만 뚝 떼어 '그 친구'에게 전달했다고 가정하자. 모르긴 몰라도 '그 친구'는 '그렇다면 이제까지 나를 그 정도로만 생각하고 있었단 말인가!'라며 섭섭함을 느낄 것이다. 어쩌면 뒤의 문장까지 제대로 전달되어도 섭섭함의 크기는 똑같을지 모른다. 충분히 가능성이 있는 이야기다. 그런 만큼 조심스러운 것이 반전화법이다.

대통령 재임 중에도 그는 수시로 반전화법을 사용했다. 관련한 표현을 언론이 문제 삼은 적도 있다. 2006년 5월 18일 광주종합고용안정센터를 방문했을 때의 일이다. 성취프로그램을 참관하면서 그가 말했다.

> "여러분 반갑습니다. 그런데 나는 그냥 일자리 없는 사람 하면 코가 석자나 빠지고 눈이 그렇게 절반 감기고 다리 어깨는 힘이 풀려서 비실비실하는 사람으로 생각했는데 오늘 여러분 표정을 보니까 멀쩡한데요. (일동 웃음)

속은 새까맣게 타요? (일동: 아닙니다.)"

비슷한 사례는 그 전에도 있었다. 2004년 1월 8일 여성계 신년 인사회에 참석했을 때의 이야기다.

"사실 저는 여성 마술사를 오늘 처음 봤습니다. 여성도 마술하나? 이런 생각이 들었습니다. 제가 비교적 깼다고 생각하는데 그래도 제 딸아이가 마술 배운다고 종이, 보자기 갖다 놓고 주물럭거리면 걱정을 많이 했을 것 같은데 오늘 보니까 생각이 달라졌습니다."[39]

:

적절한 반전화법 2
'반전 현실'을 인지 못한 자신을 탓한다

유사한 사례는 또 있다. 다음과 같은 정도면 그런대로 무난한 반전화법이라 할 수 있다. 2003년 12월, 세계인권선언 기념행사에서의 연설이다.

"김대중 전 대통령께서 인권위원회를 만드실 때, 저도 '어지간히 됐는데 인권위원회 만들어서 뭘 할 것인가?'라고 생각했습니다만, 지금에야 그 깊은 뜻을 이해할 수 있게 됐습니다. 정치인이 아닌, 철학을 가진 지도자가 우리에겐 꼭 필요하고, 그런 지도자를 가졌던 것이 참으로 기쁘고 자랑스럽습니다. 여러분, 잊지 마십시오."[40]

여기에 반전화법의 두 번째 포인트가 있다. 현실을 뒤집어놓은 상태를 전제로 깔되, 반전의 현실을 제대로 파악하지 못한 원인은 자신의 탓으로 분명하게 돌리는 것이다. 그러면 설화로 번질 우려 없이 반전화법의 효과를 얻을 수 있다.

퇴임 후의 노무현 대통령은 봉하마을의 사저 앞을 찾아온 방문객들을 상대로 매일 대화를 나누었는데 이때에도 반전화법을 종종 활용했다. 다음은 2008년 10월 7일 오후에 있었던 방문객 인사의 일부 대목이다.

"제가 대통령으로 있으면서 그런 종류의 일자리 숫자가 얼마나 되는지 파악해보라고 했습니다. 그랬더니 그것을 파악해서 보고하는데 우리 정부가 전부 매달렸는지 자기들로서는 열심히 했다고 하는데… 이해찬 총리가 성질이 좀 더럽거든요."

갑작스럽게 '이해찬 총리의 성질'을 이야기하자 일순 긴장의 분위기가 감돈다. 개중에는 물론 웃음을 짓는 사람도 몇몇이 있기는 하다. 그래도 혹시 대통령이 이 총리를 비난하는 것은 아닌지 사람들의 신경이 집중된다. 그러자 그는 구체적인 이야기로 흐름을 반전시킨다.

"달리 더러운 것이 아니고, 국회의원이라면 국회의원 업무는 딱 떨어지게 하기 때문에 정부가 괴롭습니다. 그 사람이 장관이 되면 부처가 괴롭고, 총리가 되면 장관들이 괴롭거든요. 아주 빡빡하게 일을 시킵니다. 직장으로 말하자면 돌리는 상사거든요. 아주 심하게 돌리는 사람인데, 실제로 그 조직이라는 게 정부 수준이 되면 돌리는 데에도 한계가 있습니다. 대통령이 아무리 돌리려고 해도 공무원이 쉽게 돌아가지는 않지요. 그러나 어떻든 이해찬 총리만큼 그렇게 대차고 빡센 사람이 별로 없습니다. 아무튼 그렇게 빡센 사람이 돌리고 돌려서 그 일자리가 어느 정도 우리 한국 사회에 앞으로 필요하다는 것을 조사해내는 데 딱 1년이 걸렸습니다."[41]

'성질 더러운 사람'은 결국 '일 잘하는 사람'이라는 '최고의 찬사'를 세우기 위한 반전의 주춧돌이었던 것이다. 반전화법이 적절히 활용되어 두 배의 효과를 거둔 사례라 할 수 있다.

노 대통령만큼 반전이 사람들의 인식에 미치는 영향을 꿰뚫어본 정치인은 드물다. 다음에 소개하는 그의 농담 섞인 이야기를 들어보면 잘 알 수 있다. 2007년 6월 참여정부평가포럼에서의 발언이다.

"제가 이제 고향 가면 생가 바로 뒤에 집을 짓고 있고요. 제 집은 '지붕은 낮은 큰집'입니다. 왜 큰집이냐면 규모가 작지 않으니까요. 그런데 그 선입견을 어떻게 갖고 보냐에 따라서 달라지기 때문에, 큰집이라고 이름을 붙여놓아야 봐도 크다고 생각하지 않고 '별 크지도 않은 데 뭔 큰집이야?' (일동 웃음) 그래서 이제 지붕이 아주 높고 이러면 권위적으로 보일 것 같아서 지붕을 낮게 짓고 있습니다."[42]

적절한 반전화법 3
기발한 발상, 순발력을 함께 활용한다

다음은 반전화법의 세 번째 포인트다. 기발한 발상이나 순발력과 함께 활용될 때 반전화법은 더욱 그 빛을 발한다. 정치인 노무현은 반전화법에 특유의 순발력을 더해 상대의 공격을 방어하기도 했고 좌중을 웃음으로 몰아넣기도 했다. 먼저 대통령 후보 시절의 사례이다. 2002년 대통령선거 당시 한나라당이 '노무현 후보 30억 원 부동산 보유설'을 제기하자 그는 이렇게 말했다.

"노무현이가 30억 원짜리 땅을 갖고 있다고 합니다. 그 땅 찾아내면 한나라당에 다 주겠습니다."

그러고 나서 곧바로 그의 반전이 이어진다.

"그러나 찾지 마십시오. 100년 찾아도 안 나옵니다."[43]

또 행정수도를 이전한다는 공약에 대해 공격이 제기되자 이렇게 응답했다. 대통령선거일을 이틀 앞둔 12월 17일, 성남시장 앞 거리유세에서의 언급이다.

"행정수도가 이전하면 집값이 폭락하고 수도권이 공동화된다고 협박하는 사람들이 있습니다. 잘 모르고 그러는 것이면 머리가 나쁜 사람입니다."

이 대목에서도 작은 반전이 준비되어 있다. 곧바로 이야기가 이어진다.

"뻔히 알면서도 그러면 정말 나쁜 사람입니다. 일산이 건설되었다고 해서 강북의 집값이 내렸습니까? 더 이상 택도 없는 소리 하지 마십시오."

다음의 사례 역시 대통령 재임 중의 일화로 작은 반전을 통해 좌중에 웃음을 선사했던 경우들이다. 먼저 2003년 7월, 중국 방문 당시 칭화대학 강연의 한 대목이다.

"많은 분들이 한국의 가요나 영화, 드라마를 즐긴다는 말을 들었습니다. 최근에는 김치도 인기가 있다는 얘기를 들었습니다. 김치는 참 좋은 식품입니다. 그런데 김치만 좋은 식품이 아니고 김치냉장고도 한국제가 참 좋습니다. (일동 웃음, 박수) 박수를 쳐주시니까 한 마디 더 하겠습니다. 김치냉장고에는 김치만 넣는 것이 아니고, 맥주를 넣어두었다가 먹으면 아주 좋습니다. (일동 박수)"[44]

다음은 2005년 4월에 터키를 방문했을 당시 동포간담회에서의 이야기이다. 자신을 망가트리는 반전으로 사람들에게 웃음을 선사하고 있다.

"예정에 없이 에르도안 총리가 보스포러스 크루즈를 시켜줬습니다. 시켜주신 것이지요. (웃음) 같이 했는데 크루즈 안 했으면 참 억울할 뻔 했습니다. 대통령 되고 제일 좋은 구경했습니다. (박수) 잠시 스쳐가는 생각이지만 돈만 있으면 가지 말고 여기서 살면 좋겠습니다. (웃음) 그런데 가만히 생각하니 내가 대통령이에요. 안 가면 큰일 나겠다 생각했습니다. (웃음)"[45]

어떻게 '반전화법'을 활용할 것인가

1. 현실을 반전시켜 성과를 부각한다

현실을 근본적으로 뒤집어놓고 생각해보자. 말하려고 하는 현실과는 정반대의 상황을 전제로 깔아놓는 것이다. 어쩌면 뒤의 말까지 제대로 전달되어도 상대방에게 여전히 실망감이나 섭섭함이 남을지 모른다. 그런 만큼 조심스러운 것이 반전화법이다.

2. '반전 현실'을 인지 못한 자신을 탓한다

'반전 현실'을 전제로 깔면 일순 긴장의 분위기가 감돌게 된다. 혹시나 말하는 이가 듣는 이를 비난하는 것은 아닌지 사람들의 신경이 집중된다. 그럴 때 말하는 이가 구체적인 이야기로 흐름을 반전시킨다. 반전의 현실을 제대로 파악하지 못한 원인을 자신의 탓으로 분명하게 돌리는 것이다. 이는 상대를 추켜세우기 위한 반전의 주춧돌이 될 수 있다.

3. 기발한 발상, 순발력을 함께 활용한다

기발한 발상이나 순발력과 함께 활용될 때 반전화법은 더욱 그 빛을 발한다. 상대의 공격을 방어할 수 있고, 좌중을 웃음으로 몰아넣을 수도 있다. 작은 반전을 통해 분위기를 환기하거나, 자신을 망가트리는 반전으로 좌중의 몰입감을 높일 수 있다.

'정치하지 마라'의 역설

"정치하지 마라."

2009년 3월 4일, 노무현 대통령이 홈페이지인 '사람사는세상'에 올린 글의 제목이다. 이 글의 진의를 놓고 해석이 분분했다. 서거하기 두어 달 전의 글이라 지금까지도 그 의미가 남다르게 다가온다. 가까이서 그를 보좌하던 참모들은 대체로 어려운 환경에서도 꿋꿋하게 정치를 펼쳐나가는 사람들을 위해 쓴 '역설적 표현'으로 해석했다. 나 역시 그런 해석에 동의하는 쪽이다. 즉 대통령의 표현대로 일종의 '정치인을 위한 변명'이 아니었나 싶다. 특히 다음의 대목을 읽으며 그런 느낌을 강하게 받았다.

"90년 3당합당 이후 저는 많은 사람들에게 정치를 하자고 권유를 하고 다녔습니다. 대통령이 되고 나서는 '정치인을 위한 변명'을 글로 써보고 싶었습니다. 나는 지옥 같은 터널을 겨우 빠져 나왔지만, 남은 사람들의 처지를 안타깝게 생각했기 때문입니다. 그러던 중 독일의 어떤 정치인이 쓴《정치인을 위한 변명》이라는 책을 읽었습니다. 그런데 변명으로서 별 효과는 없을 것 같았습니다. 마찬가지로 이 글도 정치인을 위한 변명으로 별 효과는 없을 것입니다. 그러나 저는 정치인을 위한 변명으로 이 글을 씁니다. 그러나 그렇다고 정치인을 위하여 이 글을 쓰는 것은 아닙니다. 한국 정치가 좀 달라지기를 바라는 마음으로 이 글을 씁니다. 정치가 달라지기 위해서는 정치인들이 먼저 달라져야 할 것입니다. 그러나 저는 정치인의 처지에 대한 시민들의 이해도 중요하다는 생각으로 이 이야기를 합니다. 주인이 알아주지 않는 머슴들은 결코 훌륭한 일꾼이 될 수가 없을 것이기 때문입니다. 정치인들이 자존심 상한다 할까 걱정이 됩니다. 그러나 무릅쓰고 이야기를 합니다. 다만, 해답이 아니라 문제 제기입니다. 함께 생각해보자는 제안입니다."

그런 의미에서 볼 때 이 글 또한 하나의 반전화법이 아닐까 싶다. 서두에서는 여러 가지 이유를 들어 '정치, 하지 마라'고 이야기한다고 전제했지만, 사실은 그렇게 어려운 길을 가는 사람들인 만큼 시민들의 깊은 이해가 필요하다는 구조의 글이다. 이처럼 역설적 주장을 펴는 글의 구조도 인상적이었지만, 나는 그가 정치하는 과정에서 겪었던 힘겨움을 솔직히 표현했다는 점이 더욱 인상적이었다. 글은 정치인이 겪을 수밖에 없는 위험요소들을 하나하나 열거하고 있다.

구체적으로는 '권세와 명성은 실속이 없고 그나마 너무 짧다', '이룬 결과가 생각보다 보잘것없다는 것을 발견하게 될 것', 그리고 '사생활, 특히 가족들의 사생활을 보호할 수 없는 것은 치명적인 고통'이라고 표현하고 있다. 그러나 이 정도는 스스로의 선택이므로 감당해야 할 일로 규정한다. 그가 지적하는 더 큰 문제는 바로 '거짓말의 수렁', '정치자금의 수렁', '사생활 검증의 수렁', '이전투구의 수렁' 등을 회피할 수 없다는 점이다. 그리고 많은 사람들의 말년이 가난하고 외롭다는 점을 지적한다. 이 글을 쓴 시점으로부터 8년 전인 2001년. 그때에도 그의 고민은 비슷했다. 당시 그는 자서전 《여보 나 좀 도와줘》의 후속편을 출간하기 위해 며칠에 걸쳐 구술 작업을 했다. 다음의 인용은 당시의 구술에서 발췌한 내용들이다.

"항상 머릿속을 떠나지 않는 번민이 하나 있다. 첫 번째, '정치를 왜 하는가?'이다." (중략) 왜 정치를 하는가? 되짚어가다 보면 문득 '나도 나 아니면 안 된다'는 병에 걸려 있는 것이 아닐까?' 하는 생각이 든다. 그러면서 골똘하게 생각을 한다. 쉬는 시간이 생기면 꼭 이런 생각을 한다. 내가 병에 걸린 것이 아닐까 하는 생각이다. 나는 뭐가 다른가? 정치인들이 욕을 먹는 모습을 보며 '나는 뭐가 다른가?' 하는 것이다."

"그것은 어떻게 보면, 꼭 내가 해야 한다는 아집이 아닐까? 이런 상황에서 '목표에 충실하지 못한다면, 이 원칙도 지켜내지 못한다면…' 하는 생각에 사활을 건 벼랑 끝 투쟁을 자주 해서 참모들이 당황해하곤 한다. 실제로 그런 말을 할 때에는 카타르시스도 있다. 실제로 감당하기 힘든 상황에 도전하면서도 내가 패배하고 물러설 수 있는 자유의 공간, 이런 것을 확인하고 싶은 심정이 있다. 그렇게 확인하고 싶은 심정이 누구에겐가 말하고 싶은 심정이 되는 것이다. 누구에게 말하면 의지가 약하거나 무책임한 사람이 된다. 요즘은 내가 정치하는 것인지 떠밀리는 것인지 혼란스러울 때도 있다. 대단히 치밀해서 집념으로 한발자국씩 혼신을 불태우는 것 같아도."

"세 번째로는 돈 문제이다. 명분과 법적인 형식은 무엇으로 갖다 붙이든 간에 전업정치인은 본인과 가족이 남의 돈으로 먹고살 수밖에 없다. 누가 어떻게 그럴듯하게 이야기할 수 있지만, 다 그럴 수밖에 없다. 그렇다고 재벌들한테 정치를 맡긴다고 해서 정치인만큼 국민에게 손해를 끼치지 않는다고 장담할 수도 없다. 자기 돈을 가진 사람에게만 정치를 맡긴다는 것은 어려운 일이다."

"정치는 전업정치인에게 맡겨야 한다. 적어도 정치하는 기간에는 돈벌이를 할 수 없다. 클린턴, 토니 블레어도 변호사였지만, 백악관 만찬에 초청하는데 그것도 돈을 받고 한다는 것이다. 자리가 다르면 밥값이 다르다고 한다."

"옛날 부산에서 대통령선거운동을 하고 다니는데 커피숍이나 소줏집 등에 내가 얼씬거리기라도 하면 저쪽에서 어떤 사람들이 이야기한다. '정치하는 사람들 세금부터 내야 돼. 김대중 씨 세금 얼마 냈어요?'

이런 것부터 묻는다. 이 문제에 대해 정치적으로 크게 발언할 기회가 있으면 최대한 제도적으로 어두운 부분이 없도록 열어야겠다고 생각한다. 하지만 아무리 열어도 후원금은 후원금이다. 아쉬운 소리를 해야 한다. 편지도 보내고 만나기도 하고 때로는 그 만남의 자리에서 수모를 당하기도 한다. 그것을 표정으로 나타내면 더욱 비참해지기 때문에 그냥 모른 척 너털웃음을 지어야 한다."

"이런 사정들을 생각하면 제대로 똑똑하게 하고 싶다. 특히 돈이 많은 사람은 정치와 사업을 동시에 할 수 없다. 정치 이외에 생계수단이 없는 사람은 모르겠지만, 정치를 하자면 직업을 희생해야 되는 사람은 갈등이 있다. 나는 정치하는 사람이 지불하는 대가가 상당히 크다고 생각한다. 상당히 비싼 희생을 치르고 대가를 지불하고 있다. 그래서 하면 제대로 하고 싶다. 제대로 못할 바에는 안 하고 싶다. 그것이 내가 잘 타협하지 않는 정치인의 모습을 갖고 있는 이유 가운데 하나이다."

정치인 노무현의 고민은 대통령 퇴임 후까지 이어지고 있었다. 돈 때문에 때로는 '만남의 자리에서 수모를 당하기도' 했던 사람. '그것을 표정으로 나타내면 더욱 비참해진다'는 말에서는 정치인으로서 겪어야 했던 그의 비애가 느껴진다. 그러한 어려움을 조목조목 아프게 열거해 놓은 후, 그가 궁극적으로 하고 싶었던 말은 '정치에 대해 시민들이 관심을 가져달라'는 슬픈 역설이었다.

09

말하기에서도
버리는 전략이 중요하다

"제가 약속보다 시간을 넘겨서 미안합니다.
즐거운 식사시간이 줄어들었습니다.
제가 이것 하나만 고치면 멋진 대통령이 될 텐데 이게 안 돼요."

취임 초인 2003년 6월, 노무현 대통령은 전국의 근로감독관들을 청와대로 초청하여 오찬간담회를 가졌다. 행사가 끝날 무렵 그가 '마무리 말씀'을 했다.

"검찰과 국정원을 수족으로 부리지 않고 국가를 이끌고 가겠습니다. 검찰에 오래 있었던 사람들이 '그렇게 될까?', '언젠가는 검찰에게 도와달라고 할거야!'라고 말합니다. 하지만 저는 안 합니다. 파일을 안 만들면 되지요. 건수 있는 의혹파일 안 만들면 할 수 있습니다. 파일 뭔지 아시죠?"

'권력기관에 의존하지 않는 대통령이 되겠다'는 평소의 소신이었다.

그때 시계를 본 그가 겸연쩍은 표정을 지으며 이런 말을 덧붙였다.

"제가 약속보다 시간을 넘겨서 미안합니다. 즐거운 식사 시간이 줄어들었습니다. 제가 이것 하나만 고치면 멋진 대통령이 될 텐데 이게 안 돼요. 시간을 늘립니다. 눈물 머금고 이야기 마칩니다."[46]

'말 잘하는 대통령'이라는 별칭에도 불구하고 그가 이야기할 때마다 예민하게 생각하는 점이 한 가지 있었다. 대화에 몰두하다 보면 언제나 예상시간을 훌쩍 넘기는 것이었다. 그는 해야 할 이야기가 많은 편이었다. 시간은 언제나 부족했다. 이 점을 그가 실제로 자신의 약점으로 생각했는지는 확인할 수 없다. '아내가 말을 짧게 하라고 한다!'고 공개 석상에서 여러 차례 말하기도 했지만 어디까지나 우스갯소리였다. 위의 사례에서처럼 약점으로 인정한 흔적이 간혹 보이기도 한다. 하지만 재임 중의 다른 기록에서는 이러한 표현을 찾는 것이 쉽지 않다. 오히려 그 정반대의 해석이 가능한 사례들이 몇 차례 있다. '대통령의 말'을 놓고 세간에 시비와 논란이 있자 이에 대해 반론을 전개하는 사례들이다. 다음은 2006년 12월 정책기획위원회 신규 위원들에게 위촉장을 수여하는 자리에서의 이야기다.

"소통 얘기를 하나 더 하자면, 저더러 말을 줄이라고 합니다. 방송 뉴스를 봤더니 대통령이 말이 많다고 합니다. 그렇습니다. 독재자는 힘으로 통치하고 민주주의 지도자는 말로써 정치를 합니다. 제왕은 말이 필요 없습니다. 권력과 위엄이 필요하죠. 영국의 토니 블레어 총리가 왜 성공했느냐, 그 사람의 책을 보면 말을 잘해서 성공한 겁니다. 민주주의 사회에서 말 못하는 지도자는 절대로 지도자가 될 수 없습니다. 클린턴 전 대통령도 말의 달인, 말의 천재 아닙니까? 물론 말만 잘한 건 아닙니다. 그런 말을 할 만한 사고력을 가지고 말을 한 것이죠. 그 말을 만들어낼 수 있는 지적 능력과 사고력과 철학의 세계가 있으니까 클린턴 전 대통령의 말이 나오는 것 아니겠습니까?"[47]

'독재자는 힘으로 통치하고 민주주의 지도자는 말로써 통치한다.' 그의 지론이다. 이 말처럼 민주주의 시대의 대통령은 독재자처럼 밀실에서 일방적으로 지시하는 것이 아니라 열린 마당에서의 대화와 토론으로 국정을 이끌어간다. 결국 말은 대통령의 통치수단이다. 그런 의미에서 볼 때 '말하지 않는 대통령'이란 성립할 수 없다. 참여정부 시절 사나흘 동안 대통령의 언급이 외부로 공개되지 않은 적이 가끔 있었다. 대부분 공개 일정이 없기 때문이었다. 그럴 때면 언론에서는 '대통령이 왜 침묵하는가?'라는 질문을 던졌다. '대통령의 말이 많다'고 비판하던 언론도 다르지 않았다. 이렇듯 일국의 대통령이라면 24시간 365일, 언론의 기사 속에 살아 있을 수밖에 없다. 그 매개 수단은 물론 말이다. 대통령의 생각과 지향, 관심은 모두 말로써 표현된다. '말이 많은 대통령'이란 국정 전반에 대해 치열하게 고민하고 있다는 의미에 다름 아니다.

메시지의 효율적 전달이 중요하다

결국 문제는 '말이 많은가?'가 아니라 '말이 효율적으로 전달되고 있는가?'이다. '말하기'에 관심을 둔 사람이라면 이 점을 특히 주목해야 한다. 자신의 말이 듣는 이에게 효율적으로 전달되고 있는지를 점검해야 한다. 나아가 메시지의 과잉은 아닌지, 짧은 시간에 전달하려는 주제가 너무 많은 것은 아닌지, 설명은 지나치게 장황하지 않은지 등을 면밀하게 살펴보아야 한다.

대통령 노무현, 나아가 정치인 노무현은 메시지를 전략적으로 배치하는 캐릭터가 아니었다. 흔히 생각하듯 그는 '정치공학'에 의존하는 정치인이 아니었다. 대통령 재임 시절에는 이러한 성향이 더욱 두드러졌다. 상황을 깊이 분석하고 전망을 멀리 보는 사람이긴 했다. 전략이라는 측면도 물론 중시했다. 그러나 자신의 언행을 의도된 기획과 연출에 맞추지는 않았다. 상황의 유·불리를 셈하지도 않았고 일의 적절한 기회를 엿보지도 않았다. 한마디로 눈치 보는 정치인이 아니었던 것이다. 그런 캐릭터 탓일까? 때로는 며칠 간격으로 춘추관에서 대통령의 기자회견이 열린 적도 있었다. 그러면 중요한 메시지가 쉴 틈 없이 쏟아지게 된다. 취임 초기에는 국회에서의 연설을 마치고 돌아오는 도중에 춘추관에 들러 기자간담회를 가진 적도 있다. 그러다 보면 사람들은 '메시지의 과잉'을 느낄 수밖에 없다.

'메시지의 전략적 배치'는 어쩌면 참모의 책임일 수도 있다. 그렇게 보면 대변인과 연설기획비서관을 맡았던 나의 일이기도 했다. 하지만 그런 전략의 수립이 쉽지는 않았다. 노무현 대통령의 머릿속에는 언제나 국민들에게 전하고 싶은 말들이 가득 쌓여 있었다. 또 그는 생각을 며칠이고 담아두는 성격이 아니었다. 그의 생각은 곧바로 말이 되었고, 그 말은 참모들의 머릿속에 공유되었다.

대통령 재임 시절 메시지의 효율적 전달에 실패한 대표적 사례가 있었다. 2007년의 신년 연설이었다. 그는 이 행사를 준비하는 데 한 달 이상의 시간을 투입했다. 시작은 2006년 12월 초순부터였던 것으로 기억된다. 그가 이 연설에 특별히 공을 들인 이유가 있었다. 사실상 대통령으로서의 마지막 신년 연설이었기 때문이다. 그다음 해인 2008년에도 원한다면 신년 연설을 할 수도 있었다. 하지만 그 시점에는 이미 새로운 대통령 당선인이 있을 터였다. 그런 상황에서는 퇴임할 대통령이 신년 연설을 하기도 어색하고, 또 한다 해도 세인의 관심을 받기 어려울 것이었다. 그래서 그는 2007년의 신년 연설에 자신이 하고픈 모든 이야기를 담아내려 했다.

준비과정에서 그가 누누이 강조한 점이 있었다. '각계각층의 국민들이 자신의 삶과 관련된 대통령의 언급을 한마디라도 들을 수 있도록 배려하자'는 것이었다. 그러한 원칙을 전제로 지난 4년 동안 해온 일과 남은 1년 동안 하려는 일을 조목조목 설명하려고 했다. 생방송으로 진행되는 한 시간의 연설 안에 임기 5년의 정책을 모두 담아내려는 시도였다. 준비회의가 거듭될수록 내용은 기하급수적으로 늘어났다. 나중에는 대통령이 읽어야 할 텍스트만 A4용지 77쪽으로 책자 한 권 분량에 달했다. 한 시간 내에 그 내용을 모두 소화할 수 없다는 우려가 제기되었다. 논의 끝에 텍스트는 그대로 배포하되, 내용은 대화체로 소화하여 전달하기로 했다. 대화체 연설이 훨씬 설득력이 높다는 참모들의 의견을 대통령이 받아들인 것이었다. 하지만 결론적으로는 무리한 선택이었다.

한 시간 안에 낭독하기도 어려운 텍스트를 대화체로 소화해낸다는 것은 사실상 불가능한 일이었다. 지나친 욕심이었다. 어떤 대목은 제목만 이야기하고 넘어갔다. 어떤 대목은 아예 건너뛸 수밖에 없었다. 언론들은 일제히 '희한한 연설'이라고 비난을 쏟아냈다. 사실상의 실패였다. 결론은 분명했다. 버리는 것이 중요했다. 실패가 남겨준 커다란 교훈이었다.

⋮

과감히 '포기'할 수 있어야 '훌륭한 말하기'다

글이든 말이든 전하고 싶은 모든 내용을 한꺼번에 쏟아낸다는 것은 정말로 불가피한 경우로 국한되어야 한다. 무엇보다 '선택과 집중'이 중요하다. 이를 위해서는 첫째도 버려야 하고, 둘째도 버려야 하고, 셋째도 버려야 한다. 버리기 아깝더라도 과감히 포기할 수 있어야 훌륭한 말하기가 된다. 욕심을 버리고 마음을 비울 때 가장 효율적으로 메시지를 전달할 수 있다. 전하려는 주제가 많아질수록 단위 꼭지의 비중은 그만큼 적어질 수밖에 없다. 듣는 사람들이 메시지를 받아들이는 용량에도 한계가 있다. 반드시 전달할 내용의 우선순위를 정해야 한다.

국회에서 보좌관으로 일하던 시절의 경험이다. 교섭단체 대표의 연설문을 작성하는 작업에 참여할 기회가 있었다. 이처럼 비중이 큰 작업의 경우에는 대체로 사공들이 많았다. 참모들은 물론, 주변 측근이나 동료의원들이 '이러이러한 내용을 담아야 한다'며 한마디씩 조언했다. 중요한 연설인 만큼 당사자도 평소에 비해 귀가 얇어진다. 수많은 사람의 이야기를 경청하면서 가급적 그 모든 내용을 연설에 담아내려고 욕심내는 것이다. 그렇게 의견을 수렴하는 과정을 거쳐 최종적으로 초고를 완성하면 참으로 다종다양한 내용들이 담기게 된다. 한마디로 '백화점식'이다. 실제로 이런 연설을 듣고 나면 오히려 특별히 기억나는 대목이 없다.

국회의원의 대정부질문도 크게 다르지 않다. 국회의원으로서는 제법 큰 행사이다 보니 각별히 신경을 쓴다. 지역구민들까지 지방에서 올라와 지켜보는 경우가 대부분이다. 그런 분위기의 행사인 만큼, 답변을 위해 출석한 국무총리와 각부 장관들에게 각각 하나 이상의 질문을 준비하려고 한다. 그런 기준으로 원고를 작성하다 보면 역시 어느 사이엔가 백화점식 질문이 되어 있음을 발견한다. 역시 청중의 머릿속에는 특별한 인상이 남지 않게 된다.

반면 15대 국회 당시 어떤 중진의원의 대정부질문은 지금까지도 깊은 인상으로 남아 있다. 그는 허용된 삼십 분의 시간 동안 오직 '고속철도'라는 한 가지 주제만 집중적으로 천착했다. 당연한 결과이지만 내용에도 그만큼의 깊이가 있었다.

  '선택과 집중'은 매우 중요한 덕목이다. 본인을 위해서도 청중을 위해서도 그렇다. 기꺼이 버리는 사람이 좋은 작가가 되고 뛰어난 연사가 된다. 인터넷 세상에서는 특히 그렇다. 다른 사람의 다양한 이야기 모두를 인내하며 들어줄 만큼 여유 있는 사람이 많지 않다. 속도가 경쟁력인 시대이다. 모두가 바쁘다는 사실을 전제하고 말해야 한다. 이를 위해서도 주제는 최대한 압축할 필요가 있다.
  봉하마을의 사저를 찾아온 방문객들과 매일 대화를 나누던 퇴임 대통령 노무현. 그는 방문객 대상의 인사말을 업그레이드하기 위해 날마다 자신의 이야기를 반추하면서 갈고 또 다듬었다. 형식은 인사말이었지만 그때그때 생각나는 대로 던진 이야기가 아니었다. 시간이 흐르면서 내용은 밀도를 지녔고 구성은 체계를 갖추었다. 한편으로는 대화의 주제가 늘어났다. '마을소개', '보수의 일곱 가지 거짓말', '진보', '국가의 역할', '민주주의 역사', '국가별 재정규모' 등이었다. 거기에 덧붙여 그 시기의 현안에 대해서도 종종 언급했다. '쌀 직불금'이나 '미국 발 금융위기'와 같은 주제였다. 그러다 보니 가끔은 이야기하는 도중, 줄거리의 흐름을 잃고 방황하기도 했다.
  말 잘하는 대통령의 작은 실수를 한 가지 더 소개한다. 큰 흐름의 주제에서 벗어나 곁가지로 빠지지 말자는 취지에서다. 곁가지로 빠지더라도 얼른 되돌아오자는 뜻이다. 2008년 10월, 방문객과의 대화 가운데 한 대목이다.

"그다음에 돈 많은 사람들이 시장에서 노름하다 사고를 쳐놓으면, 지금 미국이 그것입니다. '사고를 쳐놓으면 정부가 돈 들고 와서 메워라.' 이런 발상이야말로 관치경제입니다. 그것이야말로 관치입니다. 왜냐하면 정부가 은행을 다 사버렸으니까 관치가 안 될 수 있겠습니까? 우리의 이데올로기라는 것이 그만큼 그런 것입니다. 그렇게 이제…. 그런데 무슨 얘기하다가 여기까지 왔는지 제가 잊어먹어 버려…. 온 길을 잊어먹었습니다. 잊어먹었는데, 그 뭐 아까 앞에서 뭔 얘기했었죠? 아, 정부가 일을 많이 해야 된다는 사상이 있고, 정부가 손 떼라는 사상이 있는데 '정부는 경제에서 손 떼라'는 사상이 바로 이런 위험성을 가지고 있고 바로 그 결과가 오늘날 저런 사고인 것입니다."[48]

말은 어떻게 효율적으로 전달되는가

1. 메시지는 '전략적으로' 배치해야 한다

자신의 말이 듣는 이에게 효율적으로 전달되고 있는지를 항상 점검해야 한다. 나아가 메시지의 과잉은 아닌지, 짧은 시간에 전달하려는 주제가 너무 많은 것은 아닌지, 설명은 지나치게 장황하지 않은지 등을 면밀하게 살펴보아야 한다. 하지만 그런 전략의 수립이 쉽지는 않다. 말을 '버리는' 훈련과 병행해야 한다.

2. 무엇보다 '선택과 집중'이 중요하다

전하고 싶은 모든 내용을 한꺼번에 쏟아낸다는 것은 정말로 불가피한 경우로 국한해야 한다. 과감히 '포기'할 수 있어야 '훌륭한 말하기'다. 욕심을 버리고 마음을 비울 때 가장 효율적으로 메시지를 전달할 수 있다. 전하려는 주제가 많아질수록 단위 꼭지의 비중은 그만큼 적어질 수밖에 없다. 듣는 사람들이 메시지를 받아들이는 용량에도 한계가 있다. 반드시 전달할 내용의 우선순위를 정해야 한다.

직언과
심기 관리

2007년 1월 23일. 신년 연설을 마친 노무현 대통령이 행사장인 영빈관을 나선 것은 밤 11시였다. 이미 늦은 시각이었다. 참모들과 차 한잔을 놓고 뒷이야기를 나눌 여유가 없었다. 마음이야 그러고 싶었겠지만, 서둘러 귀가해야 할 참모들을 붙잡는 성격은 아니었다. 그래도 이례적으로 심혈을 기울인 연설이라 짧은 강평이라도 들을 법했는데, 그는 굳이 그러지 않았다. 이병완 비서실장 등 참모들은 대통령의 노고에 덕담과 위로를 건네며 배웅했다. 그는 관저로 향하는 차에 올랐다. 평소의 분위기는 아니었다. 그 시점에는 이미 스스로도 만족할 수 없는 연설이라고 생각했는지 모른다. 나도 대통령의 옆자리에 동승하여 관저로 향했다. 무언가를 이야기해야 한다는 강박 때문이었다.

승용차로 3분이 채 안 걸리는 거리였다. 막상 차를 타고나니 할 말이 막막했다. 침묵으로 가는 것도 어색했다. 그럴 바엔 차라리 영빈관 앞에서 퇴근 인사를 하는 게 옳았다. 어쨌든 무언가 할 이야기가 없지는 않았다. 애매한 표현이긴 하지만 '들인 노고만큼의 효과는 기대하기 어려운 연설'이라는 이야기였다. 사실상 '실패한 연설'이라는 의미였다. 나름 순화시킨 표현이었지만 막상 그의 얼굴을 보니 입이 떨어지지 않았다. 연설을 준비하는 데 쏟은 시간과 열정을 생각하니 더욱 그랬다. 그처럼 치열한 준비 끝에 한 시간의 열변을 토하고 나온 대통령에게 기다렸다는 듯 '실패입니다'라고 말하는 비서관이 과연 잘하는 것일까? 짧은 순간에 많은 생각이 교차했다.

그날 나는 결국 그 이야기를 하지 못했다. 그 대신 '무난한 연설'이었고, '전하고자 하는 바는 충분히 전달되었을 것'이라는 느낌을 말하는 정도로 그쳤다. 그는 아쉬움이 배어 있는 표정이었다. 그러면서도 내 말에 고개를 끄덕이며 웃음을 지었다. 승용차는 이내 관저의 인수문 앞에 도착했고 나는 그곳에서 퇴근 인사를 했다. 집으로 돌아오는 길, 찜찜한 기운이 머릿속을 휘감고 돌았다. 그리고 다음 날인 24일 아침…

하루의 일정을 점검하기 위해 몇몇 비서관들이 관저에 모였다. 그 자리에서 대통령은 지난밤의 연설에서 시간 조절에 실패했음을 토로했다. 이어서 열린 브리핑 팀 회의에서도 마찬가지였다. 그는 아쉬움을 피력했다.

"과감하게 포기할 건 포기했어야 하는데, 말을 다 하려다 페이스를 잃고 말았다."

지난밤 관저로 오는 차 안에서 굳이 솔직하게 평하지 않기를 잘했다는 생각이 들었다. 나는 안도의 한숨을 내쉬었다. 누가 말하지 않아도 그는 이미 알고 있었다. 어떤 문제 때문에 메시지 전달에 실패했는지, 그렇다면 어떻게 했어야 했는지 지난밤에 반추와 분석을 끝낸 것이었다. 그는 '실패'의 이야기를 오래 끌고 가지 않았다.

"이제부터는 어제 연설문을 뜯어가지고 하나하나 개념을 이야기할 때이다."

대변인 시절과 달리 제1부속실장이나 연설기획비서관직을 수행할 때에는 가장 가까운 곳에서 대통령을 보좌했다. 그런 만큼 행사를 마치고 돌아올 때면 연설 전반에 대한 느낌을 이야기할 기회가 상대적으로 많았다. 그때마다 어떻게 이야기해야 할지 고민이 적지 않았다.

제1부속실장이나 연설기획비서관의 자리는 사실상 대통령의 턱밑이었다. 그곳에서 손발이 되어 일하는 비서가 그의 일거수일투족에 대해 기다렸다는 듯 느낌을 말하는 것이 과연 적절한가에 대한 고민이었다. 특히 말실수나 파장이 예상되는 발언을 놓고 '왜 그러셨습니까?' 하고 정면으로 지적하는 것이 옳은가에 대한 고심이었다. 비판적 내용이라도 대통령이 곧바로 알고 있어야 할 사안이라면 주저 없이 이야기하는 편이었다. 하지만 말하기나 연설에 대한 평가는 언제나 망설임이 있었다. 제1부속실장이라면 대통령의 심기를 편안하고 쾌적하게 관리해야 할 책임도 있었다. 그래서 사사건건 시비를 걸면 오히려 곤란하다는 생

각도 있었다. 굳이 지적하지 않아도 하루가 지나면 대통령 스스로 문제점을 파악하는 경우도 많았다. 그러기까지는 참여정부 청와대의 자유로운 분위기도 한몫을 했다. 그는 하루에도 많은 참모들을 만났다. 그들은 스스럼없이 직언을 했고 문제점을 지적하기도 했다.

어쨌든 청와대 문을 나오는 시점까지 나는 '직언'과 '심기관리'의 양측면을 항상 고려해야 했다. 그렇지 않아도 숱한 힘겨움을 겪어야 했던 대통령의 마음을 잠시라도 편하게 할 수 있다면 그것 또한 '직언'만큼이나 필요한 역할이라는 생각이었다. 가장 가까운 곳에서 그의 기쁨, 아쉬움, 때로는 분노를 차분히 듣고 기록하는 일만으로도 심기관리에 큰 도움이 된다고 판단했다. 예를 들면 이런 식이었다. 어느 날 어떤 문제로 화가 난 그가 나를 불러놓고 이렇게 말했다.

"당장 바깥으로 할 이야기는 아니지만, 이때 내가 이런 생각을 했었다고 훗날에 알 수 있도록 기록용으로 적어두게."

한참 그렇게 이야기하고 나면, 대통령의 감정도 한풀 누그러지는 경우가 많았다.

10

웃기는 재주 없어도
유머 있게 말하는 법

"여러분들이 긴장된 마음가짐으로 국정을 수행해줘
매우 믿음직스럽고 감사합니다. 걱정이 없는 것은 아니었습니다.
너무 잘하면 대통령이 없어도 되는 것 아니냐 생각할까봐 걱정입니다."

2002년 대통령선거가 한창 진행 중일 때였다. 노무현 후보가 유세하는 도중, 어떤 여성 유권자가 말했다.

"이마 주름이 TV에서 본 것보다 적네요."

이야기를 듣자마자 그가 대답했다.

"네, 아침에 다리미로 좀 펴고 나왔습니다."[49]

다음은 대통령으로 재임하던 마지막 해인 2007년 6월에, 충청북도를 방문했을 때의 일이다. 지역에서는 그의 방문을 계기로 '개발 예산' 같은 큰 선물을 기대하고 있었다. 다음은 그 기대에 대한 대통령의 반응이다.

"그다음에 부의장께서 선물 많이 주고 가라고 말씀하셨는데 무슨 선물 드려야 될지 말씀도 듣고, 그래서 오면서 '선물 좀 챙겨봐라'고 했더니 옛날에 택배로 다 보내서 들고 갈 게 없다 그러더라고요. (웃음) 그래도 올라가서 뭐 택배로 보낼 게 있는지 보겠습니다. 저는 점잖은 사람이라 손에 뭐 안 들고 다닙니다. (웃음) 필요하면 또 택배로 보내겠습니다."

"5분마다 웃겨라!"

강연을 하려면 이렇게 하라고 누군가 나에게 조언했다. 청중을 사로잡기 위한 방법의 하나라는 것이다. 5분의 의미는 무엇일까? 사람들의 집중력이 흐트러지는 데 걸리는 시간이 아닐까 싶다. 요즘처럼 초스피드시대를 사는 세대들은 5분도 길게 느낄지 모른다. 3분마다 변화를 주지 않으면 지겨워할 수도 있다. 아무튼 요즘 시대에 강연하는 사람들은 사람을 울리고 웃기는 재주가 있어야 할 듯싶다. 어차피 그것도 말솜씨에 포함되는 것이겠지만.

훈장 선생님처럼 고리타분한 말투로 계몽적 내용만을 이야기해서는 곤란한 시대다. 긴장감으로 집중력을 유지시킬 수 있는 사람이 최고의 연사다. 학창 시절을 돌이킬 때마다 특별히 기억나는 선생님들이 있다. 극도로 무섭거나 아주 재미있는 선생님이다. 무섭거나 재밌거나…, 청중도 다르지 않다. 소름 끼칠 것 같은 긴장이 있거나 빵빵 터질 만큼 재밌는 내용이 연속될 때 사람들은 시간 가는 줄 모르고 이야기를 경청한다.

우연한 기회에 일반인을 대상으로 한 신부님의 교리강연을 들었다. 가기 전부터 걱정이 앞섰다. 굉장히 엄숙하고 조용할 텐데 졸면 어떡하나? 그런 부담을 안고 강연을 들었는데, 신부님은 초반부터 수강생들에게 웃음을 선사했다. 그러고 나서는 두 시간 강연하는 내내 다양한 유머로 사람들을 즐겁게 해주었다. 정말 5분에 한 번꼴이었다. 신부님도 사람들의 집중도를 높이기 위해 유머를 활용하기는 마찬가지였다. 유익한 경험이었다.

⋮

유머도 연구하고 노력할 필요가 있다

딴에는 웃기려고 이야기했는데, 사람들이 웃어주지 않는 경우도 적지 않다. 시중에 돌고 있는 유머를 소개해도 남이 말하면 재밌는데 내가 하면 금세 분위기가 썰렁해진다. 결정적 순간에 극적인 효과를 거두는 화술이 부족한 것일 수도 있다. 역시 연습을 거듭해야 할 일일 것이다. 분위기를 더 썰렁하게 만들 위험성이 있지만, 그래도 유머로 좌중을 웃기려는 노력은 여전히 필요하다. 무서운 선생님, 적막강산, 엄숙주의, 진지한 강연보다는 그래도 가볍고 편안한 분위기가 좋다. 그것이 바로 노무현 대통령의 코드였다.

"그런데 요약하면 OECD 30개국 중에 꼴찌에 앞장서는 재정 규모를 가진 한국에서 이 재정 규모를 더 줄이라고 '작은 정부 하자!'고 하는데 국민들이 어떻게 그렇게 큰 박수를 치고, 그래서 새로 당선된 대통령이 나가는 대통령 등 뒤에다 대놓고 큰 정부 해가지고 나라 망쳐놨다고 얼마나 타작을 해… 제가 박살이 나서 오줌 싸는 놈 어디 가서 키 뒤집어쓰고 소금 맞으면서 나오듯이 그렇게 나왔습니다. (일동 웃음) 여러분들이 와서 좀 위로해주시니까 그나마 제가 살지요."[50]

2008년 11월 사저 앞 방문객들과의 대화이다. 심각할 수도 있는 내용을 재미있는 입담으로 풀어내고 있다. 어쩌면 그로서는 가장 힘들었던 순간의 이야기일 것이다. 그 시절의 이야기를 특유의 유머코드로 바꾸어 사람들에게 웃음을 선사하고 있다. 대통령 재임 중에도 그의 유머코드가 발휘된 사례는 수도 없이 많다. 찬찬히 살펴보면 그런 유머를 구사할 수 있었던 1차적인 동력이 무엇인지 알아차릴 수 있다.

먼저 2004년 5월, 탄핵으로 인한 직무정지가 끝나고 업무에 복귀하여 첫 국무회의를 주재하던 자리에서의 유머이다.

"반갑습니다. 제가 그동안 국정수행을 할 수 없고, 국무회의 참석도 하지 못했습니다. 총리께서 정말 훌륭히 국정을 이끌어주셨습니다. 여러분들이 긴장된 마음가짐으로 국정을 수행해줘 매우 믿음직스럽고 감사합니다. 걱정이 없는 것은 아니었습니다. 너무 잘하면 대통령이 없어도 되는 것 아니냐 생각할까봐 걱정입니다. (웃음)"[51]

다시 이틀 후의 일이다. 탄핵 기간 중 치러진 총선에서 열린우리당이 압승을 거둔 후 당 지도부를 청와대에서 만났는데, 이날도 시작은 가벼운 농담이었다.

"이번에 물갈이가 많이 됐다고 해서 오늘 오시는 분 가운데 얼굴 모르는 분이 있을까 걱정을 했는데 지도부는 옛날에 다 아는 분이네요. (일제히 웃음)"[52]

다시 2주일 후, 주한외교단을 청와대로 초청하여 녹지원에서 다과를 함께 나누는 행사가 있었다. 여기서는 그의 유머가 한 걸음, 아니 여러 걸음 앞으로 나간다.

"주한외교사절단 여러분 대단히 반갑습니다. 초청에 응해주셔서 고맙습니다. 오늘 날씨가 무척 더워 걱정했는데 생각보다 그리 덥지 않아 매우 다행입니다. 여러분 중에 오셨던 분도 계시지만 이 정원은 청와대에서 가장 아름다운 곳입니다. 이곳은 또 신비한 기운이 있는 곳입니다. 이곳에서 여러분이 쬐는 햇볕과 공기는 여러분의 건강에 좋은 약이 되고 행운도 가져다

줄 것입니다. 여러분의 한국에서의 생활이 즐거우리라 생각합니다. 문화·기후·자연 등의 다양성에 대해 높게 평가할 것입니다. 한국에는 다른 나라에 주재하면서 볼 수 없는 또 다른 구경거리도 있었습니다. 부활은 예수님만 하시는 건데 한국 대통령도 죽었다 살아나는 부활의 모습을 보여줬습니다. (박수)"[53]

분위기가 어색하거나 무거울 수도 있는 자리에서는 어김없이 그의 유머가 빛을 발한다. 그가 먼저 가볍게 농담을 던짐으로써 분위기를 바꾸는 것이다. 그 순간 사람들은 대통령을 친구처럼 가깝게 느낀다. 대학생들을 대상으로 이야기할 때도 다르지 않았다. 2004년 5월 연세대학교 특강 때의 언급이다. 현장의 말투를 그대로 살렸다.

"그다음에 뭐 했냐? 사랑하고, 아이 낳고… 지금은요, 손녀가 참 귀엽고 이쁩니다. 뻔하지요. 아무리 이뻐봤자 고 물씨(색깔을 내는 데 바탕이 되는 물질)가 있습니다. 한계가 있지요. 저를 보고 상상을 하십시오. 제 희망은 저보다 예뻤으면 좋겠습니다…"[54]

⋮

'가벼운 허풍'이 마음을 사로잡는다

그가 구사하는 유머의 원천은 무엇일까? 우선, 위의 사례에서 보듯이 주저하지 않고 자신을 낮추는 모습이다. 때로는 망가지는 것도 두려

128

위 않는다. '낮은 사람'으로서, '친구 같은 대통령'이 되어 스스로를 낮춘다. 계속해서 그런 사례들이다.

먼저 2004년 11월 아르헨티나를 방문했을 당시 부에노스아이레스 대학으로부터 명예교수 위촉장을 받고 난 후의 소감이다.

"감사합니다. 세계적으로 저명한 부에노스아이레스 대학으로부터 명예교수 위촉장을 받아 매우 영광스럽게 생각합니다. (이어 사진촬영을 위해 위촉장 들고 웃음) 그런데 이제 교수가 됐는데 위촉장을 읽을 수 없어 큰일입니다. (참석자 웃음). 위촉장을 읽을 수 있도록 공부를 다시 하겠습니다. (참석자 웃음)"[55]

다음은 2005년 9월 미국을 방문했을 당시 '코리아 소사이어티(Korea Society)'의 초청을 받아 연설하는 자리에서의 애드리브이다.

"한국에서는 보통 키인데 여기 와서 작아졌습니다."[56]

이어서 2005년 11월, 신임 사무관을 대상으로 한 특강에서의 유머이다.

"우리 정통부장관이 《블루오션》이라는 책을 한 개 들고 왔어요. 보니까 영어예요. 한글로 줘도 읽을 시간이 없는데… 내가 언제 사전 찾아봐 가면서… 안 읽었어요."[57]

이러한 유머가 진화하면 '가벼운 허풍'이 된다. 노 대통령이 자주 구사하는 두 번째 유형의 유머가 바로 이 '가벼운 허풍'이다. 다음은 2005년 5월에 열린 주한외교단 리셉션 행사이다. 사전 행사로 사물놀이 공연이 있었는데, 그것을 본 소감을 이야기한다.

"한국사람 초등학생들은 발맞춰 걷는 훈련을 할 때 서양음악에는 발을 잘 맞추지 못하지만 사물놀이에는 발을 잘 맞춥니다. 그만큼 익숙합니다. 마치고 나면 한 대목 시범을 보이려고 했는데 (사물놀이 팀이) 가버렸습니다. 다행히… 다행히 가버렸습니다. (웃음)"[58]

반전화법과 함께 등장하는 가벼운 허풍도 있다. 역시 신임 사무관 대상 특강의 한 대목이다.

"성공의 비결이 뭐냐? 사즉생(死卽生)입니다. 죽는 길로 죽는 길로만 갔는데 대통령이 됐어요, 어느덧…. 아무 때나 여러분 본보고 하지 마십시오. 진짜 죽어 버리는 수가 있습니다."[59]

외국 정상과의 회담, 또는 회담 후 열린 기자회견에서도 그는 딱딱한 이야기로 일관하지 않았다. 역시 '가벼운 허풍'이 자주 활용되었다.

2005년 9월, 코스타리카 방문 시 정상회담 후의 언급이다.

"빠체코 대통령의 작품은 최고 수준입니다. 그 세계적 작가가 저를 시인으로 인정했습니다. 퇴임 후 '숲 가꾸기'를 하려 했는데 시를 쓰는 일을 검토하겠습니다."[60]

노 대통령은 공석에서나 사석에서나 언제나 유머를 잃지 않았다. 그 가운데 압권은 역시 대중적 언어들이 활용된 서민형 유머였다. 2005년 11월 부산에서 열린 APEC행사를 성공적으로 마친 후 외국의 정상들로부터 칭찬의 말을 많이 듣게 되자, 그는 소감을 이렇게 피력했다.

"만찬 다음 날 누리마루에서 회의를 했습니다. 부산의 자연도 한몫을 한 것 같습니다. 경치도 한몫하고, 건축물도 그 짧은 기간에 참으로 훌륭하게 지어내고, 모두들 입을 딱 벌리고 표현할 방법이 없으니까 계속 나를 칭찬하더군요. 처음엔 기분이 좋더니 자꾸 칭찬받으니 칭찬에 치어죽겠구나 싶었습니다. 그쯤하고 끝나는 줄 알았더니, 이번에 아세안 + 한중일 회의 갔더니 전부 만나서 한마디씩 전부 칭찬하고, 회의 발언할 때마다 모두에 단 몇 초라도 또 칭찬을 합니다. 근데 통역이 잘 못 전한 것 같아요. 통역이, APEC의 훌륭한 성과에 대해, 또 훌륭히 치러낸 데 대해 축하한다, 이렇게 통역을 하는데, 나는 듣기에 '죽여줍디다' 이렇게 들었습니다. (웃음)"[61]

웃기는 재주 없어도 유머 있게 말하는 법

1. 유머도 노력해야 터진다

먼저 가볍게 농담을 던짐으로써 분위기를 바꿔보자. 요즘 유행하는 이야기를 꺼내보거나, 경험담을 풀어놓아도 좋다. 분위기를 더 썰렁하게 만들 위험성이 있지만, 그래도 유머로 좌중을 웃기려는 노력은 여전히 필요하다. 엄숙주의, 진지한 강연보다는 그래도 가볍고 편안한 분위기가 좋다. 그러고 나서는 사람들의 집중도를 유지시키기 위해 5분에 한 번꼴로 유머를 활용해보자. 그럴수록 사람들은 말하는 이를 친구처럼 가깝게 느끼게 될 것이다.

2. 낮은 사람, 친구 같은 사람으로 다가가라

유머의 원천은 무엇일까? 바로 주저하지 않고 자신을 낮추는 모습이다. 때로는 망가지는 것도 두려워 않아야 한다. '낮은 사람'으로서, '친구 같은 사람'이 되어 스스로를 낮춰보는 것이다. 이러한 유머가 진화하면 '가벼운 허풍'이 된다. 이때 대중들이 많이 쓰는 표현들을 그대로 인용하면 웃음을 넘어 친근함과 공감을 끌어낼 수 있을 것이다.

청와대 대변인의
말

만 4년 넘게 청와대에서 근무하면서 대변인직을 두 차례 맡았다. 합하면 19개월이었다. 그동안 대통령이 직접 걸어오는 전화를 여러 차례 받았다. 청와대에서 지급한 업무용 휴대폰에 교환을 의미하는 발신번호가 찍힐 때가 있었다. 직원들 중에는 교환을 이용하여 동료에게 전화를 거는 사람이 없었다. 그래서 교환 번호가 찍히면 대통령의 전화임을 직감하곤 했다. 전화의 내용은 대부분 브리핑에 관한 것이었다. 내가 사전에 "무어라 답변했으면 좋겠습니까?"라고 물어보면 나중에 전화로 모범답안을 이야기해주곤 했다. 민감한 사안인 경우에는 대통령이 먼저 가이드라인을 제시하기도 했다. 뉴스를 시청하던 중 잘못된 보도를 접하고는 '강력히 부인하라!'고 지시한 적도 많았다.

대변인의 영문 직함은 'Presidential spokesperson'이다. 굳이 직역하면 대통령의 대변인인 셈이다. 우리는 보통 '청와대 대변인'이라고 한다. 한글 공식 명패에 쓰이는 명칭은 '대통령 비서실 대변인'이다. 어떤 이름이든, 현재의 청와대 대변인은 대통령을 비롯해 청와대 내부에서 벌어지는 모든 일에 대해 답변해야 한다. 직원들의 비리 등 불미스런 일이 생겨도 대변인은 답변해야 한다. 때로는 청와대가 아닌 곳의 일도 대답해야 한다. 각 부처의 일은 물론, 저 멀리 남쪽나라의 태풍에 대해서도, 지구 반대편의 시위 사태에 대해서도 '청와대의 입장은 무엇이냐?'고 기자들이 묻는 경우가 있다.

무언가를 알고 있으면 물론 대답하기에 편하다. 그런데 모르는 것도 많다. 알고 있지만 대답하지 못하는 것도 제법 많다. 군사기밀도 있을 것이고, 시장에 미치는 영향 때문에 발표 시점까지 함구해야 할 이야기도 있다. 중요 직위의 인사를 앞두고 유력한 후보로 검증이 진행 중인 사람이 있지만, 발설할 수는 없다. 자칫 검증에서 문제점이 발견되어 탈락되기라도 하면 당사자로서는 명예에 큰 흠집이 나기 때문이다. 하나하나가 조심스럽고 살얼음판이다. 알고 있는 사실이라고 거침없이 이야기했다가 야당이나 언론으로부터 뜻밖의 공격을 당할 수도 있다.

청와대 대변인의 주 업무는 역시 대통령의 말과 생각을 외부로 전하는 것이다. 조심할 것이 있다. 자신의 말이나 생각을 대통령의 말이나 생각에 섞지 않는 것이다. 가끔 대통령의 말에 자신의 생각을 뒤섞어 이야기하는 경우도 있다. 그러면 기자들이 짜증을 낸다.
"어디까지가 대통령 이야기고, 어디까지가 대변인 이야기요?"

대통령의 정확한 워딩은 기사이지만 대변인의 워딩은 해설이기 때문이다. 물론 대변인의 이야기에 대통령의 생각이나 뜻이 반영된 것으로 받아들이긴 하지만 그것 자체로 스트레이트 기사가 되지는 않는다. 그런 만큼 청와대 대변인은 절제가 필요한 자리다. 자신을 최대한 낮추면서 대통령의 말과 생각에 언론의 관심이 집중되도록 할 필요가 있다.

그런 의미에서 볼 때, 청와대 대변인은 반드시 촌철살인을 구사해야 하는 자리는 아닌 듯싶다. 어쩌면 그렇기 때문에 나 같은 사람도 그 직을 수행할 수 있었던 것이 아닐까? 정당의 대변인은 다르다. 하루하루 상대방을 향해 날선 공격을 해야 하는 직책이다. 국민을 상대로 상황을 명쾌하게 규정해야 하고, 상대 당의 잘못도 아프게 찔러야 한다. 청와대 대변인이 그런 방식으로 하면 금방 비난의 목소리가 높아진다. 대통령에 대한 선입관처럼, 청와대 역시 점잖아야 한다는 관념이 우리 사회 저변에 있다. 아무튼 청와대 대변인은 공격보다는 방어하는 자리다.

주관자가 명확한 회의나 행사는, 시작을 전후하여 담당 부서가 발표 자료를 작성해온다. 국무회의처럼 특별히 담당 부서가 없는 경우에는 대변인이 직접 회의 결과를 정리한다. 대통령이 여당이나 야당 정치인들을 만날 때에도 마찬가지다. 외국정상과의 회담은 외교안보수석실이 자료를 준비한다. 그럴 때면 준비된 문안을 읽으면 된다. 이어지는 일문일답은 대변인의 몫이다. 다만 행사의 내용을 전하는 데 전문성이 필요한 경우가 있다. 그럴 때면 해당 부서의 수석 급이 직접 나와서 보충설명을 하게 된다.

대변인에게 걸려오는 전화는 시도 때도 없다. 낮과 밤이 따로 없고, 휴일과 주말의 구분이 없다. 중요하고 민감한 사건이 있을 때는 새벽 2시에도 몇 통의 전화가 온다. 멀리 미국의 특파원이 전화를 걸어온 적도 있었다. 모두 특종을 노리기보다는 이른바 물을 먹지 않으려는 노력이다. 특종의 기쁨이 +50이라면 낙종의 아픔은 -100이다. 그래서 더욱, 무례하다 싶은 전화에도 짜증이나 신경질을 낼 수 없다. 열심히 취재하는 사람을 도와주지는 못할망정 무시할 수는 없기 때문이다. 때로는 치열한 근성을 가진 기자에게 한 마디라도 더 귀띔해주고 싶다는 생각을 하게 된다. 인지상정이다. 그래도 대변인 최고의 미덕은 공정함이다.

뻔히 알고 있지만 '모릅니다'로 얼버무리는 것까지는 그래도 기자들이 양해한다. 그러나 알고 있으면서 거짓말을 했다는 것이 드러나면 수습은 불가능하다. 거센 후폭풍을 각오해야 한다. 대변인은 정말 '국가의 중대 기밀'이 아닌 한, 거짓말을 하지 말아야 한다. 다만 이것을 원칙으로 하는 경우, 기자들의 질문 공세에 스무고개 식으로 답하다 보면 백발백중 뚫릴 수밖에 없다. 2004년 12월의 어느 날이었다. 청와대 고위 관계자가 출입기자단과 송년간담회를 가졌다. 이 자리에서 고위관계자는 주요 직책의 인사가 금명간 바뀔 것임을 예고했다. 회식은 이내 중단

되었다. 기자들이 후속 취재를 위해 일제히 자리를 떴기 때문이다. 역시 밤사이에 낙종할 수도 있다는 두려움이 컸다. 저녁 여덟 시 무렵부터 시작된 취재경쟁은 밤 11시 무렵에 끝났다. 청와대의 저지선이 뚫렸다. 기자들은 구체적인 인물의 이름을 거명하며 'YES or NO'를 물었다. 참으로 난처했던 세 시간이었다.

대변인은 경계인이다. 춘추관의 출입기자들 입장에서 보면 청와대 경내의 핵심이다. 청와대 관계자들이 볼 때에는 일상을 기자들과 보내는 외부인이다. 어느 한쪽에서 신뢰를 잃으면 다른 쪽에서도 신뢰를 잃는다. 내부의 이야기를 지혜롭게 외부에 전달해야 한다. 청와대 구석구석을 잘 알고 있어야 한다. 그래야 돌발질문에 대처할 수도 있고 엉뚱한 기사를 방지할 수도 있다. 그런데 위의 경우처럼 난감해질 수도 있는 만큼 차라리 모르는 것이 나을 때도 있다. 한두 번 대변인이 모르는 것이 있다고 확인되면 기자들은 점차 기대를 접는다. 기자들의 기대가 낮아지면, 내부의 관계자도 대변인을 통해 언론과 소통하기를 주저하게 된다. 이래저래 쉽지 않은 자리인 것만큼은 분명하다.

3부

말로써
원하는 것을 얻는다

11

반복은 패턴을 만들고, 패턴은 몰입감을 높인다

"기분 나쁜 대통령의 시대는 제가 끝내겠습니다.
군림하는 대통령의 시대는 제가 끝내겠습니다."

"I have a dream(나에게는 꿈이 있습니다)."

마틴 루터 킹 목사의 연설이다. 세기의 명연설로 인구에 회자되고 있다. 가장 평범할 수도 있는 짧은 문장 하나가 어떤 이유로 사람들의 마음을 사로잡는 명문구가 되었을까?

이 문구가 듣는 이에게 강렬한 인상을 남기는 것은 무엇보다 연설의 정점에서 극적으로 반복되고 있기 때문이다. 킹 목사는 이 문구로 시작하는 일련의 문장들을 통해 자신이 꿈꾸는 세상, 즉 인종차별이 사라진 세상의 모습을 묘사하고 있다. 동일한 문구의 반복을 통해 듣는 이의 머릿속에 또렷한 이미지를 각인시키고 있는 것이다. 어쩌면 밋밋하게 느껴질 수도 있었던 일련의 묘사들이 'I have a dream'이라는 핵심 문장을 매개로 짜임새를 가지면서 진한 감동으로 다가오는 것이다.

:

반복이 몰입을 부른다

짜임새를 갖게 된다는 것, 이것이 반복의 첫 번째 효과이다. 킹 목사의 이 연설에는 커다란 특징이 있다. 동일한 문구의 반복이다. 반복되는 문구는 'I have a dream'만이 아니다. 연설의 초반부에는 'One hundreds years later,'라는 문구로 시작되는 문장이 잇따라 서너 차례 등장한다. 노예해방선언으로부터 백 년이 지난 지금도 흑인들의 인권은 여전히 개선되지 않고 있음을 말하는 대목이다. 뒤이어 반복되는 문구는 'Now is the time'이다. '이제 때가 되었다'는 표현을 통해 변화의 시점이 임박했음을 역설한다. 그다음은 'we must', 다시 'we cannot be satisfied' 또는 'we can never be satisfied'로 시작되는 일련의 문장들이 계속된다. 절박함과 결의를 묘사하기 위해 활용되는 문구들이다. 그리고 마침내 연설의 정점에서 'I have a dream'이 등장한다. 킹 목사의 가슴 벅찬 꿈, 흑인이 백인과 동등한 대우를 받는 미국 사회의 모습이 그려지는 동안, '나에게는 꿈이 있습니다'가 여러 차례 반복된다. 이어서 연설은 다시 'with this faith(이 신념으로써)'를 몇 차례 반복하면서 마무리 과정으로 접어든다.

반복되는 문구만 모아놓고 보아도 이 연설의 메시지가 확연히 드러난다. 역설하고자 하는 내용이 분명히 전달되는 것이다. 이처럼 이야기할 내용을 몇 개의 키워드 또는 핵심 문장으로 정리하면 메시지를 효율적으로 전달할 수 있다. 반복할 문구는 'I have a dream'처럼 평범(?)해 보여도 무방하다. 중요한 것은 반복되는 문구의 뒤를 잇는 내용이다. 그 내용에 따라 이 문구의 성패가 갈리게 된다. 이것이 반복의 힘이다.

반복은 단순한 반복으로 끝나지 않는다. 연설 전반에 리듬감을 가져다준다. 이것이 반복의 두 번째 효과이다. 리듬은 청중의 집중력을 유지시키는 힘으로 작용한다. 또 하나의 명연설로 알려진 존 F. 케네디 대통령의 취임사를 보자. 연설의 전반부는 'To those'로 시작되는 일련의 문단들을 통해 세계 각국으로 보내는 미국 정부와 신임 대통령의 메시지를 담아내고 있다. 이어서 후반부에서는 'Let both sides'로 시작되는 일련의 문단들을 통해 냉전의 양대 진영을 향해 메시지를 보내고 있다. 이어서 연설은 유명한 대목인 "And so, my fellow Americans, ask not what your country can do for you, ask what you can do for your country(그리고 미국인 여러분, 국가가 여러분을 위해 무엇을 할 수 있는지를 묻지 말고, 국가를 위해 여러분이 무엇을 할 수 있을지를 물어보십시오). My fellow citizens of the world, ask not what America will do for you, but what together we can do for the freedom of man(세계의 시민 여러분, 미국이 여러분을 위해 무엇을 할 것인지를 묻지 말고, 인간의 자유를 위해 우리가 함께할 수 있는 일이 무엇인지 물어보십시오)"로 이어진 뒤 마무리된다.

힘 있는 말하기에는 '패턴'이 숨어 있다

동일한 문구가 반복되면 듣는 이가 지루함을 느낄 것으로 우려하지만 오히려 정반대다. 사람들의 귀는 리듬과 운율에 끌리기 마련이다. 다만 하나의 문제가 제기될 수도 있다. 이처럼 계속 이어지는 문장의 초입에서 동일한 문구를 반복하는 것은 영어이기 때문에 가능한 일이 아닐까? 그런 측면이 있는 것도 사실이다.

킹 목사의 연설에서처럼 영어에서는 'I have a dream'으로 시작한 후, 'that'이라는 관계대명사를 매개로 'dream'의 다양한 모습을 설명할 수 있다. 영어이기 때문에 가능한 기법이다. 하지만 한국어라고 해서 아주 불가능한 것은 아니다. 문장을 끊어내면 된다.

"I have a dream that one day on the red hills of Georgia, the sons of former slaves and the sons of former slave owners will be able to sit down together at the table of brotherhood."
(나에게는 꿈이 있습니다. 언젠가는, 조지아의 붉은 언덕 위에서 노예들의 아들들과 노예소유주들의 아들들이 형제애가 넘치는 테이블에 함께 앉을 수 있게 될 것이라는 꿈입니다.)

"I have a dream that one day even the state of Mississippi, a state sweltering with the heat of injustice, sweltering with the heat of oppression, will be transformed into an oasis of freedom and justice."

(나에게는 꿈이 있습니다. 언젠가는, 불의와 억압의 열기로 숨이 막히는 미시시피조차도 자유와 정의의 오아시스로 바뀔 것이라는 꿈입니다.)

이와 같은 방법이 있기는 하다. 그러나 한국어는 문장의 구조가 영어와 근본적으로 다르기 때문에 아무래도 원문에 비하면 메시지의 전달력에 차이가 있을 수밖에 없다. 그렇다면 한국어에서는 어떤 방법으로 문구의 반복을 통해 리듬감을 줄 수 있을까? 2006년 4월에 있었던, 노무현 대통령의 '한일관계에 대한 특별담화문'을 보자.

"독도는 우리 땅입니다. 그냥 우리 땅이 아니라 40년 통한의 역사가 뚜렷하게 새겨져 있는 역사의 땅입니다. 독도는 일본의 한반도 침탈 과정에서 가장 먼저 병탄되었던 우리 땅입니다. 일본이 러일전쟁 중에 전쟁 수행을 목적으로 편입하고 점령했던 땅입니다."[62]

각 문장의 끝에서 '땅입니다'가 네 차례에 걸쳐 반복되고 있다. 같은 단어가 반복되고 있지만 하나하나의 문장마다 강한 힘이 느껴진다. 이처럼 한국어에서는 마지막 서술어 부분을 통일시키는 기법도 효과적이다. 다음은 2003년 6월에 있었던 전국 세무서장 초청 특강의 한 대목이다.

"기분 나쁜 대통령의 시대는 제가 끝내겠습니다. 군림하는 대통령의 시대는 제가 끝내겠습니다."[63]

이런 문장들은 어떻게 준비하면 되는 것일까? 전문가는 아니지만, 오랫동안 정치권에서 많은 연설문을 써온 경험을 바탕으로 한 가지 팁을 소개한다. 우선 하나의 연설문이 아니라 한 편의 시를 쓴다고 생각하면 좋겠다. 한 편의 시는 대체로 몇 개의 연으로 구성된다. 각 연의 시작이나 끝 부분에 핵심적인 문장을 동일하게 배치하는 것이다. 이를 통해 전편에 걸쳐 일정한 운율과 리듬을 준다.

자신의 지지자들을 상대로 감성적인 이야기를 한다고 가정하고 한 편의 시를 써보자. 그다음 그들에게 가장 하고 싶은 말을 한마디로 압축해본다. 그것이 '우리는 동지입니다'라는 표현이라면, 그에 맞추어 각 연의 내용을 구성하면 된다.

'우리는 하나의 목표로 모였습니다. 그래서 우리의 결속력은 남다릅니다. 이제까지 그래왔듯이 앞으로도 우리는 이 길을 갈 것입니다. 우리는 동지입니다.'

하나의 연이 완성되면, 그 패턴에 맞추어 두 번째 연도 완성한다.

'우리 앞에 생각하지도 않은 어려움이 있을 것입니다. 두려움도 있을 것입

니다. 하지만 우리는 함께하기 때문에 이겨낼 수 있습니다. 우리는 동지입니다.'

이러한 방식으로 셋째, 넷째 연도 완성하면 된다. 듣는 사람들은 어쩌면 모든 내용을 기억하지는 못할 것이다. 그래도 최소한 하나의 문구는 기억하면서 집에 돌아갈 것이다. '우리는 동지입니다.'

:

같은 내용이라도 짧고 굵게 말하라

반복해야 할 핵심 문장을 뽑아낼 때는 연설문 작성자가 아니라 카피라이터의 자세로 임하는 것이 좋겠다. 많은 욕심을 접어두고 짧고 굵은 한마디를 뽑아내야 한다. 이러한 훈련은 글쓰기에도 말하기에도 모두 필요하다. 노무현 대통령이 뽑아낸 일련의 카피들을 음미해보자.

"참여정부의 1인자는 시스템입니다."[64]

장황하게 설명하지 않아도 이 한마디가 많은 것을 의미하고 있다. 참여정부에는 절대적 2인자나 비선 실세가 없음을 표현한 말이다.

"혁신은 이미 선택이 아니고 필수다. 현상 유지는 없다. 앞으로 가냐 뒤로 가냐, 죽느냐 사느냐 선택만 있지 이대로는 없다."[65]

반복하지 않더라도 카피처럼 짧고 굵은 문장은 전달력도 좋다. 임팩트가 강하기 때문이다. 길게 늘이면 늘이는 만큼 사람들의 집중력은 산만해진다. 긴장감을 돋우기 위해서라도 핵심적인 내용은 짧고 굵게 표현할 필요가 있다. 다음은 내가 2012년 대통령선거 당시 문재인 대통령 후보의 수락연설을 수정하면서 작성한 문구이다.

"제가 대통령이 되면, '공평'과 '정의'가 국정운영의 근본이 될 것입니다. 기회는 평등할 것입니다. 과정은 공정할 것입니다 결과는 정의로울 것입니다."

문재인 후보가 이 문구를 힘주어 말하는 장면은 그 후 대통령선거전에서 TV광고로도 활용되었다. 그런데 이 대목이 초고 상태로 처음 왔을 때에는 이렇게 되어 있었다.

"제가 대통령이 되면 기회의 평등, 과정의 공정함, 결과의 정의라는 국정운영 원칙을 바로세우겠습니다."

같은 내용이지만 표현 방법이 확연히 다르다. 사람마다 선호의 차이가 있겠지만 어느 쪽에 더 힘이 느껴지는지 직접 읽으면서 확인해보는 것이 좋겠다.

미리 쓰인 연설을 읽으면 듣는 이의 입장에서는 지루함을 느끼게 되기 쉽다. 아무래도 대화체에 비해 고저장단이 없기 때문이다. 그런 때일

수록 청중들의 집중도를 높이기 위해서도 문장을 짧게 끊어가는 것이 좋겠다. 또 문장이 짧아야 청중들도 내용을 이해하기 쉽다.

　또 준비된 연설을 읽는 경우에도 숙련된 사람이라면 어조의 고저장단을 구사하는 것이 더욱 좋을 것이다. 평범한 톤은 졸음을 유발한다. 읽는 톤에 일정한 변화를 줄 수 있다면 훨씬 유리하지 않을까? 때로는 하이 톤으로 때로는 낮은 목소리로 이야기할 수 있다면 연설에 리듬감이 생길 것이다. 꾸준히 시도해봐야 할 과제로 생각한다.

'반복하는 말하기'의 힘

1. 반복은 '몰입'을 부른다

동일한 문구를 반복하면 듣는 이의 머릿속에 또렷한 이미지를 각인시킬 수 있다. 이야기할 내용을 몇 개의 키워드 또는 핵심 문장으로 정리해서 말해보자. 어쩌면 밋밋하게 느껴질 수 있는 일련의 묘사들이 핵심 문장을 매개로 짜임새를 갖게 된다. 짜임새를 갖추게 되면 듣는 이에게 깊은 몰입과 진한 감동을 선사할 수 있다.

2. 말하기에 '리듬'을 싣는다

반복은 연설 전반에 리듬감을 가져다준다. 동일한 문구가 반복되면 듣는 이가 지루함을 느낄 것으로 우려하지만 오히려 정반대다. 사람들의 귀는 리듬과 운율에 끌리기 마련이다. 예컨대 각 문장의 끝에서 같은 서술어를 몇 차례에 걸쳐 반복하는 것이다. 이는 하나하나의 문장마다 강한 힘을 실을 수 있어 매우 효과적이다.

3. 전달력을 높인다

반복해야 할 핵심 문장을 뽑아낼 때는 카피라이터의 자세로 임해보자. 많은 욕심을 접어두고 짧고 굵은 한마디를 뽑아내야 한다. 카피처럼 짧고 굵은 문장은 전달력도 좋다. 임팩트가 강하기 때문이다. 길게 늘이면 늘이는 만큼 사람들의 집중력은 산만해진다. 긴장감을 돋우기 위해서도 핵심적인 내용은 짧고 굵게 표현할 필요가 있다.

대통령의
말씀카드

참여정부 초기에는 대통령이 각종 행사에 참석하여 대화하게 되면 비서실에서 이른바 '말씀자료'를 만들어 사전에 보고했다. 대통령이 언급하면 좋을 내용들을 해당 수석실이 추려서 행사를 며칠 앞둔 시점에 보고하는 것이다. 처음에는 A4용지로 출력한 문서들이 보고되었다. 그러다보니 3~4개국을 방문하기 위해 외국 순방에 나설 무렵에는 NSC사무처(나중에는 통일외교안보정책실)가 작성하여 보고한 문건이 산더미처럼 쌓였다. 대통령이 직접 챙겨 읽어야 할 자료만도 족히 수백 쪽이 되었다. 노무현 대통령이 전자문서보고시스템인 이지원 프로그램을 개발하고 청와대가 이를 사용하기 시작한 뒤로는 각종 문서들이 온라인으로 보고되었다. 종이로 출력된 문건들이 거의 사라졌다. 그래도 주요 회담이나 회의가 있을 때면 '말씀자료'만큼은 제1부속실이 종이에 출력하여 대통령에게 보고했다. 회의장에 갖고 들어가 참고하기 위한 용도였다.

낭독하기 좋게 글자의 포인트를 키운 연설문이나, 정상회담 때 참고

하는 말씀자료들은 모두 A4용지였다. 연설문의 경우는 약간 두꺼운 종이에 출력했는데 대통령이 한 장씩 옆으로 넘기면서 낭독했다. 말씀자료는 수시로 들춰볼 수 있도록 테이블 위에 놓았다. 노 대통령은 암기력이 좋은 편이었다. 자료에 의존하지 않고 대화를 진행하는 경우가 대부분이었다. 그러다 보면 반드시 언급해야 할 사항을 놓칠 우려가 있었다. 회담장에서도 틈이 날 때마다 자료를 챙겨볼 필요가 있었다. 그런데 청와대나 방문국의 대통령궁처럼 공식회담장이 있는 경우에는 큰 테이블을 놓고 마주앉기 때문에 말씀자료를 놓을 공간이 충분했다. 문제는 APEC이나 ASEM과 같은 다자회의가 열릴 때 행사장 주변에서 이루어지는 양자 정상회담이었다. 이때는 주로 행사장인 컨벤션센터 내의 작은 룸을 빌려 양자회담이 진행되곤 한다. 룸에는 양 정상과 배석자들이 앉을 의자와, 찻잔 정도를 겨우 올려놓을 수 있는 탁자만 준비되는 경우가 많았다. 말씀자료를 놓을 공간이 마땅치 않은 것이었다.

이런 문제점도 해결하는 한편, 출력된 A4용지를 뭉치로 챙겨야 하는 불편함을 덜자는 생각으로 노무현 대통령이 비서실에 주문한 것이 말씀카드였다. 그는 이 자료를 굳이 '말씀카드'로 부르지는 않고, 그냥 '카드'로 표현했다. 여기에는 A4용지로 출력하던 모든 내용을 담지는 않았다. 그 가운데 주요 내용이나 키워드를 메모 형식으로 압축하여 휴대하기 편리하게 카드화한 것이었다. 각 수석실의 입장에서 보면 일거리가 하나 더 늘어난 셈이었다. 메인 보고서에 덧붙여 주요 키워드를 중심으로 요약·정리한 카드를 보고해야 했기 때문이다. 다만 해당 수석실은 이 카드를 역시 온라인으로 보고했다. 출력은 제1부속실의 몫이었다. A4용지를 정확히 3등분한 크기였는데, 약간 두꺼운 종이에 출력하여 재단했다. 3등분한 크기도 대통령의 주문사항이었다. 이 크기를 선호한 데에는 나름의 배경이 있었다.

대통령이 되기 이전, 정치인 노무현은 참모들의 짧은 보고서나 강연 관련 자료 등 필요한 문건을 몸에 지니고 다녔다. 당시의 자료들 역시 대부분 A4용지로 출력된 것이었다. 그는 이 자료를 양복 상의의 안주머니에 넣고 다녔다. 그곳에 넣기 위해서는 A4용지를 알맞은 크기로 접어야 했다. 2단으로 두 차례, 즉 4등분 크기로 접으면 폭은 작아지는 대신 두께가 불어났다. 그러면 상의의 앞부분이 불룩해진다. 그래서 그는 안주머니 폭에 최대한 맞추어 A4용지를 접었다. 아래서 한 번 올려 접고 위에서 다시 한 번 내려 접는 방식인데 그러면 3등분한 크기가 되었다. 그렇게 두께를 최소화하면서 상의 안주머니에 맞춤으로 집어넣을 수 있었다. 이 방식에 익숙했던 터라 그는 말씀카드도 3등분 크기를 주문한 것이었다. 이후 그는 이렇게 만들어진 말씀카드를 활용하여 주요 행사를 치렀다. 외국정상과의 회담은 물론, 야당대표와의 회동, 여당 의원 초청행사 등에서 이를 활용했다. 이러한 방식은 임기가 끝날 때까지 계속되었다.

말씀카드와 관련하여 가슴을 졸인 해프닝이 있었다. 정확하지는 않지만 2005년 12월 12일, 아세안＋3 다자회의가 열린 말레이시아 쿠알라룸푸르에서의 일로 기억된다. 다자정상회의를 앞두고 예정에 없던 한중정상회담 일정이 갑자기 잡혔다. 순방을 수행 중이던 외교안보팀 관계자들이 부랴부랴 말씀자료와 카드를 만들어 보고했다.

제1부속실은 곧바로 A4지에 말씀카드를 출력했고 이를 3등분하여 대통령에게 보고했다. 그런데 회담이 진행되던 중, 이창우 행정관(현 동작구청장)이 의아한 표정을 지으며 바깥으로 나왔다. '대통령의 넥타이에 무언가 이상한 물체가 묻어 있다'는 것이었다. 회담이 한창 진행 중이어서 가까이 다가가 확인할 수는 없는 상황이었다. 회담이 시작되기 전에는 으레 포토타임이 있기 때문에 그 직전까지 코디네이터는 물론 제1부속실 직원들이 대통령의 차림을 꼼꼼하게 점검한다. 그때까지만 해도 넥타이에 특별한 이상은 없었다. 직원들은 모두 고개를 갸우뚱했다. 그리고 찜찜한 표정을 지었다. 일국의 대통령이 외국 정상과 회담하고 있는데, 넥타이에 이물질이 묻어 있다니…. 그 모습이 TV카메라나 사진기자에게 찍히기라도 했다면 또 다른 낭패였다. 그다지 우호적이지 않은 언론환경 탓에 항상 노심초사해야 했던 것이 비서실의 처지였다. 마음을 졸이며 회담이 끝나기를 기다릴 수밖에 없었다. 마침내 회담이 끝나고 이창우 행정관이 곧바로 대통령에게 다가가 확인했다. 뜻밖에도 넥타이에 붙어 있는 물체의 정체는 철제 클립이었다. 여러 장의 말씀카

드를 하나로 묶고 고정하기 위해 쓰는 것이었다. 회담장에 들어가 포토타임을 가질 때만 해도 상의 안주머니에 있던 말씀카드를, 회담이 시작된 후 대통령이 마지막으로 한 번 더 훑어본 것이었다. 그리고 나서 자료를 다시 안주머니에 넣는 과정에서 클립이 넥타이에 끼인 것이었다. 결과적으로는 작은 해프닝이었지만, 제1부속실은 회담이 끝날 때까지는 진땀을 흘릴 수밖에 없었다.

12

짧고 힘 있는 메시지를
앞세워라

> "존경하는 국민 여러분, 독도는 우리 땅입니다.
> 그냥 우리 땅이 아니라 40년 통한의 역사가 뚜렷하게 새겨져 있는
> 역사의 땅입니다. 독도는 일본의 한반도 침탈 과정에서
> 가장 먼저 병탄되었던 우리 땅입니다."

"나는 신당을 반대한다. 신당은 지역당을 만들자는 것이기 때문이다. 당을 지킬 것이다. 당적을 유지하는 것이 당을 지키는 데 도움이 된다면 그렇게 할 것이고 탈당을 하는 것이 당을 지키는 데 도움이 된다면 그렇게 할 것이다. … 나는 열린우리당을 지킬 것이다. 이만한 정치 발전도 소중한 자산이다."[66]

2006년 11월, 두 번째로 대변인직을 수행하고 있을 때의 일이다. 청와대와 여당 간의 갈등이 심화되어 대통령의 국정운영이 고비에 처해 있었다. 30일 아침 일찍, 일정을 점검하기 위해 관저에 올라가자 대통령이 친필로 쓴 메모를 직접 넘겨주었다. 기자실인 춘추관에 나가서 그대

로 발표하라는 것이었다. 여당 일각에서 추진되는 신당 움직임에 대해 입장을 밝힌 메모였다. 그는 하나의 단서를 붙였다. '문장 하나, 낱말 하나도 절대 바꾸지 말라'는 것이었다. 외부로 발표할 자신의 입장을 직접 메모로 작성하여 대변인에게 넘겨준 것은 재임 5년 동안 이때가 유일하지 않았나 싶다. 그렇듯 특별한 무게가 있는 메모였다. 글자 하나하나를 꼭꼭 눌러쓴 것 같은 기운이 느껴졌다. 나는 지시에 따라 한 글자도 고치지 않고 그대로를 춘추관에서 발표했다. 놀라기는 기자들도 마찬가지였다. 유례없는 방식이었기 때문이다.

:

확실한 소신이 있어야
핵심 메시지의 전면 배치가 가능하다

노무현 대통령이 직접 작성하는 글은 대체로 짧지 않은 편이었다. 그런데 결정적으로 중요한 순간에는 오히려 문장이 짧아졌다. 이때도 그런 경우의 하나였다. 이 글에는 우선 애매모호한 표현이 전혀 없다. 각각의 문장이 그의 입장을 분명하게 표현하고 있다. 군더더기도 없다. 이 짧은 글을 춘추관 기자실에서 낭독하는 순간 기자석은 조용했다. 낭독하는 나 자신도 문장의 강한 힘을 느꼈다. 무엇 때문일까? 나는 그 해답을 첫 문장에서 찾았다. '나는 신당을 반대한다.'

이 첫 문장에 발표문의 전체 내용이 압축되어 있다. 말하는 사람의 강력한 의견도 담겨 있다. 분명하고도 강렬한 시작이다. 이것이 긴장감을 던지면서 듣는 이의 분위기를 압도하고 있다. 두괄식만이 가질 수 있는 차별화된 강점이다. 만일 이 짧은 메모의 내용을 앞과 뒤를 서로 바꾸어 정리한다면 어떤 느낌을 주게 될까?

"열린우리당은 정치 발전의 결과이다. 소중한 자산이다. 나는 열린우리당을 지킬 것이다. 그래서 당적을 유지하는 것이 당을 지키는 데 도움이 된다면 그렇게 할 것이고 탈당을 하는 것이 당을 지키는 데 도움이 된다면 그렇게 할 것이다. 신당은 지역당을 만들자는 것이다. 그래서 나는 신당을 반대한다."

이 경우 '열린우리당이 정치 발전의 결과'라는 이야기가 핵심 메시지로 부각되고 있다. 결국 이 대목과 끝 부분의 '신당 반대'가 메시지의 초점을 양분하고 있다. 핵심이 분산되고 있는 것이다.

긴 연설은 물론이고, 짧은 대화를 할 때에도 전하고자 하는 메시지를 가급적 초반에 드러내는 것이 좋다. 너나없이 분주한 세상이다. 누군가의 이야기를 끝까지 진지하게 듣는 것이 쉽지 않다. 주장을 먼저 하고, 그 이유는 나중에 설명하는 것이 바람직하다. 결론을 먼저 이야기하기 때문에 주장하는 핵심을 놓치는 사람은 최소한 없을 것이다. 물론 핵심 메시지를 앞에 배치하지 않더라도 듣는 이의 긴장을 끝까지 유지시킬 수 있는 말솜씨를 가진 사람의 경우는 예외이다.

두괄식 화법이 특별히 필요한 분야가 있다. TV토론이나 기자회견처럼 일문일답으로 공방이 이루어지는 경우다. 질문에 대한 답변은 핵심을 먼저 이야기하는 것이 가장 좋다. '예', '아니오'를 묻는 질문에 대한 답변도 마찬가지다. '예'든 '아니오'든 먼저 분명히 선을 긋는 게 좋다. 노무현 대통령은 정치인 시절부터 거의 예외 없이 이 방식으로 일문일답에 임했다. '예'나 '아니오'를 말하지 않고 설명부터 시작하면, 좋은 말이라도 변명처럼 들리거나 입장이 없는 사람으로 비칠 우려가 있다.

두괄식 화법의 강점은 여러 가지가 있다. 첫째, 이야기하는 사람이 대화의 주제를 확실하게 파악하고 있다는 느낌을 준다. 둘째, 주제에 대해 확고한 소신을 갖고 있음을 보여준다. 역으로 말하면 확실한 지식과 소신이 있어야 두괄식 화법이 가능하다는 뜻이 된다. 서두에 분명한 입장을 밝히면, 듣는 이는 '저 사람이 이 문제에 대해 깊이 알고 있군' 하는 인상을 갖게 된다. 반대로 이야기의 시작부터 전제와 단서를 남발하거나 상황을 애매모호하게 설명하면 초점이 분산되고 장황스러워진다. 듣는 이도 지루함을 느낄 수밖에 없다. 그러다 보면 좋은 내용조차도 '초점 없는 이야기'로 오해할 수도 있다. 핵심을 첫머리에 배치하는 일은 그만큼 중요하다.

⋮

말재주만으론 토론의 달인이 될 수 없다

노무현 대통령은 '토론의 달인'이라는 별칭이 무색하지 않게 일문일답을 선호했다. 중요한 기자회견임에도 불구하고 모두발언은 최소한으로 줄이고 일문일답을 통해 핵심 메시지를 전달하려 한 적도 있었다. 일방적 메시지보다는 실제로 사람들이 궁금해하는 사안에 대한 설명이 더욱 중요하고 또 그래야 설득력을 갖는다는 생각이었다.

그는 특히 토론과정에서의 '되받아치기'에 능했다. 상대방의 공격이나 질문에 효과적으로 대답함으로써 득점 포인트를 올리는 경우가 많았다. 2002년 대통령선거를 치르는 동안 그는 이러한 솜씨를 유감없이 발휘했다. 당내 후보경선은 물론 본선거의 TV토론과정에서도 많은 득점을 올렸다. 물론 말솜씨와 현안 파악능력이 그 밑바탕을 이루고 있었지만, 두괄식 화법 또한 크게 기여한 것이 사실이다.

토론식 대화를 즐겨했던 탓에 그는 때로는 현안의 해결을 위해 공개적 토론을 제안하기도 했다. 대통령 재임 중에도 방송사 측이 제안한 토론 형식의 프로그램은 출연을 마다한 적이 거의 없었다. 2000년 해양수산부장관을 지내던 시절에는 해수부의 이전 문제를 놓고 부산 지역의 여론이 들끓자 TV방송을 통한 공개토론에 나서기도 했다. 당시의 전후사정에 대해 그는 2001년에 이렇게 구술했다.

"부산 사람들은 부산 출신 장관이 나왔으니 해수부가 부산으로 내려올 것으로 잔뜩 기대를 하고 있었다. (중략) 그 후 시민단체로부터 토론회에 나와달라는 요청이 왔다. 이 또한 피할 수 없는 일이었다. (중략) 원칙적으로 토론의 대부분이 TV에 방영되는 것을 조건으로 하되 편집에 대해서는 방송사를 신뢰하기로 하자고 제안했더니 시민단체에서 좋다는 대답이 왔다. 그래서 토론에 나갔다. (중략) 패널이 질문하는데 토론자는 네 사람이었다. 이 전론과 불가론에 대한 발제가 있은 후에 4명의 토론자가 함께 토론을 했다. 나중에 보니 5대 1의 토론이었다. 단체 대표들의 질문까지도 다 받아야 하는 상황이었다. 토론을 하는 동안 이번에는 성공했구나 생각했다."

이어지는 구술에서 그는 이러한 토론 방식이 더 유리할 수도 있다는 점을 강조한다.

"내가 수세에 몰리면서 답변만 하는 상황이었는데, 그런 형식의 토론이 객관적 상황을 드러내는 데 상당한 도움이 되었다. 시청자들은 질문자 편이지만 답변만 잘하면 오히려 설득력이 높은 구조였다. '아, 이렇게 토론을 하면 설득을 하는 데 상당히 성공적이겠구나!' 하는 생각이 들었다. (중략) 그것은 사실이었다. 증거는 다음 날 신문에 토론 내용이 한마디도 실리지 않았던 것이다. 쌍방의 주된 논리에 대해서도 전혀 소개가 없었다."

이처럼 토론 내용이 언론을 통해 정리되어 보도되는 경우에는 두괄식 화법이 큰 의미가 없을 수도 있다. 하지만 많은 사람들이 토론을 지켜보는 상황에서는 결정적인 역할을 할 수 있다. 사람들은 대체로 내용 못지않게 누가 얼마나 관련 지식과 소신을 갖고 있는지도 눈여겨본다. 토론의 승부는 그 모든 것이 종합된 점수로 판가름 난다.

노무현 대통령은 퇴임 후 사저 앞 방문객들에게 '자신의 토론실력'에 대해 언급하기도 했다. 여기서 왜 자신이 토론을 잘하는지 그 이유를 밝히고 있다.

"제가 TV토론에 나가서 진 일이 없습니다. (일동 웃음) 많은 사람들은 토론의 달인이기 때문에 그렇다고 얘기하는데 아무리 토론의 명수라도 패배할 감을 만들어 놓으면 질 수밖에 없습니다. 뻔한 짓을 해놓고 거짓말을 할 수는 없는 것 아닙니까? 그렇기 때문에 토론에 이기는 것은 말재주로만 되는 것이 아니고 어떤 토론에서도 밀리지 않도록 처신할 수밖에 없거든요. 그리고 잘못한 것이 있으면 토론에 나가지 말아야지요. '잘못했다, 미안하게 됐다' 하고 그 토론에 나갈 것도 없이 '내가 미안하다' 하면 토론 안 할 수 있거든요."[67]

그는 직접 작성한 연설에서도 두괄식 기법을 자주 활용했다. 정확하게 전달하고자 하는 핵심 메시지가 있는 사례들이다. 가장 대표적인 것이 2006년 4월 25일의 '한일관계에 대한 특별담화문'이다. 지금도 인터넷 공간에서 노무현의 명연설로 회자되고 있는, 이른바 '독도 연설'이다. 잘 알려져 있듯이 그 시작은 다음과 같다.

"존경하는 국민 여러분, 독도는 우리 땅입니다. 그냥 우리 땅이 아니라 40년 통한의 역사가 뚜렷하게 새겨져 있는 역사의 땅입니다. 독도는 일본의 한반도 침탈 과정에서 가장 먼저 병탄되었던 우리 땅입니다. 일본이 러일전쟁

중에 전쟁 수행을 목적으로 편입하고 점령했던 땅입니다."[68]

이 또한 시작이 무척이나 강렬하다. 그 강렬함에 듣는 이들은 곧바로 담화의 핵심에 접근하게 된다. 그래서 더욱 뚜렷한 인상을 남겼던 연설이다.

어떤 상황에서도 두려움 없이 답하는 법

1. 두괄식으로 분명하고 강렬하게 시작하라

첫 문장 속에 전체 내용을 압축한다고 생각하는 것이 좋다. 우선 애매모호한 표현을 없애야 한다. 각각의 문장 속에 자신의 입장을 분명하게 담아내야 한다. 최대한 군더더기를 삭제하자. 말하는 이의 생각과 신념이 담긴 짧은 말들은 듣는 이를 긴장하게 하고 몰입하도록 돕는다. 말하는 이 스스로도 문장의 강한 힘을 느낄 수 있을 것이다.

2. 일문일답을 즐겨라

일방적 메시지보다는 실제로 사람들이 궁금해하는 사안에 대한 설명이 더욱 중요하고, 또 그래야 설득력을 갖는 법이다. 상대방의 공격이나 질문에 효과적으로 대답함으로써 오히려 득점 포인트를 올릴 수 있다. 사람들은 대체로 내용 못지않게 누가 얼마나 관련 지식과 소신을 갖고 있는지도 눈여겨본다. 대화와 토론의 승부는 그 모든 것이 종합된 점수로 판가름 난다.

13

메시지를
카피로 만들어라

"대한민국 대통령이라면 넘어야 하는 다섯 가지 고개가 있습니다.
첫째, 여소야대입니다. 둘째, 지역감정입니다. 셋째, 정치언론의 공세이고
그다음 넷째는 여당 권력입니다. 다섯 번째는 권력기관입니다.
이제까지는 이 모든 고개를 넘어선 대통령이 없습니다."

　귀향한 노무현 대통령은 2008년 한 해 동안 사저 앞을 찾아오는 방문객들을 맞았다. 이들을 상대로 그는 짧게는 30분, 때로는 1시간이 훨씬 넘게 대화를 나누었다. 거의 날마다 되풀이된 이 대화에는 정치인으로서, 또 대통령으로서 그가 정립해온 세계관과 철학이 집약되어 있었다. 그는 방문객들에게 더 좋은 메시지를 효율적으로 전달하기 위해 매일 연구를 거듭하며 표현을 갈고닦았다. 그야말로 절차탁마(切磋琢磨)였다. 다음은 그의 대화가 하나의 체계적 구성을 갖추며 완성되어 가던 시점인 2008년의 가을, 구체적으로는 10월 5일 오후에 있었던 방문객들과의 대화 가운데 일부이다.

"'세금 깎아라! 그러면 경제 성장한다' 그다음 '경제만 성장하면 일자리는 생긴다', '없는 사람도 잘 살게 된다', '정부는 경제에서 손 떼라!' 규제완화, 즉 규제하지 말라는 것이거든요. 그중에서도 특히 '해고의 자유를 인정하라!' 이것이 노동의 유연화입니다. 이것뿐만 아니라 '공기업 경영에서도 손 떼라!'고 합니다. 그렇지요? 그리고 '모든 분야에 경쟁을 도입해라!' 그런데 그 경쟁은 시험을 통한 경쟁으로 하자는 것입니다. 인간의 능력이 시험 경쟁으로 다 평가가 됩니까? 인간의 능력을 시험으로 평가하는 시대가 있었습니다. 지금은 전인격적인 심성과 역량, 인성을 종합적으로 평가해야 합니다. 그래야 그 사람의 진정한 능력을 평가할 수 있는데 시험으로 평가하라는 것입니다. 말하자면 '경쟁을 도입해라!' 이것입니다. 이 일곱 가지가 나라가 망하는 길입니다. 정말 이대로만 가면 딱 까먹습니다. 이것을 설명하려면 앞으로 두 시간 더 이야기해야 하기 때문에 줄이겠습니다. 그래서 제가 이것을 '세계 보수주의의 일곱 가지 거짓말'이라고 이름을 붙입니다. 본시두 번째, 세 번째는 같은 말인데, 여섯 가지보다 일곱 가지가 낫다는 생각입니다. 제가 정치를 하는 사람이라서… 가급적이면 카피를 '여섯 가지 거짓말'보다는 '일곱 가지 거짓말'로 하는 것이 낫지 않습니까? '성공하는 사람의 일곱 가지 습관'이 있으니까요."[69]

'보수주의의 일곱 가지 거짓말'이라는 카피가 등장한다. 이것이 대화의 핵심 내용이다. 그는 이렇게 카피를 만들어 사람들의 기억에 남기려고 했다. 그의 이야기를 들은 방문객들은 아마 '보수주의의 일곱 가지 거짓말'이라는 표현만큼은 머릿속에 담아두었을 것이다. '보수진영'의 대표적 주장 가운데에는 적어도 '일곱 가지의 거짓말'이 있다는 사실만 전달했어도 이날의 대화는 절반의 성공이 아닐까?

$$\vdots$$

카피를 만드는 핵심 노하우

정치인 노무현은 재야의 아마추어 카피라이터다. 이렇게 이야기해도 될 만큼 그에게는 나름대로의 카피를 뽑는 재주가 있었다. 당면한 사안을 짧고 굵게, 그래서 인상 깊게 표현하는 솜씨의 소유자였다.

1994년에 그의 첫 자서전이 출간되었는데 제목이 '여보, 나 좀 도와줘'였다. 이 제목은 그가 혼자서 창작한 카피였다. 당시 나는 책을 출간한 출판사의 편집장이었는데, 그가 내놓은 제목이 다소 뜻밖이어서 당황스러웠던 기억이 있다. 흔한 책 제목은 아니었다. 며칠 동안 곰곰이 되뇌어보았더니 그리 나쁘지 않다는 생각이 들었다. 오히려 내가 상투적인 감각에 빠져 있다는 생각까지 들었다. 무엇보다 정치인이면서도 '나의 꿈', '미래를 향한 정치'나 '개혁과 통합' 같은 문구를 제시하지 않았다는 점이 특이했다. '여보, 나 좀 도와줘'는 상투적이지도 않으면서 다른 책의 제목들과 충분히 차별화되고 있었다. 출판사는 기꺼이 동의했다. 그 후에도 그의 카피 실력은 계속 진화했고 대통령 재임 시절에 전성기를 맞았다.

"우리나라 대통령은 넘어야 할 다섯 고개가 있다."

2006년 8월 20일, 당시 열린우리당 지도부와 청와대에서 오찬을 함께하며 한 이야기이다. 임기 막바지에 접어들면서 여당과의 갈등이 표면화되던 시점이었다.

"대한민국 대통령이라면 넘어야 하는 다섯 가지 고개가 있습니다. 첫째, 여소야대입니다. 여소야대를 극복하려고 노태우 대통령은 3당합당을 했습니다. 둘째, 지역감정입니다. 김영삼 대통령을 찍어주었더니 전두환 대통령과 박철언 씨를 구속시켰다고 대구·경북이 돌아섰고 결국 힘 빠진 대통령이 되었습니다. 셋째, 정치언론의 공세이고 그다음 넷째는 여당 권력입니다. 다섯 번째는 권력기관입니다. 이제까지는 이 모든 고개를 넘어선 대통령이 없습니다. (중략) 이야기를 하자면 보궐선거 또는 중간선거 고개가 더 있긴 합니다. 고개가 많네요. 새로 고쳐야겠습니다. 다섯 개로는 안 되겠군요."

여기서 그가 카피를 만드는 첫 번째 노하우를 알 수 있다. 상황을 '세 가지'나 '다섯 가지', 또는 '일곱 가지'로 정리하는 것이다. 듣는 이의 머릿속에 쏙 박히도록 여러 가지 현상을 깔끔하게 정리하는 방법이다. 이는 다양하게 응용될 수 있다. 예를 들면 '법안의 4대 문제점', '김갑돌 후보가 당선되어야 하는 네 가지 이유'와 같은 것이다.

두 번째는 앞에서도 말했지만 구체적 수치로 카피화하는 방법이다.

다른 사례의 수치와 비교할 수 있다면 더욱 좋을 것이다. 상황을 명쾌하게 정리해주는 데는 실증적인 수치보다 확실한 것이 없다. 다음은 2003년 12월 14일, 노무현 대통령이 여야 4당대표와 회동하는 자리에서 발언한 내용이다.

> "(지난 해 대선 당시 우리가 쓴) 불법선거자금의 규모가 한나라당 불법선거자금의 10분의 1을 넘으면 정계를 은퇴할 용의도 있다. 더 이상 '아니면 말고' 식으로는 안 된다. 명확한 사실과 증거를 가지고 공방을 하자."[70]

이날은 일요일이었다. 휴일임에도 오전 일찍 공식 일정이 잡힐 정도로 상황이 긴박했다. 당시 나는 대변인이었다. 이날의 회동에는 손님의 격을 고려하여 비서실에서는 문희상 비서실장과 라종일 국가안보보좌관만이 배석했다. 나는 배석했던 문 실장으로부터 회동 내용을 전달받아 기자들에게 발표해야 했다. 회의는 오전 11시 46분에 종료되었다.

문 실장으로부터 내용을 받아 적는 순간 '10분의 1'이라는 문구가 눈에 확 들어왔다. 회동 전에는 한 번도 들어본 적이 없는 표현이었다. 그리고 그 단어에 연결되는 언급은 '정계 은퇴'였다. 문득 하나의 생각이 머리를 스치고 지나갔다. '혹시 우발적인 언급이 아닐까?'

하지만 야당 대표 앞에서 한 언급이었다. 그대로 브리핑할 수밖에 없었다. 춘추관에서 대화록을 불러준 뒤 대변인실 직원들과 점심식사를 했다. 그러고 나서 차를 마시던 도중 대통령이 전화를 걸어왔다.

"브리핑은 마쳤는가?"

"네, 아까 끝냈습니다."

"그러면 불법자금 '10분의 1' 이야기도 브리핑했는가?"

약간 멈칫한 나는 조심스럽게 대답했다.

"네, 정계 은퇴 용의가 있다고 했습니다."

순간 '아차' 싶었다. 잠깐의 우려처럼 혹시 우발적 언급일 수도 있다는 생각이 든 것이다. 그렇다면 어떻게든 '물타기'를 해야 했다. 발표 전에 대통령에게 한번 물어보았어야 했다는 후회도 들었다. 그러나 대통령의 반응은 정반대였다.

"그런데 방송 뉴스에는 왜 아직 기사가 안 나오는가?"

그는 '10분의 1'이 빨리 기사화되기를 기다리고 있던 것이었다. 회동이 끝난 후 시간이 꽤 지났음에도 '10분의 1' 관련 보도가 없자, 나에게 브리핑 여부를 물은 것이었다.

"아, 네. 제가 배석을 못해서 문희상 실장님으로부터 받아 적은 후에 브리핑을 하다 보니 다소 늦어졌습니다."

그는 '알았다'며 전화를 끊었고, 나는 크게 한숨을 내쉬었다.

야당대표와의 회동을 앞두고 상황을 일목요연하게 정리해줄 문구를, 그는 고심 끝에 뽑아낸 것이었다. 그러고는 관련 보도를 기다릴 정도로 '10분의 1'에 기대를 걸고 있었다. 어쩌면 회심의 카드인 셈이었다. 다음 날 오전에 열린 수석보좌관회의에서 그는 '10분의 1'을 언급하게 된 배경을 설명했다.

"의혹이나 수사의 불공정성을 제기한 데 대해 불법선거자금이 10분의 1도 되지 않는다는 사실을 분명히 강조하며 반박한 말입니다. 이를 폭탄선언으로 매도하는 것은 참으로 유감스러운 일입니다."[71]

'10분의 1'은 결국 정국의 큰 쟁점이 되었고 이듬해 탄핵 국면까지 관련 논란이 이어졌다.

⋮

새로운 어휘, 새로운 비유를 끊임없이 찾아라

이 밖에도 그가 상황을 명쾌하게 정리하는 차원에서 내놓은 카피들이 수도 없이 많다. 적절한 비유가 가미된 사례를 두 가지 더 소개한다. 하나는 2005년 9월 19일 '북핵 문제의 해결을 위한 6자회담'이 타결되자, 이튿날인 20일 국무회의 석상에서 밝힌 소회의 일부분이다.

"북핵 해결의 실마리를 잡았다고 볼 것입니다. 느낌이 어떻습니까? 저는 어깨 위에 무거운 짐을 지고 가다가 수레에 내려놓은 기분입니다. 난데없이 들어온 폭발물이 해체 반에 인계된 느낌입니다. (중략) 아주 위험한 것도 터질 때까지도 모릅니다. 조치한 날이나 그 뒤에도 아무것도 변화된 것은 없습니다. 공기 냄새는 똑같습니다."[72]

다음은 서거하기 한 달 전, 사저에서 열린 집필 팀 회의에서 외롭고 힘겨운 상황에 처한 자신의 모습을 비유적으로 표현한 대목이다.

"나는 봉화산 같은 존재다. 산맥이 없다. 이 봉화산은 큰 산맥으로 연결되어 있는 산맥이 아무것도 없다. 홀로 서 있는 돌출되어 있는 산이다. 내가 무슨 일을 해도 찾아올 사람이 없으니까…"[73]

차별화된 언어는 힘이 있다. 또 그만큼 중요하다. 대화의 핵심을 정확하게 전달할 카피를 만드는 것은 중요하고도 필요한 일이다. 가능하면 기억하기 쉽도록 짧고 굵은 표현이 좋다. 이를 위해서는 끊임없이 단문을 만드는 연습을 할 필요가 있다. 새로운 어휘, 새로운 비유에 끊임없이 도전해야 차별화된 카피가 만들어진다. 꼭 자신만의 독창적인 표현이 아니라도 좋다. 당대 사람들의 입에 오르내리는 유행어의 힘을 빌려보는 것도 좋겠다.

카피를 만드는 3가지 노하우

1. 상황을 가짓수로 정리한다

상황을 '세 가지'나 '다섯 가지', 또는 '일곱 가지'로 정리하는 것이다. 듣는 이의 머릿속에 쏙 박히도록 여러 가지 현상을 깔끔하게 정리하는 방법이다. 이는 다양하게 응용될 수 있다. 예를 들면 '~의 4대 문제점', '~를 해야 하는 네 가지 이유'와 같은 것이다.

2. 구체적인 수치를 언급한다

다른 사례의 수치와 비교할 수 있다면 더욱 좋을 것이다. 상황을 명쾌하게 정리해주는 데는 실증적인 수치보다 확실한 것이 없다.

3. 새로운 어휘, 새로운 비유를 끊임없이 찾는다

차별화된 언어는 힘이 있다. 대화의 핵심을 정확하게 전달할 카피를 만드는 것은 중요하고도 필요한 일이다. 가능하면 기억하기 쉽도록 짧고 굵은 표현이 좋다. 이를 위해서는 끊임없이 단문을 만드는 연습을 할 필요가 있다. 새로운 어휘, 새로운 비유에 끊임없이 도전해야 차별화된 카피가 만들어진다. 꼭 자신만의 독창적인 표현이 아니라도 좋다. 당대 사람들의 입에 오르내리는 유행어의 힘을 빌려보는 것도 좋겠다.

'같이'의
가치

임기가 중반을 넘어설 무렵이었다. 구체적인 시점이 정확히 기억나지 않는 어느 날, 대통령이 문득 '같이'의 가치를 이야기했다. '같이'라는 개념의 중요성을 설명하려는 의도였다. 때마침 발음이 비슷한 '가치'를 연결하여 하나의 조어를 만들어낸 것이었다. 참석자들이 빙그레 웃었지만 특별히 큰 반응을 보인 사람은 없었다. 대통령도 이야기를 오래 이어가지는 않았다. 그 후로도 한두 달여 동안은 비슷한 자리에서 몇 차례 더 '같이'의 가치가 이야기되었다. 그러나 큰 주목을 받지는 못했다.

그로부터 한참 시간이 흐른 후에 '같이'의 가치는 어느 금융기관의 이미지 광고에서 카피로 사용되기 시작했다. 대통령이 서거한 후의 일이었다. 대통령의 재임 중 언급과 금융기관의 광고 사이에 어떤 매개가 있었는지 알아보았지만 의미 있는 답은 찾을 수 없었다. 우연이었을 가능성에 무게가 실린다.

'같이'는 정치인 노무현의 철학과 세계관이 집약된 단어라 할 수 있다. 그를 상징하는 문구인 '사람 사는 세상'에도 이 철학이 담겨 있다고 볼 수 있다. '같이'는 곧 '공존'이다. 그는 부당하게 덧씌워진 이미지처럼 '분열'의 정치인이 결코 아니다. 줄곧 '공존'을 추구했던 정치인이다.

2000년 국회의원 선거에서 낙선한 뒤 해수부장관을 거쳐 새천년민주당의 대통령 후보 경선을 준비하던 시절, 그는 여러 군데에서 강연해 달라는 요청을 받았다. 당시 민주당의 청원연수원에서는 일주일 단위로 전국의 당원들을 대상으로 교육이 진행되고 있었는데, 그는 그곳의 단골연사였다. 그때만 해도 KTX가 없었기 때문에 연수원 강연을 위해서는 승용차편으로 왕복해야 했다. 그는 단 한 번도 싫은 기색 없이 그 모든 강연들을 소화했다. 전국의 당원들을 대상으로 반 년 이상 진행된 이 강연이 밑거름이 되어, 그는 2002년 대통령 후보 선출을 위한 국민경선에서 '노풍'의 주역이 될 수 있었다.

당시 그는 각 지역의 당원들을 대상으로 거의 비슷한 내용의 강연을 했다. 강연을 거듭할수록 내용이 깊어지고 표현도 다듬어졌다. 그래도 핵심은 변하지 않았다. 내용의 커다란 한 축은 '600년 기회주의 역사의 청산'이었다. 이 이야기는 그의 어머니가 귀가 아플 정도로 말했다는 '모난 돌이 정 맞는다'는 속담으로 시작되는데, 그 후 2001년 12월 '노무현이 만난 링컨 출판 기념회'에서의 명연설을 낳는 토대가 된다.

"조선 건국 이래로 600년 동안 우리는 권력에 맞서서 권력을 한 번도 바꿔보지 못했습니다. 비록 그것이 정의라 할지라도, 비록 그것이 진리라 할지라도 권력이 싫어하는 말을 했던 사람은 또는 진리를 내세워서 권력에 저항했던 사람들은 전부 죽임을 당했습니다. 그 자손들까지 멸문지화를 당했습니다. 패가망신했습니다. (중략) 80년대 시위하다가 감옥 간 우리의 정의롭고 혈기 넘치는 우리 젊은 아이들에게 그 어머니들이 간곡히, 간곡히 타일렀던 그들의 가훈 역시 '야 이놈아, 계란으로 바위치기다, 그만둬라, 너는 뒤로 빠져라.' 이 비겁한 교훈을 가르쳐야 했던 우리의 600년의 역사, 이 역사를 청산해야 합니다."

'기회주의 역사의 청산'이 강연의 한 축이었다면 또 다른 한 축은 '공존'이었다. 그는 그 모델을 유럽에서 찾고 있었다. 그래서 강연할 때마다 독일의 아데나워 수상을 이야기했다.

"1917년 제1차 세계대전이 진행되고 있는 무렵 콘라드 아데나워라는 젊은이가 독일 북부의 작은 교회에서 '유럽은 하나로 합쳐야 한다'라는 자신의 꿈을 주제로 연설을 한 것이 있습니다. 그 젊은이는 그 이후 1952년 서독의 수상이 됩니다. 수상이 되면서부터 구주석탄동맹이라는 것을 만들고 그것이 발전하여 구주공동시장이 되었고 현재는 단일 통화까지 사용할 정도로 유럽이 통합되었습니다." (1999년 9월 29일, 팍스코리아나 21, 제34차 포럼)

"아데나워 수상은 수상이 된 후에 제일 먼저 독일이 서구 유럽과 하나가 되기 위한 길을 추구했습니다. 그 당시 독일은 유럽 국가였지만 프러시아 시대의 공격적인 전쟁을 통해 유럽으로부터 배척받는 고립된 처지에 놓여 있었습니다. 이 고립을 극복하지 않고서는 독일의 미래가 없다고 생각한 아데나워 수상은 서방정책을 씁니다. 프랑스와는 수백 년 동안 원수지간이었습니다. 이 관계를 개선하기 위해 노력합니다. 수백 년의 적대관계를 해소하고 프랑스와 화해합니다. 그 화해를 통해서 유럽을 하나로 묶어내고자 하는 계획을 실천에 옮깁니다. 그래서 맨 처음 구주석탄동맹이 만들어지고 그것이 발전하여 EEC, EC를 거쳐 오늘날 EU에 이르게 되는 것입니다. (중략) 그래서 우리는 라인 강의 기적을 일으킨 사람을 에르하르트 수상이라고 이야기하지만 진정한 의미에서 그 시기의 위대한 수상은 바로 콘라드 아데나워 수상인 것입니다."

(2001년 11월 8일, 안동 21세기시민문화연구소 특강)

그가 '아데나워'를 이야기하고 EU를 언급한 것은 '같이'를 설명하기 위함이었다. '공존'을 전하기 위함이었다. 동북아에서는 EU와 같은 한·중·일의 공존, 한반도에서는 남과 북의 공존, 대한민국에서는 보수와 진보, 호남과 영남, 여와 야의 공존이었다. 그가 가진 공존의 철학은 대통령 재임 중에 더욱 확대되었다. 수도권과 지방의 공존(상생), 잘사는 사람과 못사는 사람의 공존, 대기업과 중소기업의 공존이었다.

그는 '같이'의 가치를 누구보다 높이 생각하고 평가한 정치인이었다. '같이'의 가치가 대통령 노무현을 상징하는 하나의 카피로 정착되지 못한 점이 때로는 아쉽기도 하다. '같이'의 가치를 장황하게 이야기한 이유는 다른 곳에 있다. 아무리 기가 막힌 카피라도 머릿속에 있는 한 의미를 가질 수 없다. 자꾸 말하고 되뇌어야 한다. 그만큼의 자신감이 중요하다.

14

절묘한 비유만 써도
설득력이 배가된다

"오랫동안 도전하고 오랫동안 승부를 해왔습니다만,
가장 어려웠던 승부는 자신과의 승부였습니다. 가장 어려운 적은, 가장 어려운 상대는
제 마음속에 있습니다. 저의 이기심 안에 있고, 저의 비겁함 안에 있고,
저의 안일함 안에 있고 그렇습니다. 제 안에 있습니다."

말하기이든 글쓰기이든, 사람의 마음을 사로잡는 단초는 역시 '공감'
이다. '공감'은 사람이 닫힌 마음을 여는 단계이다. '공감'이 있을 때 사람
들은 화자나 필자의 다음 이야기를 진지하게 마주할 준비를 한다. 인터
넷으로 전 세계가 연결되고 1초마다 새로운 정보가 올라오는 세상에서
는 사람들이 특정한 주제나 소재에 쉽게 마음을 열지 않는다. 그렇게
분주한 사람들의 시선을 잡기 위해 오늘도 인터넷에서는 '…했더니 충
격!'이라는 문구들이 호기심을 자극한다. 호기심 역시 시선을 집중시키
는 중요한 수단임에는 틀림없다. 하지만 그것이 곧바로 설득을 담보하는
것은 아니다. 반면 '공감'은 설득으로 가는 중요한 단계이다. 무심코 읽은
기사의 한 줄, 우연히 들은 인터뷰의 한 구절에 고개를 끄덕였다면, 그

는 어쩌면 마음의 반을 빼앗긴 것이다. 공감이 바탕을 이루면 설득은 절반의 단계에 와 있는 셈이다. 공감은 뛰어난 웅변술보다 중요하다.

:

사람을 움직이는 공감 원칙 1
쉽게 이해되는 말을 써라

공감을 얻으려면 무엇을 어떻게 말해야 할까? 첫째, 듣는 사람이 쉽게 이해하는 말을 해야 한다. 자기만의 세계에 매몰되어 특정한 사람들만 이해할 수 있는 이야기를 하면 곤란하다. 대중을 상대로 박사학위 논문 수준의 주장을 펼치면 안 되는 것이다. 꼭 이야기하려면 사람들이 이해하기 쉽도록 풀어서 말하거나 적절한 비유를 찾아야 한다. 그 시절에 유행하는 토픽이나 핫한 이슈에 빗대어 언급하는 것도 하나의 방법이다. 다음의 사례가 그렇다. 2003년 8월 경북도민들과의 오찬간담회에서 노무현 대통령이 했던 말이다.

"제가 체질이 히딩크 체질입니다. 초장에 물을 좀 먹다가 나중에 잘나가는 체질입니다. 옛날에도 물 많이 먹었습니다. 물을 많이 먹어도 끝장을 보는 체질입니다. 잘할 겁니다. 제가 뒷심이라도 세서 반드시 성공해야 행정이나 정부가 나아지는 것입니다."[74]

이 시점으로부터 꼭 1년 전인 2002년 당시 월드컵 4강의 주역이었던 히딩크 감독에 빗대어 자신의 미래를 이야기하고 있다. 똑같은 이야기를 지금 2016년에 하면 어떨까? 이미 많은 사람들은 히딩크 리더십을 잊었을 가능성이 높다. 새로 성장한 세대들은 히딩크가 누구인지 모를 수도 있다. 그런 만큼 공감을 얻기가 쉽지 않을 것이다.

:

사람을 움직이는 공감 원칙 2

겪었을 법한 이야기를 다뤄라

듣는 이도 살아오면서 겪었을 법한 비슷한 경험을 이야기하는 것도 방법이다. 사람들은 자신과 비슷한 처지에 있거나 유사한 경험을 겪은 이에게 남다른 친밀감을 느끼기 마련이다. 다음은 2003년 9월 노무현 대통령이 서민주거 안정대책과 관련해 현장을 방문했을 때의 대화이다.

"어떻게 잘 안 될 때는 교실에서 자기도 하고 집 없는 어려움도 많이 겪었습니다. 운이 좋아서 고등고시에 합격한 후, 시골에서 자전거 뒤에 보따리 하나 싣고 부산으로 이사했습니다. 셋집이었습니다. 그렇게 작지는 않았으나 전셋집에 있다 보니 항상 마음속에 우리 집을 갖고 싶은 소망이 있었습니다. 한번은 한 시간 거리에 있는 해운대 AID아파트에 살고 있는 친구의 집을 집사람과 함께 방문했습니다. 그때 15평형 AID아파트가 그렇게 좋아 보일 수 없었습니다. 제 눈에는 꼭 궁궐처럼 보였습니다. 돌아오는 버스 안에서 집사람과 약속했지요. AID아파트를 한 채 사기로…. 그게 고등고시에 되었으니 금방 될 줄 알았습니다. 그런데 연수생 시절이니까 월급을 많이 받지 못해 쓰기에 바빴습니다. 시내버스를 타고 다니는데 항상 차창을 통해 위쪽을 쳐다보고 다니는 게 습관이 됐습니다. 부산에 와보시면 알겠지만 산 중턱에 세워진 영주동, 좌천동 아파트를 쳐다보면서 다녔습니다. 남의 아파트를 보면서 군침을 흘리면서 신혼생활을 보냈습니다."[75]

서민들의 주거 문제를 해결하기 위해 현장을 방문했을 때의 이야기다. 의왕시 내손동의 주공아파트인 것으로 기억하는데, 주민들이 충분히 공감할 만한 내용으로 이야기를 풀어가고 있다. 다음의 사례는 대상이 대학생과 대학원생들이다. 2004년 5월에 있었던 연세대 리더십 특강의 한 대목이다.

"오랫동안 도전하고 오랫동안 승부를 해왔습니다만, 가장 어려웠던 승부는 자신과의 승부였습니다. 긴 설명 드리지 않아도 여러분 다 짐작하실 것입니다. 가장 어려운 적은, 가장 어려운 상대는 제 마음속에 있습니다. 저의 이기심 안에 있고, 저의 비겁함 안에 있고, 저의 안일함 안에 있고 그렇습니다. 제 안에 있습니다."[76]

젊은이들이 세상에 도전하는 과정에서 느낄 만한 고민의 지점으로 들어가 이야기를 풀어가고 있다. 중요한 점은 그것을 '여러분의 이기심, 여러분의 비겁함, 여러분의 안일함'으로 표현하지 않고 바로 자신의 안에 있는 것으로 묘사하고 있다는 사실이다. 듣는 학생들이 충분히 공감하고 고개를 끄덕일 만한 대목이다. 비슷한 사례가 하나 더 있다. 2005년 7월에 해병대 신병교육단을 방문했을 때의 이야기다. 자신의 어린 시절을 회고하면서 실마리를 풀어간다. 현장의 군인들이 모두 같은 경험을 공유하지는 않았겠지만, 어린 시절 형제간의 이야기가 최소한 자신을 되돌아보는 계기로 작용했을 것이다.

"나도 막내로 태어나서 가난했지만 부모님 사랑도 독차지했고 형님들 사랑도 독차지했기 때문에 남한테 싫은 소리를 들어본 일이 없고 너무 고달프고 힘든 일은 한 적이 없습니다. 나는 그냥 울면 형님이 스케이트 만들어주고 형님이 팽이 만들면 빼앗으면 되고 새총 만들어 놓으면 무조건 압수하면 되었습니다. 그렇게 내 마음대로 자랐는데 군대 가보니까 그게 아니더군요. 훈련소 딱 들어가니까 내 맘대로 되는 것이 아무것도 없어요. 아마 그래서 군대생활 했던 것을 오래오래 기억하면서 어려운 일이 있을 때마다 용기를 냈던 것이 아닌가 생각합니다."[77]

⋮

사람을 움직이는 공감 원칙 3
듣는 이의 관심사를 먼저 건드려라
셋째, 듣는 이의 관심사를 먼저 이야기하는 방법이다. 예를 들면 해외를 순방할 때 동포들을 만난 자리에서 그들의 걱정거리를 먼저 언급하는 것이다. 다음 사례는 2004년 11월 아르헨티나를 방문했을 때 열린 동포간담회이다.

"여러분 인터넷으로 고국 소식 듣고 계시죠? 한국경제 많이 걱정되시죠? 걱정 많이 하십디다. 북핵 문제도 걱정되시죠? 세계에 여러 분쟁지역이 있습니다. 언제 사고가 터질지 모르는 불안지역입니다. 한반도도 거기에 들어 있습니다. 왜 그렇게 한반도를 분쟁지역에 꼭 끼어 넣는지 여하튼 불안하실 것입니다. 우리를 둘러싸고 있는 4강 국가 어디도 분쟁을 원하지 않습니다. 남북 간에도 분쟁을 원하지 않습니다. 과거엔 남북 간 체제경쟁이 있어서 아주 민감했는데 이젠 체제경쟁이 끝이 났습니다. 60~70년대만 해도 한국이 (북한에) 뒤처져 있었습니다. 그러던 것이 70년대 중반 (남북이) 뒤집혔습니다. 지금은 40배, 어떤 사람은 60배 차이가 난다고 말합니다. (중략) 잘 관리하면 결코 위험한 곳 아닙니다. 분쟁지역이 아닙니다. 실제로 지금까지 말썽은 있지만 결정적 상황 없이 갈 것입니다. 갈수록 안정돼 갈 것입니다. 정치적으로 한반도 불안상황을 이용하는 것이 편리할 때도 있습니다. 뭔가 정치적으로 어려울 때 바깥에 적이 있으면 편리할 때도 있습니다. 과거에는 그랬지만 지금은 그렇지 않습니다. 한마디로 걱정하지 마십시오. 잘 관리하겠습니다. (박수)"[78]

교민들이 걱정할 만한 주제로 이야기를 꺼낸 후, 자신이 말하고 싶은 내용을 본격적으로 풀어가는 방법이다.

:

사람을 움직이는 공감 원칙 4

껄끄러운 이야기는 최대한 논리적으로

그런데 자리에 따라서는 관심사이긴 하지만 조금은 껄끄러운 이야기를 해야 할 때도 있다. 그럴 때면 논리적으로 충분히 공감할 만한 사례를 들어서 주장을 펴나가면 좋다. 이것이 공감을 얻는 네 번째 방법이다. 2007년 1월 말에 지역언론사 편집보도국장 오찬간담회가 있었는데, 이 자리에서 대통령이 했던 언급이다.

> "언론은요, 운동장에 내려오면 안 됩니다. 선수가 아니잖아요? 해설이나 심판을 하고 있으면서… 요새 일부 언론들 보면 운동장에 내려와 가지고 자기가 막 공을 차 넣고 그래요. 차는 건 그래도 그것까지만 해도 뭐한데, 반칙까지 해요. 반칙까지. '왜 국민들이 헷갈리게 그런 제목을 뽑는가?' 이것입니다. '장기집권전략', 그거 여당으로 따지면 말이 되는 것 같지만 그 용어는 역사적인 용어입니다. 그건 독재자가 장기집권하려고 하는 것을 말하는 것이지, 여당이 또 여당이 되는 것을 장기집권이라고 하지는 않습니다."[79]

2007년 초 그가 연임제 개헌안을 제기하자 일부 언론에서 '장기집권전략'이라고 제목을 뽑은 일이 있었다. 이에 대해 조심스럽게 그러나 단호하게 문제를 지적하는 장면이다. 비유로 제시한 '운동장'과 '선수'가 편집·보도국장들의 공감을 끌어내기 위한 핵심 포인트인 셈이다.

..

사람을 움직이는 공감 원칙 5

공감을 사는 비유를 하라

그런가 하면 다음과 같은 다섯 번째 방법도 있다. 논리적 측면에서의 공감대를 목표로 적절한 비유를 예시하는 방법이다. 시골 출신이 아니면 고개를 갸웃할 수도 있지만 논리의 전개상 충분히 공감할 수 있는 예시이다. 2003년 8월에 있었던 문화관광부 업무보고이다.

"해외홍보원, 문화교류과, 무역진흥공사, 한국관광공사 등 각 기관의 해외 홍보업무의 통합에 대한 판단과, 해외에서 유관기관들이 협업체제를 어떻게 구축할 것인지를 문화관광부가 주도권을 갖고 연구하여 관계장관회의에 보고해달라. 시골에서 돼지가 열두 마리를 낳으면 꼭 한두 마리는 잘 자라지 못한다. 이 돼지들을 새끼가 네 마리밖에 안 되는 어미돼지에게 붙여 놓으면 아주 잘 자란다. 이런 관점에서 말한 것이다."[80]

해외홍보기관의 통폐합과 소관 문제에 대해 개선방안을 마련하라고 지시하면서 어미돼지와 새끼돼지의 사례를 통해 그 취지의 공감대를 확보하고자 한 이야기다.

대통령의 모든 이야기가 상대의 공감을 얻는 데 항상 성공하는 것은 아니다. 사람들로부터 끝내 공감을 얻지 못한 정책도 적지 않다. 2007년 초 개헌제안이 그랬고 2005년도 여름정국을 달구었던 '대연정

제안'도 그랬다. 다음은 2007년 6월, 언론사 인터뷰를 통해 '대연정'을 회고하면서 그것이 전략적으로 실책이었음을 토로하는 장면이다.

"그 당시 내가 연정을 제안한 것은 전략적으로 실책이었다. 실패한 전략이다. 그러나 몇 가지 의미는 있다. 사람들이 연정과 합당을 구분하지 못하더라. 연정을 완전히 합당과 같이 비판하는데, 연정과 합당은 분명히 다르다. (중략) 연정이라는 것이 세계 선진국이 보편적으로 하고 있는 정치제도라는 것을 우리도 인정해야 한다. 국가적인 아주 어려운 과제를 풀어나가기 위해서 대연정이 굉장히 유용할 때가 있다. 어떻든 전략적으로 실패한 것이지만 매우 아쉽게 생각한다. 당시 당 지도부하고도 다 상의를 했는데 문건이 돌아다니면서 터져버렸다. 합당이 아니라고 아무리 얘기해도 합당을 전제로 해서 당 한쪽에서 나를 비판했다. 그러면서부터 힘들어졌다. 그래서 그 전략은 전부 나한테 화살이 되어 돌아와 버렸다. 뼈아프게 생각한다."[81]

'대연정'은 '합당'과 다르다는 점을 누누이 이야기했지만 이 대목에 대해 끝내 공감을 얻지 못했다는 토로이다. 공감을 얻지 못한 채 추진된 정책으로 인해 결국 큰 상처를 받았다는 의미이다.

'공감'은 어떻게 끌어내는가

1. 쉽게 이해되는 말을 쓴다

특정한 사람들만 이해할 수 있는 이야기를 하면 곤란하다. 대중을 상대로 박사학위 논문 수준의 주장을 펼치면 안 되는 것이다. 꼭 이야기하려면 사람들이 이해하기 쉽도록 풀어서 말하거나 적절한 비유를 찾아야 한다. 그 시절에 유행하는 토픽이나 핫한 이슈에 빗대어 언급하는 것도 하나의 방법이다.

2. 듣는 이가 겪었을 법한 이야기, 관심사를 다룬다

사람들이 충분히 공감하고 고개를 끄덕일 만한 대목으로 말하기를 풀어가는 것도 방법이다. 사람이란 자신과 비슷한 처지에 있거나 유사한 경험을 겪은 이에게 남다른 친밀감을 느끼게 마련이다. 듣는 이의 걱정거리나 관심사를 먼저 언급하고 자신이 말하고 싶은 내용을 본격적으로 풀어가는 방법도 효과적이다.

3. 껄끄러운 이야기는 최대한 논리적으로 풀어낸다

듣는 이의 관심사이긴 하지만 조금은 껄끄러운 이야기를 해야 할 때도 있다. 그럴 때면 논리적으로 충분히 공감할 만한 사례를 들어서 주장을 펴나가면 좋다. 조심스럽게 그러나 단호하게 문제를 지적할 줄 알아야 한다.

완벽한 말하기는
논리 플러스 감성이다

> "이런 아내를 버려야겠습니까?
> 그러면 대통령 자격 생깁니까? 이 자리에서 여러분이 심판해 주십시오.
> 여러분이 자격이 없다고 하신다면 대통령 후보 그만두겠습니다."

선거에 출마한 후보자들은 유권자들의 마음을 사로잡기 위해 다양한 방법을 동원한다. 자신감을 앞세워 정견을 피력하는 사람도 있고, 자신의 처지를 이야기하며 읍소하는 후보도 있다. 먼저 논리적으로 차별화를 추구하는 후보의 경우다.

"저는 지난 5년 동안 청와대에서 일하면서 국정 경험을 쌓았습니다. 국가예산의 구조를 파악했습니다. 이 지역을 발전시키기 위해서 예산을 확보하는 방법도 파악했습니다. 다른 후보자들에게는 그런 경험이 없습니다. 제가 유일하게 지역발전을 시킬 수 있는 후봅니다."

약간의 비약도 있지만 논리적인 전개이다. 다른 후보들에게는 없는 자신의 강점을 앞세우는 것이다. 그래서 지역발전을 바라는 유권자들에게 자신이 적임자임을 호소하는 방식이다. 그런가 하면 이런 후보도 있다.

"저는 이번이 네 번째 도전입니다. 3전 4기의 도전입니다. 세 번 낙선하는 동안 집안은 풍비박산 났습니다. 이번에도 낙선한다면 저는 절망의 수렁에 빠질 것입니다. 사실 이번 선거에도 출마하지 말라는 주위의 강권이 있었습니다. 하지만 저는 반드시 여러분을 대신해서 국회에서 일하고 싶습니다. 저에게 꼭 일할 기회를 주십시오."

감정에 호소하는 읍소형 연설이다. 유치하게 보일지는 모르나 현장에서는 의외로 좋은 반응을 얻을 수도 있다. 유권자들이 항상 '멋있고 잘나고 유능한' 후보만을 선택하는 것은 아니다. 때로는 그냥 마음이 끌리는 사람도 있고 동정심이 가는 후보도 있다. 사람은 논리로만 이루어진 동물이 아니기 때문이다. 그런 만큼 사람의 마음을 움직이려면 감성도 중요한 요소가 된다. 무시하면 안 된다. 완벽한 말하기는 대체로 논리 플러스 감성이다. 사람의 감성을 잘 자극하는 사람이 결국 뛰어난 선동가가 된다.

완벽한 말하기 = 논리 + 감성

"이런 아내를 버려야겠습니까?"

2002년 4월 초, 새천년민주당의 대통령 후보 선출을 위한 국민경선을 치르던 노무현 후보가 한마디를 던졌다. 한나라당과 언론에서 제기된, 장인의 좌익 전력 시비를 정면으로 돌파하는 발언이었다. 이 한마디로 그의 승기는 더욱 굳어졌고, 정치권은 '노풍'의 회오리에 휩싸였다. '노풍연가'라는 표현이 인터넷을 뜨겁게 달굴 정도였다. 그렇다면 이 말의 전후맥락은 과연 어떤 것이었을까?

"음모론, 색깔론, 그리고 근거 없는 모략, 이제 중단해 주십시오. 한나라당과 조선일보가 합작해서 입을 맞춰 헐뜯는 것 방어하기도 힘이 듭니다. 제 장인은 좌익 활동 하다 돌아가셨습니다. 해방되는 해 실명해서 앞을 못 봐 무슨 일을 얼마나 했는지 모르겠지만 결혼 한참 전에 돌아가셨습니다. 저는 그 사실 알고도 결혼했습니다. 그래도 아이들 잘 키우고 잘 살고 있습니다. 뭐가 잘못됐다는 겁니까. 이런 아내를 버려야겠습니까? 그러면 대통령 자격 생깁니까? 이 자리에서 여러분이 심판해 주십시오. 여러분이 자격이 없다고 하신다면 대통령 후보 그만두겠습니다. 여러분이 하라고 하면 열심히 하겠습니다."[82]

문맥을 분석해보면 이 대목이야말로 전형적인 논리형 호소이다. '그런 사실을 알고 결혼했고, 그래서 아이들 잘 키우고 있는데 무엇이 문제이냐?' 가장 논리적인 반문이다. 그런데 당시 노무현 후보의 한마디를 접한 사람들 대부분은 이 대목을 감성코드로 받아들였다.

정책이나 노선과 관련한 이슈파이팅이 아니라 아내에 대한 지극한 사랑의 표현으로 해석되었기 때문이다. 사람들은 노 후보의 절규에서 '애틋한 사랑'을 발견했고, 그것이 결국 연민 또는 깊은 공감을 불러일으킨 것이다. 후보의 의도와 상관없이 감성코드가 큰 호소력을 발휘한 연설이었다.

정치인 노무현은 사람들과 대화할 때 이야기의 논리적 구성을 우선적으로 추구하는 편이었다. 감성보다는 이성에 호소하는 이야기를 선호했다. 사적인 자리에서는 논리 못지않은 감성을 보이기도 했다. 하지만 전체적으로는 논리로써 사람을 설득하려는 의욕이 강했다.

그러나 그가 대통령의 자리에 오르기까지 정치인으로서 사람들의 마음을 파고들었던 계기를 살펴보면 고비마다 감성코드가 자리 잡고 있음을 발견한다. 그의 말대로 '자고 일어나보니 스타'가 되어 있던 '5공 청문회'의 경우도 그랬다. 시청자들은 증인을 논리적으로 몰아붙이는 매서운 추궁에도 박수를 보냈지만, 재벌총수 앞에서 당당한 모습으로 노동자들의 아픔을 이야기하는 초선의원의 모습에 매료된 측면도 있었다. 종로에서 국회의원을 하다가 다시 부산으로 돌아가 네 번째로 도전했던 2000년 총선의 낙선도 그러했다. 특히 낙선 후의 소회인 '농부가 어찌 밭을 탓하겠습니까?', 그 한마디가 준 감동은 '노사모'를 탄생시키는 기폭제가 되었다.

:

감성적 언어는 논리나 이성보다 강하다

감성적 표현의 강점은 첫째, 대화의 내용이 더욱 풍부해지면서 결국 논리적이고 이성적인 호소보다 더욱 막강한 힘을 발휘한다는 점이다. 청중의 입장에서도 듣는 재미가 있다. 때로는 뭉클한 감동도 선사한다.

> "민생이라는 말은 저에게 송곳입니다. 지난 4년 동안 저의 가슴을 아프게 찌르고 있습니다."[83]

2007년 1월, 신년 연설의 한 대목이다. 감성적인 표현을 가볍게 활용한 사례이다. 공식석상에 선 대통령으로서는 자주 쓰는 표현이 아니었다. '가슴을 아프게 찌른다'는 짧은 표현 하나에 그가 얼마나 '민생'이라는 화두에 깊이 몰두해왔는지 절절한 심경이 담겨 있다. 이 말은 '대통령이 민생을 방기하고 있다'는 야당의 상투적 공격에 대한 방어이기도 했다.

사적인 대화나 인터뷰를 찾아보면 공식 석상에서와 달리 그의 감성적 언어가 많이 등장한다. 특히 2004년 3월 국회가 탄핵소추안을 의결한 전후에는 감성적 표현들이 집중적으로 나타난다. 어쩔 수 없는 상황의 반영이다.

"정말, 무슨 운명이 이렇게 험하죠? 몇 걸음 가다가는 엎어지고…, 또 일어서서 몇 걸음 가는가 싶으면 다시 엎어지고…."[84]

"부산 초량동이 내 정치의 출발점이죠. 초량시장을 누비며 선거운동을 하던 모습이 지금도 눈에 선합니다."[85]

"자갈치 아줌마… 정말 그렇게 애써서 해주셨는데… 제가 이렇게 되었군요. 부끄러울 따름이군요."[86]

둘째, 감성적 표현은 말하기의 시작과 끝에서 적절하게 활용할 수 있다. 실제로 본론은 잘 풀어 나왔지만 마무리가 쉽지 않을 때가 많다. 이럴 때면 본론의 기조에서 벗어나 감성에 호소하는 것도 하나의 방법이 된다.

다만 감성적 표현, 또는 감성에 호소하는 언어는 필요 최소한으로 절제되어야 한다. 이야기의 전반을 감성 기조로 일관하는 것은 추도사와 같은 예외적인 경우로 제한해야 할 것이다.

다음은 2004년 2월, 노무현 대통령이 취임한 지 1주년이 되었을 무렵, KBS로 방송된 도올 김용옥 선생과의 인터뷰 가운데 일부이다. 그는 질문에 답하면서 자신의 심경을 감성적으로 솔직하게 토로했다.

"지금 저로서는 그게 가장 큰 위기지요. 국민들은 불순물이 전혀 없는 완벽하게 깨끗한 물을 바라고 그렇게 참여하고 해줬습니다. 모든 국민들이 그것을 기준으로 한 것은 아닙니다만 어쨌든 그랬습니다. 그랬는데 강물이 이렇게 흘러오면 도시를 지날 때도 있고 또 큰 농토를 지날 때도 있고 그러면서 오염물질이 섞여 들어옵니다. 그러면서 자정하고 섞여 들어오고 정치인의 역정도 그런 거 아닌가 싶습니다. 저로서도 순수한 상태, 깨끗한 상태를 유지하려고 나름대로 열심히 노력했습니다만 그러나 이렇게 오는 과정에서 변명으로 말씀드리면 피하기 어려웠던 그런 과정들이 있었습니다. 대통령이 될 때까지 그 정치를 중단할거냐 계속할거냐의 선택을 고민했던 때도 더러 있었습니다. 있었지만 조금 더 가보자 그래도 이렇게 해서 왔습니다. 왔는데 그 문제에 관해서 제가 지금 할 수 있는 일은 제 스스로 결정하는 것이 아니라 국민들의 결정을 기다릴 수밖에 없습니다. 후보가 되고 나서 처지가 호랑이 등에 탄 사람 처지여서 내릴 수가 없습니다. 그렇고 지금 현재는 제가 어떻든 큰 합승버스에 운전대에 타고 있습니다. 적절한 시기에 국민들의 평가에 의해서 내리라는 명령을 받기 전에 덜렁덜렁 내가 차 세워놓고 내가 내리겠다 할 수도 없는 것이 제 처지입니다. 총선을 거치면서 국민들의 뜻이 어디에 있는지 제가 잘 판단하고 존중해서 처신하겠습니다.[87]

의도한 것인지는 알 수 없지만 자신이 처해 있는 힘겨운 상황을 약간의 감성적 톤으로 전달하고 있다. 시청자들의 입장에서 보았을 때 그렇다는 뜻이다. 이 정도 수준은 큰 무리가 없어 보인다. 그런데 이 수준을 넘어서는 감성은 과잉의 역효과를 볼 수도 있다. 특히 리더를 지향하는 사람의 이야기라면 감성의 충만이 자칫 나약한 모습으로 비칠 수도 있음을 감안해야 한다.

취임 첫해인 2003년. 청와대 참모진은 노무현 대통령에게 주례 라디오연설을 건의했다. 이 구상은 외부에도 알려져 공론화되기도 했다. 고심을 한 대통령은 최종적으로 건의를 받아들이지 않았다. 이때뿐만이 아니었다. 임기 중·후반을 거치면서 국정운영이 고비를 맞을 때마다 라디오연설을 하자는 제안이 있었다. 1930년대 미국 프랭클린 루스벨트 대통령의 노변정담(爐邊情談, Fireside Chat)이 그 모델이었다. 대통령은 계속 소극적 자세를 견지하며 그 이유를 설명했다. 1930년대의 미국에서는 라디오가 유일한 소통 수단이었고, 따라서 라디오를 통해 듣는 대통령의 목소리에 정감을 느끼는 환경이었다는 것이다. 결국 그때는 사람들이 감성적으로 반응할 수 있었던 데 반해, 지금은 인터넷을 통해 시시각각으로 정보가 전달되고 소통이 이루어지는 만큼 라디오연설이 효과적이지 않다는 설명이었다.

그는 감성적 언어의 긍정적 힘을 충분히 인식하고 있는 사람이었다. 즉 감성적 접근이 적지 않은 호소력을 지닌다는 사실을 잘 알고 있었다. 하지만 그는 그런 언어를 가급적 자제하려고 했다. 감성적 장면의 연출도 그다지 내켜하지 않았다. '작위적인 장면'을 극도로 싫어하는 품성 탓이었다.

TV를 시청하던 중에도 일부러 극적인 장면을 연출하는 일부 정치인들의 모습을 접하면 커다란 실망감을 표하곤 했다. 감성에 호소하는 '의도적 연출'에 대한 강한 거부감이 있었다. 어쩌면 이 특별한 고집이 재임 중 낮은 수치를 맴돌던 지지도를 끝내 반전시키지 못한 하나의 이유가 될 수도 있겠다.

왜 '감성적 언어'는 힘이 있는가

1. 대화의 내용이 풍부해진다

감성적 표현의 강점은 무엇보다 대화의 내용이 더욱 풍부해지면서 결국 논리적이고 이성적인 호소보다 더욱 막강한 힘을 발휘한다는 것이다. 청중의 입장에서도 듣는 재미가 있다. 때로는 뭉클한 감동도 선사한다.

2. 말하기의 시작과 끝에서 절묘하게 활용할 수 있다

실제로 본론에 해당하는 이야기는 잘 풀어 나왔지만 마무리가 쉽지 않을 때가 많다. 이럴 때면 본론의 기조에서 벗어나 감성에 호소하는 것도 하나의 방법이 된다. 다만 감성적 표현 또는 감성에 호소하는 언어는 최소한으로 절제될 필요가 있다. 특히 리더를 지향하는 사람의 이야기라면 감성의 충만이 자칫 나약한 모습으로 비칠 수도 있음을 감안해야 한다.

듣는 사람과
하나가 된다

16

어떻게
시작할 것인가

"대통령이 자주 웃는데 국민이 기분이 좋을까 모르겠습니다.
두 정치 지도자가 얘기를 하다 천둥(번개)이 치니 갑자기 싹 웃는데,
왜 그러냐고 물으니 '카메라 플래시인 줄 알았다'고 하더군요."

시작은 누구에게나 고민이다. 그래도 일단 시작하면 꼬여 있던 매듭
이 풀린다. 그런데 어떻게 시작할 것인가? 정치권에서 연설문의 초고를
쓸 당시 나의 경험은 조금 달랐다.

정치권에 몸담고 있는 동안 수많은 글을 썼다. 평균 하루에 한 편의
글을 써야 했다. 그 가운데 절반은 의례적인 축사나 서신이었다. 기고문
도 한 달에 두어 번 써야 했다. 1990년대 초 작은민주당에서 근무할 때
에는 당 명의의 성명서도 작성해보았다. 기자회견문도 두어 달에 한 번
정도는 썼다. 정식 연설문은 수시로 썼다. 전국적으로 지구당 창당대회
가 진행되거나 총선거가 치러질 때면 하루에도 몇 건의 연설문을 만들
어내야 했다. 그 많은 원고를 작성할 때마다 나는 시작을 특별히 고민

하지 않았다. 이유는 간단했다. 축사나 기고문은 대부분 계절인사가 첫 머리였다. 시작을 고민할 필요가 없었다. 그다음에는 계절인사에서 하나의 키워드를 찾아, 그것을 매개로 가볍게 이야기를 풀었다. 한편 연설 문은 대부분 초청에 대한 감사, 또는 참석자들에 대한 언급이 첫머리였 다. 이어서는 당연히 그 즈음 정치권에서 가장 뜨거운 이슈에 대한 발 언이었다. 대부분 정권을 비판하는 내용이었다. 참여정부 시절 대통령 의 연설에서 북핵 문제가 단골 아이템이듯이, 정치권의 연설에서는 으 레 첫머리에 배치되는 사안들이 많았다. 정치권에서는 그렇게 시작에 대한 고민이 크지 않았다.

시작 대목의 '공감'은 특히 중요하다

대통령도 정치권의 일원인 이상, 그의 이야기도 같은 범주 안에 있다 고 볼 수 있다. 그래서 재임 기간 중의 대통령이 이야기를 어떻게 시작 할지를 놓고 특별히 고민하던 모습은 별로 기억에 없다. 그래도 정치인 시절부터 이따금 해왔던 특별강연들을 보면 서두를 어떻게 할지 고민 했던 흔적이 다소 있다. 정치인 노무현, 그리고 대통령 노무현은 중요한 이야기의 서두를 어떻게 했을까?

정치권에 입문한 뒤 그의 첫 연설은 다소 파격적이었다. 1988년 13대 국회에서 그의 첫 대정부질문이 어떻게 시작되었는지 많은 사람들이 기 억하고 있을 것이다.

"존경하는 의원 여러분! 그리고 국무위원 여러분. 부산 동구에서 처음으로 국회의원이 된 노무현입니다. 국무위원 여러분! 저는 별로 성실한 답변을 요구 안 합니다. 성실한 답변을 요구해도 비슷하니까요. 제가 생각하는 이상적인 사회는 더불어 사는 사람 모두가 먹는 것 입는 것 이런 걱정 좀 안 하고 더럽고 아니꼬운 꼬라지 좀 안 보고 그래서 하루하루가 좀 신명나게 이어지는 그런 세상이라고 생각을 합니다. 만일 이런 세상이 좀 지나친 욕심이라면 적어도 살기가 힘이 들어서 아니면 분하고 서러워서 스스로 목숨을 끊는 그런 일은 좀 없는 세상 이런 것이라고 생각합니다."[88]

다른 의원들의 대정부질문은 그 시작에서 총리와 장관들에게 성실한 답변을 요구하는 경우가 많았다. 그런데 그의 연설은 첫 마디부터 의례적인 발언을 부정하는 것이었다. 당연히 시선이 집중되며 장내의 긴장이 높아졌다. 이어지는 내용은 한마디로 '사람 사는 세상'이었다.

초선의원 시절의 파격과는 달리, 1990년대 중반 무렵이 되면 강연의 시작에 그다지 특이한 점이 없다. 다음은 1995년 4월에 있었던 원광대학교 행정대학원 특강의 서두이다.

"여러분 대단히 반갑습니다. 그리고 저를 이 자리에 불러주셔서 대단히 감사합니다. 무척 저는 영광스럽게 생각합니다. 대개 제가 들어오기 전에 들은 얘기로는 이 자리에 계신 분들은 각기 자기 하시는 분야에서 모두들 성공을 하셨고, 또 상당히 많은 사회적 경험을 갖고 계신 분들이라고 그렇게 들었습니다. 그러고 보면 제가 조금도 나을 것도 없는, 더 아는 것도 없고 나을 것도 없는 처지인데 이 자리에서 뭐라고 또 어떤 주제를 가지고 무슨 얘기를 하려고 하니까 무척 두렵고 떨립니다. 그냥 제가 여러분께 무슨 아는 척 강연을 한다기보다 제 인생의 경험이라든지 요 근래 하고 있는 일을 하면서 몇 가지 정리해두고 있는 생각들을 오늘 여기에 와서 여러분들께 이렇게 보면 어떻겠습니까, 또 이렇게 볼 수도 있지 않겠습니까, 이러이러한 문제에 관해서 '제가 요즘 생각하고 있는 바는 이렇습니다'라는 이런 어떤 의견의 제시로 이렇게 받아주시면 고맙겠습니다"[89]

초대에 대한 감사, 그리고 스스로를 낮춘 겸손한 인사가 그 시작이다. 특이한 것은 '무척 두렵고 떨립니다'라는 말이다. 정치인 노무현의 언어로는 익숙하지 않은 표현이다. 아무튼 그때는 그런 느낌을 가졌던 것으로 보인다. 그로부터 6년 반 후인 2001년 10월, 그는 다시 이곳에서 강연을 하게 된다. 새천년민주당의 경선후보 시절이다. 이즈음의 그는 해양수산부장관, 새천년민주당의 상임고문, 또 최고위원을 거치면서 이미 많은 곳에서 두루 강연을 해온 '달인'이었다. 그 시간 동안 어떤 변화가 있었는지, 두 번째 강연의 서두를 보자.

"여러분, 대단히 반갑습니다. 그리고 이처럼 품위 있는 과정에 저를 초청해 주시고 또 제가 말씀드릴 수 있는 기회를 주셔서 아주 영광스럽게 생각합니다. 그리고 원광대학교 행정대학원이 참 좋은 대학원인 것 같습니다. 요새 불경기라서 고위 지도자 과정, 또는 고위 정책과정이 좀 잘 안 되는데 원광대학교 우리 행정대학원 이 과정은 참 잘 되는 것 같습니다. (약간 웃으심) 그렇게 하고, 제가 이제 오늘 강연 주제를…. 미안합니다. 조금 몸의 긴장을 푸시면 좋겠습니다. 혹시 다리를 꼬시거나 자세를 흩뜨리시더라도 제가 아주 편안하게 생각할 테니까요, 좀 편안하게 해주시면 좋겠습니다. 제가 얼어서 꼭 강연을 못한다는 뜻은 아니고요, 자연히 저도 굳어집니다. 굳어지기 때문에 편안하게 좀 생각해주시면 고맙겠습니다."[90]

분위기만으로도 큰 변화가 느껴진다. 그사이에 그는 거칠 것 없던 젊은 정치인에서 대화와 타협을 모색하는 집권여당의 중진 정치인으로 바뀌어 있었다. 강연에서도 한층 여유가 느껴진다. 이제는 오히려 듣는 사람의 경직을 지적하면서 편한 자세로 강연을 들어줄 것을 주문하고 있다. 그 6년여의 시간이 지나는 동안 그는 여러 차례에 걸쳐 큰 연설을 했다. 가장 대표적인 것이 1997년 15대 대통령선거 당시 김대중 후보 지지 의사를 밝힌 TV찬조연설이다. 그 연설의 시작은 다음과 같다.

"존경하는 국민 여러분 안녕하십니까? 노무현입니다. 저는 이번에 또 김대중 후보를 선택했습니다. 그런데 많은 분들이 왜 또 거기를 갔냐? 이렇게 물으십니다. '누가 대통령감이냐?' '누가 대통령이 되어야 이 난국을 극복할 수 있느냐?' 이렇게 묻지 않으십니다. 참 답답한 일입니다. 5년 전에도 그랬습니다. '누가 대통령이 되어야 이 나라가 잘될 거냐?' 이렇게 묻지 않고 '너

왜 거기 줄 섰냐?' 그렇게 물었습니다. 5년 전 김영삼 대통령은 머리는 빌리면 된다….'[91]

방송연설인 만큼 곧바로 본론에 들어갔다. 의례적인 이야기를 할 여유가 없는 것이다. 이때의 연설은 특히 〈그것이 알고 싶다〉 프로그램을 모델로 삼았다. 연설자가 세트 안에서 이동하면서 말하는 방식이었다. 본론 역시 일반인들이 당시의 그에게 쉽게 던지는 말을 예로 들며 시작했다. 사람들이 고개를 끄덕이며 공감할 수 있는 의문으로 시작한 것이다. 시작 대목의 '공감'은 특히 중요하다. 그 한마디로 연설의 전체 내용을 들어줄 수 있는 시청자나 청중이 되기 때문이다.

⋮

듣는 이의 긴장을 풀어주는 '싱거운' 이야기

대통령이 된 이후의 그는 어떻게 이야기를 시작했을까? 위에서 사례로 들었던 원광대학교 행정대학원 두 번째 특강의 연장선상에 있다고 보면 될 것이다. 청와대 내의 공식적인 회의에서도, 관저에서 열린 사적인 오·만찬에서도 크게 다르지 않았다. 그는 언제나 자신과 대화를 나눌 사람의 긴장을 풀어주는 것으로 이야기를 시작했다. 그는 서두에 꺼내는 자신의 이야기를 늘 '싱거운 이야기'로 표현했다. 다음은 2003년 12월 16일에 있었던 국무회의에서의 모두발언이다.

"제가 들어올 때마다 여러분 마주 보면서 자주 웃습니다. 여러분의 느낌은 어떻습니까? 괜찮습니까? 보기에 따라서는 지금 웃을 형편이 아닌데, 국민들은 대통령이 너무 웃지 않느냐 생각할지 모르겠습니다. 대통령이 자주 웃는데 국민이 기분이 좋을까 모르겠습니다. 두 정치지도자가 얘기를 하다 천둥(번개)이 치니 갑자기 싹 웃는데, 왜 그러냐고 물으니 '카메라 플래시인 줄 알았다'고 하더군요. (전체 웃음)"[92]

청와대의 상황이 어둡고 심각한 때일수록 그의 '싱거운' 이야기가 더욱 자주 등장했다. 듣는 이에 대한 배려였다. 2004년 탄핵으로 직무가 정지되었다가 다시 업무에 복귀한 대통령은 연세대학교에서 특강을 하게 되었다. 특강의 서두에서 그는 젊은이들을 만나게 된 기쁨을 이렇게 표현했다.

"여러분, 감사합니다. 존경하는 우리 총장님께서 제게 아주 호의적인 소개를 해주셔서 대단히 감사합니다. 오늘 여러분들 저는 참 반갑고, 또 이 자리가 매우 기쁩니다. 우선 여러분들의 초청을 받았다는 사실이 매우 영광스럽습니다. 그리고 자랑스럽습니다. 오늘 특별히 기쁜 이유 중의 하나는 제가 자유롭지 않은 일을 오늘 할 수 있게 된 것이 매우 기쁩니다. 대통령이 되면 대개 하고 싶은 대로 할 수 있을 것으로 생각했는데, 그게 자유롭지 않습니다. 저는 젊은 사람들 만나서 대화하는 것을 참 좋아하는데 그럴 기회를 가지기가 참 어렵습니다. 오늘 이렇게 나와서 못하던 일을 하니까 얼마나 기쁘겠습니까? 초청해주신 데 대해서 다시 한 번 감사 말씀 드립니다."[93]

2005년 11월에는 신임 사무관을 대상으로 한 대통령의 특강이 있었다. 대통령의 강연을 듣는다는 무게 때문에 경직되어 있는 신임 사무관들을 위해 그는 처음부터 경쾌한 톤으로 특유의 유머를 섞어 이야기를 시작한다.

"감사합니다. 박수 쳐주면 좋죠. 박수가 이게 참 묘약입니다. 말이 막혔을 때도 박수치면 말이 나오고 가슴이 떨릴 때도 박수치면 가라앉습니다. 근데 또 하나 새로운 현상을 본 것 같습니다. 제가 들어오기 전에 여러분들이 많이 긴장하고 있대요. 그런데 들어오니까 긴장한 사람들이 웬 소리를 그렇게 지르는지 모르겠어요. 그래서 '아, 대한민국 신임 사무관들은 긴장하면 소리를 지르는구나!' 반갑지요? 저도 반갑습니다. 아주 반갑습니다. '소문난 잔치에 먹을 것 없다.' 그 말 딱 맞습니다. 소문난 강사 별로 들을 말 없습니다. 여러분과의 강연을 약속해놓고 준비를 안 했습니다. 왜? 강연의 도사니까…"[94]

⋮

의례적 표현 대신 질문을 던져라

현직 대통령만 한 권위와 무게는 가질 수 없었겠지만, 퇴임한 후의 대통령은 어떠했을까? 많은 자료를 뒤져보니 여전히 특유의 '싱거운' 소리가 이야기와 대화의 시작이다. 쉽고 재미있는 이야기를 통해 초반부터 청중과의 공감을 확보하려는 노력이다. 다음은 2008년 11월에 봉하의 사저를 찾아온 충남지역 지인들과의 대화 중 도입 부분이다.

"저도 재미있는 이야기를 할 줄 알고 또 그렇게 했으면 좋겠습니다. 그러나 이 시간에 재미있는 이야기만 하기는 그렇습니다. 어쨌든 제가 정치를 했고 또 국정을 운영했던 사람이고 해서 조금은 무겁겠지만 깊은 뜻이 있는 이야기를 잠시 하는 게 좋겠다는 생각입니다. 재미있고 즐거운 시간은 이따가 만들어서 보내기로 하고 약간 지루하시겠지만 딱딱한 이야기를 조금 하겠습니다. 그래도 맛보기 이야기는 싱거운 걸로 말씀드리면서 시작하겠습니다. 요즘 밤에 잠을 자면 꿈에 가끔 나타납니다. 누군가요. 산신령인지 아니면 도사인지 그것도 아니면 또 하느님 가까이 있는 사람인지 모르겠지만 (웃음) 어쨌든 나타나서 저에게 물어요. '세상을 바꾸었느냐?' 그 말을 딱 들었는데 대답할 수가 없어요. 잠에서 깨고 나서 생각해봐도 모르겠어요. '세상을 바꾸었느냐?' 대답할 수가 없습니다. '영화를 누렸느냐?' 누렸다면 누린 것이지요. 그런데 또 생각해보니까 영화를 누렸다고 말하기에는 너무 억울해요. 이것이 이름을 드러내놓고 정치하는 사람들의 숙명입니다."[95]

이러한 시작은 물론 대통령 급이니까 필요한 것일 수도 있다. 대통령이라는 무게 때문에 경직될 수도 있는 청중이므로 '싱거운' 접근이 효과를 발휘하는 것이다. 대통령의 경우는 다른 사람들에 비해 비교적 '경청하는 청중'이라는 좋은 환경이 존재한다. 이처럼 좋은 환경에서 이야기할 수 있는 사람은 의외로 적을 수도 있다. 의무적으로 강연을 들으러 온 학생, 연수 프로그램의 일환으로 시간을 때워야 하는 직장인이 있을 수도 있다. 이런 유형의 청중을 대상으로 이야기할 때에도 대통령처럼 '싱거운' 시작이 효과적일 수 있을까? 단정할 수는 없지만 그래도 '공감'은 가장 중요한 포인트가 될 것이다. 그 공감을 어떻게 확보할 수 있을지 다양한 방법을 모색해볼 필요가 있다.

긴장감을 희석시킬 수 있는 의례적인 인사는 가급적 생략하는 것이 어떨까? 위의 TV연설처럼 곧바로 본론에 들어가는 것이다. '공감'을 위해서는 물음으로 시작할 수도 있겠다.

"국민 여러분 살림살이 좀 나아지셨습니까?"

괜찮은 방식이다.

"도대체 우리는 오늘 여기에 왜 모인 것입니까?"

짧게 이야기할 것임을 미리 암시하는 것도 좋은 방법이 아닐까?

"저는 오늘 간단하게 세 가지만 이야기하겠습니다."

듣는 사람의 긴장을 풀어주는 법

1. '싱거운' 이야기로 대화를 한다

대화의 상대가 아랫사람이라면 자신과 대화를 나눌 사람의 긴장을 풀어주는 것으로 이야기를 시작하는 것이 좋다. 상황이 어둡고 심각한 때일수록 '싱거운' 이야기는 효과를 발휘한다. 이는 쉽고 재미있는 이야기를 통해 공감을 확보하려는 노력이자 듣는 이에 대한 배려이다.

2. 의례적 표현 대신 질문을 던진다

의례적인 인사는 가급적 생략하는 것이 어떨까? 곧바로 본론에 들어가는 것이다. '공감'을 위해서는 물음으로 시작하는 것이 효과적이다. 본론에서 무엇을 이야기할 것인지 미리 암시하는 것도 좋은 방법이다.

대통령의 말을
기록하는 일

그는 확실히 말 잘하는 대통령이었다. 차별화된 강점이었다. 순간의 임기응변도 뛰어난 편이었다. 이야기를 시작하면 몇 시간도 할 수 있는 사람이었다. 2006년 여름, 고향인 봉하마을의 주민들이 토요일을 이용하여 청와대를 방문한 적이 있었다. 오찬을 함께한 뒤 대화가 이어졌다. 휴일이라 대통령의 다음 일정이 없었다. 그는 국정 현안 전반을 차분하게 설명하기 시작했다. 이야기는 끝없이 이어졌다. 자리에 배석했던 나는 꼬리에 꼬리를 물고 이어지는 이야기가 대단히 신기했다. 그 많은 내용이 어떻게 머릿속에 담겨 있는 것인지, 그것이 어떻게 일련의 순서로 이어지는지 감탄이 절로 나왔다

2004년 7월 초였다. 1년여에 걸친 대변인 생활을 마치고 대통령을 지근거리에서 모시는 제1부속실장이 되었다. 제1부속실장 본연의 책무는 대통령의 사적 일정을 챙기는 일이었다. 나에게는 한 가지 업무가 더 부여되었다. 대통령의 말씀을 기록하는 일이었다. 나는 기꺼이 임무를 수행하기로 했다. 조찬과 오전회의, 오찬과 오후회의, 그리고 만찬에

이르기까지 일상적인 나날이 기록의 연속이었다. 받아쓴다는 것이 생각보다는 쉽지 않았다. 식사시간의 배석과 기록은 밥이 어디로 들어가는지 모를 정도였다. 대통령이 밥을 입에 넣는 순간, 나도 따라 얼른 밥을 먹어야 했다. 다시 이야기가 시작되면 적어야 했기 때문이다. 다른 참석자의 이야기는 키워드만 메모했다. 그래도 외국을 순방할 때나 정상회담의 경우는 조금 수월했다. 다자회의가 아니면 회담이 모두 순차통역으로 진행되므로 받아 적을 수 있는 시간이 두 배로 늘어났다. 영어회화에 능통했다면 조금 더 편하기도 하고 더욱 정확하기도 했을 것이다. 예를 들면 부시 대통령의 이야기를 영어로 기록할 수 있는 것이다. 하지만 영어가 짧은 나는 통역의 이야기를 기록하는 데 그쳐야 했다. 그러면 대통령이 다음 발언 순서가 된다. 결국 한국어가 연속되는 상황인 것이다. 다시 대통령의 말이 영어로 통역되고 부시 대통령의 이야기가 이어지는 동안에는 기록할 내용이 없었다. 짧은 영어가 무척이나 아쉽게 느껴지던 시절이었다. 때로는 자국의 고유어를 반드시 써야 하는 정상도 있었다. 그럴 때면 한국어에서 영어, 영어에서 다시 그 나라의 말로 이중통역이 이루어지는 경우도 있었다. 그럴 때면 받아쓰는 일이 한결 수월했다.

외국 정상과 회담할 때 노 대통령은 비교적 목소리가 큰 편이어서 잘 알아들을 수 있었다. 그런데 가끔 상대국 통역이 한국어를 무척 작은 목소리로 이야기하는 경우가 있었다. 양국의 정상만 알아들을 수 있는 크기의 목소리였다. 그럴 때면 상대국 정상의 이야기는 아예 기록을 포기할 수밖에 없었다.

하루 전체의 일정을 모두 배석하여 받아 적으면 포켓수첩 한 권이 깨알 같은 글자로 채워졌다. 두어 달을 그렇게 하다 보니 '이대로는 안 되겠다' 싶었다. 무엇보다 체력이 문제였다. 어깨도 아파왔다. 오른손 가운뎃손가락 손톱 옆에 큼지막한 펜 혹이 생겼다. 만찬을 끝내고 퇴근할 무렵에는 펜 혹이 퉁퉁 불어 있었다. 차마 그곳에 다시 펜을 갖다 댈 수 없을 정도였다. 그런 다음 날 오전에는 펜을 약지에 기대어 글을 쓰곤 했다. 또 하나의 애로사항은 졸음이었다. 대변인 시절부터의 과로가 이어져 체력이 고갈된 상태였다. 대통령의 일정을 따라가다 보니 약한 체력 탓에 가끔 조는 경우가 생겨났다. 배석은 했지만 정작 수첩에는 아무것도 기록되지 않은 행사들이 가끔 있었다.

노무현 대통령은 항상 일정계획표 상의 예정시간을 초과하여 발언했다. 그 탓에 오전 아홉 시에 시작한 국무회의가 오전 12시를 넘겨 끝나는 경우도 비일비재했다. 12시로 점심 약속을 잡아놓은 관계자들은 연신 시계를 들여다봐야 했다. 대체로 다음 일정이 대통령의 발언을 끝내는 역할을 했다. 다음 일정이 없으면 이야기가 한없이 길어졌다. 어느 날, 관저의 응접실에서 작은 회의를 마치고는 대통령이 일어나기에 나는 수첩을 덮고 손을 털기 시작했다. 그런데 그는 출입문 앞에 선 채로 다시 10여 분 동안 이야기를 했다. 그럴 때면 마음속에서 작은 원망이 생겨나기도 했다.

그렇게 1년 동안 기록한 다음, 방식을 바꾸었다. 펜으로는 도저히 감당할 수 없어서 작은 노트북을 들고 배석했다. '토닥토닥' 키보드 치는 소리가 분위기를 깰까 싶어 망설여왔지만 펜 혹과 어깨 통증 때문에 도리가 없었다. 대통령은 오히려 '좋은 선택'이라며 격려해주었다. 그가 이해찬 국무총리, 정동영 당의장과 함께 식사하는 자리에서도 나는 노트북을 식탁 위에 올려놓고 자판을 두드렸다. 대통령을 찾아오는 손님들이 나의 그런 모습에 점차 익숙해졌다. 독대도 하지 않고 기록을 중시하는 대통령의 철학을 의미하는 상징적인 장면이었다. 그렇게 배석하면 여러 가지 문제들이 쉽게 해결되었다. 회의나 식사 도중 생기는 지시 사항을 내가 전달할 수 있게 된 것이다. 나아가 대통령의 언급이 참석자에 의해 왜곡되어 전달되는 일도 방지할 수 있었다.

노트북을 사용하자 효율성이 훨씬 높아졌다. 수첩은 아무리 빨리 써도 키워드 중심의 메모일 수밖에 없었다. 반면 노트북으로 기록하면서부터는 문장 전체를 받아 적는 일도 가능했다. 포켓수첩의 경우, 나중에 디지털 파일로 변환하기 위해 열어보니 20% 정도가 해독 불능이었다. 내 글씨였지만 나조차 알아볼 수 없을 만큼 휘갈겨 쓴 대목들이 많았다. 걸어가면서 수행하는 도중이나, 승용차 또는 KTX 안에서 받아 적은 기록들이 대부분 그러했다. 해독 가능한 기록 중에도 다시 20% 정도는 왜 그런 이야기를 적어놓았는지 도무지 알 수 없는 내용들이었다. 키워드 중심이다 보니 생기는 한계였다. 노트북의 기록은 그런 문제점이 없었다. 펜 혹도 깨끗이 사라졌다. 다만 어깨의 통증은 계속되었고, 졸음 역시 이겨내기 힘든 벽이었다. 때로는 화면 가득 'ㄴ'자만 찍어놓기도 했다.

수많은 한글 파일들이 생성되었다. 가장 많은 기록을 남긴 참여정부이지만, 가장 많은 말씀도 함께 남긴 대통령일 것이라는 생각이 들었다. 그렇게 노트북으로 다시 1년 넘게 기록했는데, 2006년 말이 되자 힘겨움이 가중되었다. 더 이상 체력이 감당할 수 없었다. 때마침 홍보수석이 공석이 되었는데 내가 물망에 올랐다. 대통령은 나를 임명할 생각을 굳혔다.

나는 고심 끝에 홍보수석을 맡지 않겠다고 보고했다. 한 팀을 이끌어가는 역할이 나에게는 어울리지 않는다는 생각이었다. 대통령은 '자네 생각대로 하게!'라며 나의 의견에 동의해주었다. 사실 대통령으로서는 홍보수석의 역할보다는 자신의 일거수일투족을 기록하는 일이 더 중요하다고 생각했을 것이다. 하지만 계속 그 자리에 머무는 것도 역부족이었다. 결국 2007년 초에 사표를 냈다. 편지를 통해 사의를 표명했더니 대통령이 흔쾌히 수락해주었다. 청와대 바깥에 나가서 그동안의 기록을 우선적으로 정리한다는 조건이었다.

수첩의 기록을 한글 파일로 변환하는 작업부터 시작했지만 여러 가지 사정 때문에 간단치 않았다. 임기 말의 대통령은 여전히 많은 현안과 씨름하고 있었다. 그는 수시로 나를 청와대로 불러 그때그때 자신의 생각을 기록하도록 했다. 지난 기록을 정리하는 일은 속도가 붙지 않았다. 그렇게 대통령의 임기가 끝났고, 한 시대를 기록하는 일이 마무리되었다. 대변인 시절까지 포함하여 업무노트가 100여 권, 작은 포켓수첩이 500여 권, 그리고 1,400여 개의 한글파일이 생성되었다. 이것이 모두 '대통령 노무현의 말'이었다. 수첩을 정리하는 일은 지금도 계속되고 있다.

17

쉬운 언어로
공감을 산다

"경상도식으로 매운탕을 끓이려면,
무가 아니라 '무시'를 '삐데' 썰어 넣고
'꼬치가루'를 팍팍 넣어야 한다."

'명연설' 하면 우선 멋진 표현으로 수식된 문장을 떠올리는 경향이 있다. 물론 멋있는 표현이 있으면 좋을 것이다. 그만큼 전달력도 높아질 것이다. 그러나 미사여구가 명문장의 요건은 아니듯이, 명연설을 만드는 바탕도 멋진 표현만은 아니다. 무엇보다 기본은 이해하기 쉬운 언어이다. 사람들이 쉽게 알아듣고 공감할 수 있어야 명연설의 요건을 갖추는 것이다.

앞에서 마틴 루터 킹 목사의 연설을 이야기했다. 가장 쉽고 간결한 문장인 'I have a dream'이 사람들의 마음을 움직이는 감동의 키워드가 되고 있었다. 마찬가지다. 사람들은 어렵고 현학적인 용어에 감동받는 것이 아니다. 해답은 오히려 쉬운 표현에 있다. 그것은 우리가 일상에서 사용하는 언어일 수도 있다. 대화할 때 대중적 언어를 능수능란하게 구사한 사람이 바로 노무현 대통령이다. 그는 자신의 표현처럼 '현장의 용어'를 중시했다. 후보 시절에는 그런 언어들이 유권자들을 사로잡는 매력이 되기도 했다. 그런데 대통령이 되자 그에게는 새로운 잣대가 들이대어졌다. 그 기준으로 보면 현장의 용어, 대중적 언어는 '대통령의 말'이 아니었다. 그가 자주 사용하던 대중의 언어는 그렇게 또 다른 구설에 올랐다. 2003년 6월, 갓 취임한 새 대통령은 그 고민을 이렇게 이야기했다.

"탈권위의 문화는 시행착오가 있더라도 반드시 추진해보고 싶은 방향입니다. 과거에 우리 한국의 지도자들이 목이 너무 뻣뻣했고 또 가까운 참모들에게도 너무나 두려운 존재여서 앞에서 말도 바로 할 수 없는 그런 존재였습니다. 그래 가지고는 토론도 있을 수 없고 효율적인 토론을 통해 합리적인 결론도 나올 수 없습니다. 기분상의 문제가 아니라 국정의 효율성에 관계된 문제이기 때문에 탈권위 문화는 반드시 추진해야 합니다. (중략) 거칠고 자극적인 표현에 대해서는 제가 송구스럽게 생각합니다. 제가 평소에 대중적 집회를 좋아하고 대중강연을 좋아하고 하다 보니까 대중적 표현 같은 것들을 버리지 않고 많이 가지고 있습니다. 그것이 때때로 나옵니다. 사람 머릿수를 얘기할 때 옛날에 노동자들과 개인적으로 소통하면서 쪽수라고 표현했던 것처럼 그런 것이 가끔 한 번씩 나오는데, 그래서 '깽판' 이런 등등이 나온 것 같습니다."[96]

며칠 후 다른 자리에서도 그는 고민을 거듭 토로한다.

"열심히 했는데 노동자들은 고발이나 해대고 국회의원은 불러다가 야단이
나 치고… 옛날 같으면 '조진다' 했을 것인데 요즘은 조심하느라고 '야단이
나 치고' 이렇게 하니 실감이 안 나요. 그래서… (일동 웃음)."[97]

⋮

'현장의 언어'는 현장의 맥락에서 이해해야 한다

그는 박수와 환호를 받으면 기분이 고조되어 더욱 현장의 언어를 사
용했다. 초선의원이던 1988년 13대 국회 당시 그는 청문회스타가 된 후
에도 전국 곳곳의 노동조합에 강연을 다녔다. 그러던 중 그해 12월에
현대중공업에서 강연한 내용이 언론에 보도되면서 구설에 휘말렸다.
그의 대중연설이 언론에 의해 시비의 대상이 된 첫 사례였다. 당시 언
론이 문제 삼았던 발언 내용들을 살펴보자.

"나는 대한민국 어디에서 출마해도 당선된다."
"나 같은 사람 20명만 있으면 국회도 흔들 수 있다."
"나는 근로자 편에 서 있기 때문에 편파적일 수밖에 없다. 적자 운운은 내
알 바 아니고…"

이것은 〈조선일보〉의 보도이다. 〈경향신문〉을 보면 다음과 같다.

"내가 온 것은 현대중공업 노사분규의 실상이 제대로 보도되지 않았기 때문에 상세히 보도될 것을 기대하고 왔다."

"울산 동구에서는 출마하지 않는다."

"나는 대한민국 어디에서 출마해도 당선된다."

"나 같은 사람 20명만 있으면 국회도 흔들 수 있다."

"근로자 한 사람이 감옥에 가면 석방해달라고 항의를 하고 관철이 안 되면 몽땅 감옥에 갈 각오를 하고 투쟁해야 한다."

이 발언들을 각종 구호와 박수, 그리고 환호가 어우러진 현장에서 했다고 생각해보자. 물론 다소의 과장과 약간의 자기 자랑이 있기는 하다. 40대 초반의 패기 넘치는 초선의원이라면 자신감의 표출이 어쩌면 당연한 것일 수도 있다. 더욱이 그 누구보다 세상을 바꾸려는 의지에 충만해 있던 정치인이었다. 어쨌든 이 발언들이 앞뒤가 잘려 활자화되면서 그는 일순간에 '오만한 국회의원'으로 규정되고 말았다. 이것은 시작이었다.

대통령 재임 중, 그는 수차례에 걸쳐 대화체의 대중연설을 시도했다. 대표적인 것을 꼽아보면, 2004년 탄핵을 거쳐 직무에 복귀한 후 연세대학교 학생들을 대상으로 했던 특강, 2005년 11월에 있었던 신임 사무관 대상 특강, 2006년 12월에 있었던 민주평통자문회의 연설, 그리고 2007년 6월의 '참여정부평가포럼 월례강연'이었다. 이 네 차례의 강연 또는 연설을 할 때에는 나도 수행하여 현장에 참석했다. 좌중을 쥐

락퍼락했다고 할 만큼 재미있는 연설이었다. 누구도 그의 발언이 시비의 대상이 될 것으로 예상하지 못하는 분위기였다. 그런데 다음 날 아침 신문을 보면 달랐다. 큼지막한 활자로 뽑혀 나온 대통령의 발언들은 분명 사고였다. 대통령 스스로도 이러한 고충을 토로한 적이 많았다.

> "제 딴에는 잘하느라 하고… 그런데 저녁에 TV만 보면 기가 죽는다. (일동 웃음, 박수) 그다음 아침에 신문을 보면 기죽는 수준이 아니라 눈앞이 캄캄하다. (일동 웃음, 박수)"[98]

왜 이런 일이 되풀이되었을까? 그의 발언을 맥락으로 이해하지 않고 부분만을 확대했기 때문인 것으로 보인다. 현장에 가면 그는 일종의 '신기'가 발동하는 사람이었다. 분위기가 좋으면 과장법과 반어법도 동원하고 과도한 제스처도 활용했다. 하지만 일부 언론이 보기에 그것은 대통령이 넘어서는 안 될 금기의 영역이었다. 아무튼 많은 논란에도 불구하고 이 네 차례의 강연은 사람들에게 강한 인상을 남긴 명연설로 기억되고 있다. 아이러니한 일이다.

⋮

서민적 언어에서 기발한 비유가 탄생한다

유사한 논란은 대통령 취임 초기부터 시작되었다. '대통령 못해먹겠다'는 대표적인 사례였다. 그 후로도 논란은 계속 이어졌다. 강연 도중

가상의 민원인이 공무원에게 던진 욕을 묘사했는데, 그 표현이 대통령의 것인 양 보도되는 일도 있었다. 2003년 7월 민원제도개선 담당공무원과의 오찬 자리였다.

"민원인들이 '개새끼들! 절반은 잘라야 한다'는 얘기도 합니다."[99]

시비가 있자 며칠 후 다른 기회에 대통령이 직접 억울함을 토로하기도 했다.

"사전 배경설명 잘하고 적극적으로 접촉한다 해도 이런저런 질문을 유도하고, 꼬투리 달린 질문을 통해 거꾸로 이야기되고 보도된다. 1시간 동안 열나게 강의를 했는데 인용한 게 더 크게 보도된다. 예를 들면 '개새끼' 같은 것이다. (일제히 웃음)"[100]

지근거리의 참모로서 그를 보좌하는 동안, 평소의 내 주변에서는 쉽게 들을 수 없었던 대중적이고 서민적인 언어들을 수없이 접했다. 어린 시절에 부모형제나 이웃으로부터 들은 이야기를 기억하고 있는 것인지, 아니면 자신이 여러모로 사고하면서 만들어낸 표현인지는 알 수 없었다. 생소해서 재밌기도 하고 기발해서 웃음이 터지는 표현들이 적지 않았다.

"날아가는 고니 잡고 흥정한다."

연목구어, 또는 '우물가에서 숭늉 찾기'와 같은 말이다.

"절구통에 새알 까기."

그야말로 '누워서 떡 먹기'라는 의미이다.

"소금이 시어질까? 바닷물이 넘칠까? 해삼이 나무에 올라갈까?"

절대로 실현될 수 없는 상황을 빗대는 표현들이었다. 그는 이런 말들을 때로는 참모들에게 소개했는데, 부산이나 경상도 쪽 출신 참모들도 처음 접하는 표현들이 적지 않았다. 이런 표현들이 대화에 등장하면 일단 관심의 대상이 되었다. 계속해서 노무현 대통령의 대중적 언어 또는 그런 표현들을 추려서 소개한다.

"게가 구멍이 크면 죽는다."
(외국 순방 시 엄청나게 큰 숙소 호텔을 보며)

"안방이 단결하면 머슴이 괴롭다."
(제천지역혁신토론회 환담)

"젖만 짜도 될 텐데, 소를 잡자는 것이다."

(오찬, 단기투기자본규제 문제에 대해)

"쇠를 잘 치는 사람이 장구도 잘 친다."

(정문수 신임 경제보좌관 조찬)

"엉뚱한 길목에서 토끼 기다리고 있는 것 아닌가?"

(정문수 신임 경제보좌관 조찬)

"저의 어머니는 '모개(모과) 세 덩어리를 헤아리지 못하더라도 가장은 가장이다'라고 말씀하셨습니다. 자, 이제 노무현은 대통령입니다."

(전국 세무서장 초청 특강 연설)

"혼삿말 하면 장삿말 하고, 장삿말 하는데 혼삿말 한다."

(원내대표단 만찬)

"돈 있으면 형님이고 돈 떨어지면 거지 대접 받는다."

(개헌특위 오찬)

"형님 떡도 싸고 맛있어야 사먹는다."

(프놈펜에서 열린 한·캄보디아 정상회담, 캄보디아에 한국의 전력 관련 기

업들이 들어오면 싸고 좋은 전력을 공급하게 될 것이라며.)

"좋은 말도 해야 하고, 나쁜 말도 해야 한다. 목욕도 안 하고 장가가는가?"
(KTX내 오찬, 한일관계에 대해)

"물젖은 솜이불에 칼질하는 격이다. 아무런 대책이 없다."
(문정인위원장, 이종석 차장 등 외교안보 관련 오찬)

"나무에 앉은 새 욕심내다가 친구 놓치지 마라."
(NSC 보고)

"불에 넣어도 녹지 않는 검증된 재목이 없다."
(방송관계자 오찬)

"힘없는 가장이 집에 가서 마누라한테 얻어터지면 어디 가서 말 못한다."
(방송관계자 오찬)

"전어는 명지 녹산에 가야 한다. 가을 전어 서리에 깨소금이 한 바가지다."
(문성근·명계남·이창동 등 북한산 등산 후 오찬)

"송판에 화살 꽂히는 듯한 감동이 없다."

(준비된 광복절 연설문에 대해)

"경상도식으로 매운탕을 끓이려면, 무가 아니라 '무시'를 '삐데' 썰어 넣고
'꼬치가루'를 팍팍 넣어야 한다."
(진해 해군공관 방문 시 인근의 매운탕 집에서, 경상도식 매운탕을 끓이는
방법을 설명)

다음은 이처럼 짤막한 문구를 넣어서 이야기를 풀어가는 사례들이
다. 모두 상황에 대한 비유로서 이야기의 설득력을 높이기 위한 방법의
하나였다. 먼저 2006년 5월, 정부혁신 및 정책책임성 토론회의에서의
언급이다.

"어릴 때 동네 어른들로부터 많은 속담을 들었습니다. 그중에 '방귀 질 낫자
보리양식 떨어진다'라는 속담이 있었습니다. 손에 좀 익어 뭔가 할 성싶으
면 끝난다는 뜻입니다. 정책홍보시스템을 만드는 과정에서 많은 고통이 있
었습니다. 장관들과 비서실 참모들도 이것이 성공할 수 있을지 의문을 제기
했습니다. 성공하지 못할 것이라고 말하는 사람도 있었습니다. 참 오래 걸렸
습니다. 너무 힘들었다는 생각도 듭니다. 공무원과 손을 맞추어 이 수준까
지 만들었다니 감격한 기분입니다. 그런데 이제 공무원들과 손발을 맞춰 제
대로 해보려고 하니 임기가 다 되어가는 것 같습니다. 속담을 소개하는 것
은 나의 심정이 그렇다는 뜻입니다."[101]

다음은 2008년 10월, 사저 앞에서 방문객과 나눈 대화 중 일부다.

"1930년대에 대공황으로 한 번 앓았던 병이기 때문에 어떻게 하면 이 병을 빨리 회복할 수 있다는 것을 해봐서 요령을 알고 있습니다. 어떻게 하면 병이 생긴다는 것도 그때 해봐서 아는데 그만 욕심 때문에, 부자들이 더 부자 되려고 하는 욕심 때문에 돈을 막 집중시켜서 그 돈 가지고 돈놀이하고 돈 따먹기 하고…, 게다가 돈 따먹기 할 때는 그 노름방에 칩이라는 게 있거든요! 우리 옛날에는 꼬쟁이라 그랬습니다. 나뭇가지를 잘라서 도박을 했다고 '꼬쟁이노름'이라고 그랬습니다. 아무튼 노름방에서는 현금이 아니고 칩을 가지고 하는데, 이 부동산이 제일 좋은 칩입니다. 부동산을 샀다 팔았다 샀다 팔았다 하면 제일 돈이 많이 생깁니다."[102]

명연설의 절대 조건 3

1. 기본은, 이해하기 쉬운 언어다

물론 멋있는 표현이 있으면 좋을 것이다. 그만큼 전달력도 높아진다. 그러나 미사
여구가 명문장의 요건은 아니듯이, 명연설을 만드는 바탕도 멋진 표현만은 아니
다. 무엇보다 기본은 이해하기 쉬운 언어다. 사람들은 어렵고 현학적인 용어에 감
동받는 것이 아니다. 해답은 오히려 쉬운 표현에 있다. 그것은 우리가 일상에서 사
용하는 언어일 수도 있다.

2. 현장의 언어는 현장 속에서 이해해야 한다

말하기는 반드시 그 맥락 속에서 이해되어야 한다. 현장 분위기가 좋으면 과장법
과 반어법도 동원하고 과도한 제스처도 활용할 수 있다. 발언을 맥락으로 이해하
지 않으면 자칫 논란을 불러일으킬 수 있으나, 분명히 사람들에게 강한 인상을 남
기게 된다.

3. 서민적 언어에서 기발한 비유가 탄생한다

어린 시절에 부모형제나 이웃으로부터 들은 이야기든, 아니면 자신이 여러모로
사고하면서 만들어낸 표현이든, 생소해서 재밌기도 하고 기발해서 웃음이 터지는
표현들을 사용해보자. 절대로 실현될 수 없는 상황을 빗대는 표현들이어도 좋다.
이런 표현들이 대화에 등장하면 일단 관심의 대상이 될 수 있다.

18

말솜씨가 아닌
낮은 자세로 마음을 연다

> "저희 아버지가 지어준 이름인데 조금 쑥스럽죠. 제가 무슨 구슬이라고.
> 근데 세상 모든 아버지한테 아이들은 다 구슬이겠죠. 그렇지요?
> (아이들에게) 너희들도 다 옥이다. 음? 너희들도 다 옥이야."

"그때그때 스타플레이어도 좋지만, 시스템플레이어가 좋다."

2005년 1월, 경제보좌관의 보고를 받으며 노무현 대통령이 한 말이다. 장관이나 참모를 이끌고 국정을 운영해야 하는 리더의 입장이 반영되어 있다. 각 분야에서 탁월한 역량을 발휘하는 사람도 물론 필요하지만, 대통령의 입장에서는 홀로 독주하기보다 전체의 균형을 고려하는 참모나 장관들에게 고마움을 느낀다는 뜻이다.

나는 정치권에서 일하는 동안 수많은 사람들을 만나보았다. 다양한 사람들을 접하며 많은 것을 배웠다. 나로서는 행운이었다. 정치권도 사람들이 모여 사는 세상의 일부라 크게 다를 것은 없었다. 그래도 정치

230

권의 사람들은 남다른 유전자가 하나쯤은 있는 듯이 보였다. 뭐랄까, 수동적이 아니고 적극적인 캐릭터이다. 뒤집어 말하면 잘 나서는 성격이다. 노 대통령도 그 점을 콕 집어 이야기한 적이 있었다. 2008년 10월, 방문객과의 대화이다.

"정치를 하고 국회의원이 되고 대통령이 되고 그렇게 남 앞에 나서는 사람들은 타고나기를 남 앞에 나서기를 좋아하는 사람들입니다. 그건 본능적으로 그렇습니다. 안 그런 사람도 있나? 별로 없습니다. 초등학교 한 반에서 소풍을 가면요, 앞에 가서 노래하라고 하면 뒤로 다 빠지는데, 누군가 한 놈이 딱 하기 시작하면 그다음부터 둘 나오고 셋 나오고, 그 반 학생들 열추 다 나와버립니다. (중략) 자기를 표현하게 돼 있는 것, 남을 지배하고자 하는 것, 더 많이 가지고자 하는 것, 이런 것은 유전자 속에 박혀 있는 본성이기 때문에 이건 모든 사람이 다 가지고 있는 것입니다. 그중에서 이런 쪽이 계속해서 후천적으로도 발달한 사람이 결국 남 앞에 나서는 것입니다."[103]

말하자면 정치인들은 대체로 '스타플레이어'의 기질을 갖고 있다는 의미이다. 하지만 그런 특성조차도 스펙트럼처럼 다양하게 분화되어 있는 것이 사실이다. 독불장군처럼 앞만 보고 달리는 사람이 있는가 하면, 반대로 동료나 후배들을 챙기며 전체의 조화를 중시하는 사람도 있다. 국회에서 정책질의를 할 때면 상대의 답변은 듣지도 않고 자신의 이야기만 하다가 시간을 마치는 사람이 있다. 반대로 대답을 끝까지 경청하며 차분하게 질의하는 사람도 있다. 각각의 캐릭터 모두 장단점이 있기에 어느 쪽이 선(善)이라고 판단하기는 쉽지 않다.

:

사자후 연설 vs 청중과의 대화

말하기의 세계에서는 어떨까? 우선 청중의 이해 정도와 상관없이 자신이 하고 싶은 말을 사자후로 토해내는 사람이 있다. 공감보다는 자신의 메시지를 일방적으로 전달하는 데 주력하는 유형이다. 청중의 집중력을 끝까지 붙들고 있을 만큼 탁월한 말솜씨의 소유자라면 충분한 효과를 볼 것이다.

반면에 말솜씨는 평범하고 목소리의 고저장단도 없어서 호기심이나 긴장감을 불러일으키기 어렵다면 다른 방법을 생각해볼 필요도 있다. 자신의 생각을 강하게 주장하기보다는 우선 최소한의 '공감'을 목표로 삼는 것이다. '공감'을 도모하는 방법이 있다. 첫 번째 방법이 바로 청중과의 대화이다. 노 대통령의 표현을 빌리자면 '스타플레이어'가 아니라 '시스템플레이어'가 되는 것이다. 이야기하는 도중 계기가 있을 때마다 문답을 주고받을 수도 있고, 반문을 던져 대답을 유도할 수도 있다. 청중과의 호흡을 유지하는 것이다. 다음은 퇴임한 노무현 대통령이 2008년 8월 초에 봉하의 사저 앞에서 방문객들을 상대로 이야기를 나눌 때의 기록이다.

대통령 : 반갑습니다! (박수) 생가 보러 오셨죠?

방문객 : ('예' 하는 이들, '아니오' 하는 이들 있음)

대통령 : 저 보러 오셨어요?

방문객 : (예!)

대통령 : 이제 보셨죠?

방문객 : (웃음) ("얼굴이 너무 좋습니다", "잘생겼어요." 하는 이 있음)

대통령 : 아이 감사합니다. 참 젊을 때 좀 듣고 싶었던 소린데, 젊을 땐 아무
도 안 하더라고요.

방문객 : ("지금이 젊으세요" 하는 이 있음)

대통령 : 예?

방문객 : ("지금이 젊으시다고요" 하는 이 있음)

대통령 : 아, 한물갔습니다.

방문객 : (웃는 이들 있음) ('한 번 더 해도 됩니다' 하는 이 있음)

대통령 : 예?

방문객 : ('한 번 더 하셔도 됩니다' 하는 이 있음)

대통령 : 예, 그거 저도 안 하고 싶지만 법적으로 못하게 되어 있고, 또 법이
허용한다 해도 또 나간다 하면 국민들이 저를 벼랑 끝으로 차 버릴
것입니다.

방문객 : ('많이 지지하실 겁니다' 하는 이 있음)

대통령 : 저 보셨죠? 이제, 그러면 안녕히…

방문객 : (아….)

대통령 : 못 가십니까?

방문객 : (일동 '예')

이제 그의 이야기가 본격적으로 시작된다. 자신이 직접 봉하마을 곳곳의 풍광을 가리키며 설명한다. 그러다가 다시 방문객들과의 문답이 이어진다.

대통령 : 그러니까 저는 이제 여기 아랫집에서 나서 윗집에서 죽는 겁니다. 그런데 이 두 집을 비교해보면, 어때, 학생, 어린이? 이 두 집을 비교해보고 느낌이 어때요?"

방문객 : ("윗집이 더 좋아 보여요" 하는 아이 있음)

대통령 : 음? 좋아 보여? 또? 그쪽 어린이도 한번 얘기해보자. 이 집하고 뒷집하고 비교해보니까….

방문객 : ("뒷집이 비싸 보여요" 하는 아이와 웃는 이들 있음)

대통령 : 웅? 이 집이? 아, 역시… 역시 시장경제 시대라서… 음. 어떤 느낌이 들어요? 저는 이런 대답을 기대했습니다. '아, 출세했네.' 그렇지? 이 집에서 나서 이 집에서 죽게 됐으니까 일생 동안 '출세했다' 이 말 아니겠냐, 그렇지?

방문객 : ("예" 하는 아이들 있음)

대통령 : 공부 열심히 해라.

어린 학생들과의 대화도 스스럼이 없다. 다시 마을 소개가 이어진다.

대통령 : 그래서 그런지 절이 이어져 내려와서 저기에 신라시대의 석불이라고 하는 부처님이 한 분 계신데, 옛날엔 앉아 있다가 그 뒤에 허리가 좀 아파서 누워 계십니다, 지금은. 바위가 무너져 넘어져서 누워 계시고, 절은 없어지고. 기왓장만 지금 남아 있습니다. 그… '깨어진 기왓장만 옛날 같구나' 이런 노래가 있죠? 모르세요?

방문객 : ('예' 하는 이들 있음)

대통령 : 백마강 달밤에 물새가 울어… 2절에 가서 '깨어진 기왓장만 옛날 같구나.'

방문객 : ('들어볼까예?' 하는 이들과 웃는 이들 있음)

대통령 : 예, 나중에… (박수) 이게 노래방 기계도 없고, 또 술도 한 잔 없는데 되겠습니까?

문답이 이어지는 과정에서 편안한 분위기가 만들어지고 친밀감이 고조된다. 상대방이 어른이든 어린이든 관계없이, 듣는 이의 눈높이에서 대화를 주고받는다. 자연스럽게 대화가 오가면서 이야기하는 사람과 듣는 사람이 한층 더 가까워지고 격의가 없어진다. 적극적으로 청중과 함께 호흡하는 것이다. 이야기는 계속된다.

"학산(鶴山)입니다. 요 마주 있는 산이 뱀산이고요. 제가 뱀산 자락에 토

담집을 짓고 고시공부를 했거든요? 그 토담집 이름이 마옥당입니다. 갈마
(磨)자 구슬옥(玉)자. 옥을 가는 집이죠. 지금은 무너지고 없습니다. 저희 아
버지가 지어준 이름인데 조금 쑥스럽죠, 제가 무슨 구슬이라고. 근데 세상
모든 아버지한테 아이들은 다 구슬이겠죠, 그렇지요? (아이들에게) 너희들
도 다 옥이다, 음? 너희들도 다 옥이야. 아빠 엄마가 볼 때는, 웅? 열심히 해
라."[104]

이처럼 편안한 분위기로 대화를 이어나갈 수 있는 힘은 어디서 나오
는 것일까? 탁월한 말솜씨가 아니라 낮고 열린 자세이다. 그렇게 청중
과 호흡을 맞추려고 노력하다 보면 남녀노소 누구와도 편안하게 소통
할 수 있는 것이다. 노무현 대통령의 말하기가 갖는 특별한 강점이다.

⋮

'애드리브'와 '문답'은 탁월한 소통법이다

'공감'을 부르는 두 번째 방법은 현장의 애드리브이다. 듣는 이의 반
응을 보고 적절하게 다시 대응하는 것이다. 여기에는 물론 순발력이 뒷
받침되어야 한다. 노 대통령의 경우 이러한 방법에 남달리 강한 면모를
보였다. 2004년 9월, 러시아를 방문하는 계기에 그는 모스크바 대학교
에서 강연했다. 일문일답을 하는 과정에서 어떤 여학생이 물었다.

"다시 20대로 돌아가면 가장 먼저 무엇을 하고 싶으신가요?"

대통령은 곧바로 대답했다.

"우선 대학생이 되고 싶습니다. 그것도 오늘 이 자리에 와보니까 모스크바의 대학생이 됐으면 좋겠습니다."

'모스크바의 대학생'이라는 표현에 박수가 나왔다. 그러고는 다음 문답까지 이어졌는데, 그때 그가 앞의 질문에 대해 다시 짧은 답변을 덧붙였다. 현장의 반응을 보며 아무래도 한 마디를 더해야겠다는 욕심이 생긴 것이었다.

"다음 질문을 받는 대신에 한마디 보태겠습니다. 20대로 돌아가서 모스크바 대학생이 되면 이 자리에 있는 여학생 중 한 명과 결혼하고 싶습니다."[105]

강당 내부에 박수와 함께 큰 웃음꽃이 터졌다.

2004년 12월, 이라크에 파병된 자이툰 부대를 전격 방문했을 때에도 이와 유사한 애드리브가 있었다. 여군의 질문을 받은 노 대통령의 대답이다.

"이 병장, 복무 기간 연장한 만큼 몇 배의 성과를 거두기 바랍니다. 건강한 군대생활 하십시오. 그리고 김 대위 보고 잘 받았습니다. 김 중사, 저에게 잘생겼다고 해줘서 감사합니다. (폭소) 그 말은 두 배로 돌려드리겠습니다.

참으로 아름답습니다. 제가 대통령이고 아내가 있고 나이도 많습니다. (폭소) 가슴이 울렁거릴 자격이 있는지 모르겠지만 참으로 아름답습니다. 감사합니다."[106]

듣는 이와의 호흡은 공감의 토대를 마련한다는 점에서 특별히 중요하다. 나아가 현장의 상황에 반응할 수 있다면 최고의 화자가 될 수 있다. 주고받는 대화가 당장은 어색하다면, 최소한 현장의 특별한 상황이나 그 지역과의 인연 등에 대한 언급으로 듣는 이와의 거리감을 좁힐 필요가 있다.

재임 중의 노무현 대통령은 청와대에 단체로 손님을 초청한 경우, 자신의 이야기가 끝나면 반드시 일문일답을 주고받는 시간을 가졌다. 외국 순방 때 현지 동포들을 만나도 꼭 일문일답을 했다. 돌발성 질문도 있었고, 대답하기 난처한 물음도 있었지만 그는 그 시간을 피하지 않았다. 그 모두가 소통을 위한 노력이었다. 2004년 말에는 남미 순방길에 오르면서 미국 LA에서 1박한 적이 있었다. 당시 동포간담회의 일문일답 과정에서 어떤 교민이 '자이툰 부대를 방문하는 게 어떻겠냐?'고 의견을 물어왔다. 그는 남미 순방을 마친 후, 곧바로 자이툰 방문을 준비하라고 지시했다. 인과관계는 분명치 않지만, 그런 과정들이 있었기에 결국 실제의 방문 결단으로 이어진 것이 아니었을까.

편안하게, 대화를 이어나가는 힘

1. 주장보다는 '공감'을 목표로

자신의 생각을 강하게 주장하기보다는 우선 최소한의 '공감'을 목표로 삼는 것이다. '공감'을 도모하는 기본적인 방법이 있다. 바로 청중과의 대화이다. 이야기하는 도중 계기가 있을 때마다 문답을 주고받을 수도 있고, 반문을 던져 대답을 유도할 수도 있다.

2. 말솜씨보다는 '낮고 열린 자세'로

상대방이 어른이든 어린이든 관계없이, 듣는 이의 눈높이에서 대화를 주고받는다. 자연스럽게 대화가 오가면서 이야기하는 사람과 듣는 사람이 한층 더 가까워지고 격의가 없어진다. 적극적으로 청중과 함께 호흡하는 것이다.

3. 대응은 '애드리브'와 '문답'으로

'공감'을 부르는 효과적 도구는 바로 현장의 애드리브이다. 듣는 이의 반응을 보고 적절하게 다시 대응하는 것이다. 여기에는 물론 순발력이 뒷받침되어야 한다. 현장의 상황에 반응할 수 있다면 최고의 화자가 될 수 있다. 주고받는 대화가 당장은 어색하다면, 최소한 현장의 특별한 상황이나 그 지역과의 인연 등에 대한 언급으로 듣는 이와의 거리감을 좁힐 필요가 있다.

19

실수하더라도
대화하듯 말하는 게 좋다

"대화하는 과정에서 역설과 반전을 통해 분위기 있게 이야기할 수 있는데
끊임없는 갈등이 있다. 솔직하고 친근한 지도자와
그렇게 해서는 안 된다는 관념 사이에서 끊임없이 갈등하고 있다."

2005년 12월, 노무현 대통령이 말레이시아를 방문했을 때의 일이다.
다른 순방국에서와 마찬가지로 한국과 말레이시아의 경제인들을 대상
으로 만찬 간담회를 가졌다. 이날 그는 준비된 원고를 읽었다.

"세렘반(Seremban)에 있는 한국투자기업단지는 이러한 협력의 가능성을 보
여주는 대표적인 사례입니다."

이 대목을 읽은 후 그는 원고로부터 눈을 떼었다. 그러고는 청중을
바라보며 대화하듯 이야기했다.

240

"제가 가지고 있는 원고에는 세람반단지가 말레이시아 GDP의 1.5%를 차지한다고 적혀 있습니다. 이 단지의 공장을 방문해서 들은 것은 2%라는 것이었습니다. 서울에서 비행기 타고 6시간 오는 동안 0.5%포인트가 늘어난 셈이죠."[107]

장내에 웃음과 함께 박수가 터졌다.

"이거 어차피 현장 가면 다르게 말하실 거 아니에요?"

참여정부 청와대에서 대변인으로 일하던 시절, 기자들에게 자주 들은 질문이다. 그날 대통령의 일정과 함께 배포된 연설문 보도자료를 보며 출입기자들이 묻곤 했다.

"이거 기사 미리 써놓았다가 두 번 일할 것 같은데…"

"오늘은 아마 그냥 읽으실 겁니다. 직접 수정하신 연설입니다."

대답은 이렇게 하지만, 자신이 없기는 나도 마찬가지였다.

대통령의 일정이나 행사 및 연설 관련 보도자료들은 대부분 '엠바고(Embargo, 어떤 기사의 보도를 일정 시간 유보하는 것)'가 걸린다. 청와대 바깥에서 치러지는 일정은 경호상의 이유로 더욱 그렇다. 행사가 시작되어야 비로소 보도가 가능하다. 기자들은 그 시점에 내보내기 위해 기사를 사전에 작성한다. 예를 들면 이렇다.

"노무현 대통령은 오늘 27일 제2회 오송 국제바이오심포지엄에 참석해 특별연설을 했다. 연설에서 '과학기술력이 승부를 결정짓는 결정적 요인'이라고 전제한 뒤 '과학기술력을 가진 사람이 경쟁에서 승리하고 권력자가 될 것'이라고 말했다."

'사전에 배포된 연설문'이라고는 굳이 쓰지 않는다. 그리고 대통령이 준비된 원고를 읽으면 기자의 일은 그것으로 끝난다. 그런데 참여정부 노무현 대통령 시절에는 한 가지 절차가 더 남아 있었다. 과연 그가 배포된 원고대로 이야기했는지 한 번 더 확인하는 과정이었다. 준비된 원고에는 없는 이야기를 하는 경우가 적지 않았기 때문이다.

위의 사례는 현장에서 애드리브가 삽입된 경우이다. 이것은 불가피한 상황이다. 준비한 원고에 인용된 수치가 잘못된 것으로 확인되었기 때문이다. 이와 유사한 사례는 또 있다. 2003년 7월의 중국 칭화대학 방문 연설이다.

"제가 한국에서 연설을 준비할 때 500명이 넘는다고 알고 그렇게 적어왔는데, 조금 전에 총장님 말씀을 들으니까 600명 정도가 된다고 하는 것을 보면, 제가 중국을 방문하는 동안에도 100명이 늘어난 모양입니다. (일동 박수)"[108]

이 정도쯤이야 기자들도 큰 불평 없이 넘어갈 수 있다. 문제는 이것보다 더 심각한 경우였다. 노무현 대통령은 준비한 원고를 아예 덮어두고 전혀 다른 이야기를 한 적이 많았다. 그럴 때마다 춘추관 기자실에는 크고 작은 비상이 걸리곤 했다.

:

낭독하면 달변이 묻힐 수 있다

그는 마지막 순간까지 최선을 다하는 사람이었다. 큰 활자로 출력된 '낭독본'을 들고 가서도 현장의 상황을 확인하며 원고를 고쳤다. 가는 도중에도 끊임없이 더 좋은 표현과 설득력 있는 비유를 고민했다. 앞 순서의 사람이 인사말을 통해 이미 한 이야기는 원고에서 과감히 삭제했다. 꼭 말해야 할 내용이면 낭독이 끝난 후에도 수 분 간에 걸쳐 이야기를 덧붙였다. 다음은 2003년 7월 31일에 있었던 사스 방역 평가보고회 당시 대통령의 언급이다.

"제게 주어진 시간이 8분인데 넘었죠. 항상 이거 때문에 보고 읽으라고…. 아마 가서 지적받을 것입니다. 보고 읽으라고 써줬는데 딴소리… (박수) 대체로 보고 읽는데 적어놓은 걸로 표현할 수 없는 감동을 받으면… (박수)."[109]

그는 수시로 원고에 없는 이야기를 했다. 그리고 형식에 얽매일 필요가 없는 일정에서는 원고를 읽기보다는 대화체를 선택했다. 메모가 있긴 했지만 키워드 중심의 텍스트였다. 일각에서는 '대화체'가 '대통령답지 않다'고 지적하곤 했다. '즉흥적 발언'이 '말실수'나 '실언'으로 이어진다는 것이었다. 이런 지적이 부담스러웠는지 임기 말인 2007년 1월, 그는 신년 연설에서 직접 그 속내를 토로하기도 했다.

"연설문을 읽어야 하는가? 강연처럼 자유롭게 할 것인가? 읽으면 지루할 것이고, 자유롭게 말로 하면 '대통령이 그렇게 해도 되는 것인가?' 하는 시비가 걱정됩니다."[110]

임기 말이 되어서야 이러한 고심이 시작된 것은 물론 아니다. 시비는 이미 임기 초부터 시작되고 있었다. 다음은 2003년 5월에 있었던 언론사 편집국장 및 보도국장 오찬간담회에서의 언급이다.

"대화하는 과정에서 역설과 반전을 통해 분위기 있게 이야기할 수 있는데 (중략) 끊임없는 갈등이 있다. 솔직하고 친근한 지도자와 그렇게 해서는 안 된다는 관념 사이에서 끊임없이 갈등하고 있다. ('대통령 못해먹겠다'는 표현 관련) 5·18 간부들과의 만남도 학생들의 선처를 구하러 온 것이고 선처를 약속하지는 않았지만 만난 이상 거절 못하고 수긍할 수밖에 없는 분위기였다. 반어법과 역설화법을 쓰지 말고 쓰인 대로 읽는 대통령, 약한 모습과 인간적으로 고뇌하는 모습을 보이는 대통령 사이에서 갈등하고 있다. 아직 결론을 못 내고 있다. 국민이 불안해할 때 강한 모습을 보이고, 편안해할 때 편한 모습을 보이는 것으로 타협을 해보려고 한다."[111]

노무현 대통령은 쓰인 원고를 낭독하기보다는 확실히 대화체 연설을 선호했다. 이유는 무엇일까? 그는 자타가 공인하는 '달변'이었다. 그런 만큼 대화체 연설에 강했다. 말하기 솜씨가 있는 만큼 '대화체'는 큰 설득력을 담보할 수 있었다. 반면 낭독형에서는 '달변'이 차별화될 수 없었다.

물론 대통령 재임 시절의 연설을 분류하면 낭독형이 압도적으로 많았다. 그는 대부분의 주요행사에서 준비된 원고를 읽었다. 2~3주일 전부터 그가 구술한 내용을 압축한 것이었다. 때로는 두어 달 전부터 구술이 이루어지기도 했다. 신년 연설, 삼일절, 광복절, 국회 연설 등이 그런 사례였다. 자신의 생각과 혼을 100% 담아낸 연설이었다. 주요연설의 경우 구술하는 데에만 보통 두세 시간이 걸렸다. 그 내용을 연설비서관실이 30분 내외로 압축했다. 여기서 두 가지 방식의 큰 차이점이 확인된다. 바로 시간이다.

원고로 쓰인 연설은 대체로 군더더기 없이 정제되어 있다. 전달해야 할 메시지들을 주어진 시간 내에 소화되도록 정리한다. 편하게 대화체로 하면 한 시간이 필요한 이야기가 10~15분 정도의 분량으로 압축된다. 결국 같은 시간에 2~3배의 내용을 전달할 수 있는 셈이다. 준비된 원고의 최대 강점이다. 그러나 이는 동시에 최대의 약점이기도 하다. 정제되고 압축된 연설은 아무래도 밋밋하다. 노 대통령의 준비된 연설은 특히 그랬다.

말 잘하고 싶다면 '원고 없는 말하기'를 훈련하라

낭독형 연설문의 경우 그는 미사여구를 쓰지 않았다. 수사도 많이 사용하지 않는 편이었다. 군더더기 없는 건조한 문체였다. 그런 글을 낭독하면 건조한 느낌이 더욱 배가된다. 건조한 연설은 듣는 이의 입장에서도 긴장과 집중을 유지하기가 쉽지 않다. 내용을 제대로 전달받기 어렵다는 의미이다. 어쩌면 '국민교육헌장' 같은 느낌이 들 수도 있다.

"우리는 민족중흥의 역사적 사명을 띠고 이 땅에 태어났다…"

압축적이면서도 건조한 문장의 상징이다. 좋은 표현과 문구들이 계속되고 있지만 그 뜻을 쉽게 이해할 수는 없다. 반면 대화체 연설은 잘하면 한 편의 수필과도 같은 느낌을 전달할 수도 있다. 누구나 쉽게 알아들을 수 있다. 그런 만큼 연설에 대한 집중도도 높아진다.

그렇다고 대화체 연설이 무조건 유리한 것만은 아니다. 말하기 실력이 뒷받침되지 않으면 오히려 역효과를 보게 된다. 그냥 원고를 읽었다면 듣지 않았을 "그 사람 말 되게 못하더라"라는 이야기가 나올 수도 있다. 어눌한 사람이 대화체로 연설할 경우 불안함과 위태로움을 느끼는 것은 연사가 아니라 청중이다. 그렇게 되면 메시지의 효율적인 전달은 이미 실패다. 이럴 때면 준비된 원고를 읽는 것이 백번 유리하다.

말하기 실력이 어느 정도 수준에 있다면 원고 없는 연설을 권하고 싶다. 현장에서 청중과의 호흡도 가능하고 필요하면 문답도 할 수 있다. 노 대통령의 사례처럼 임기응변과 순발력으로 깊은 인상을 남길 때도 있다. 아무래도 시간은 더 많이 소요될 것이다. 때로는 중언부언을 하게 될 수도 있다. 그런 약점에도 불구하고 말을 잘하고 싶은 사람이라면 부단히 대화체 연설을 훈련하는 것이 좋겠다.

노무현 대통령이 대화체 연설을 선호한 데에는 또 다른 이유가 있었다. 그는 항상 금기나 성역에 도전하는 캐릭터였다. '대통령이라면…'이라는 고정관념도 그가 극복하고 싶은 선입관이었다. '모름지기 대통령이라면 무게와 권위가 있어야…'라는 시중의 통념이었다. 그는 그것을 깨고 싶어 했다. 취임 초기에는 대화체 연설을 하며 때로는 속어도 쓰고 때로는 투박한 사투리도 활용했다. 소탈한 모습을 통해 '친구 같은 대통령'을 구현하려고 했다. 일부 언론은 정확히 그 지점을 공격했다. 문장의 앞뒤를 잘라내어 그것을 '대통령답지 않은 표현'으로 규정했다. '대통령 못해먹겠다…'도 대표적 사례의 하나였다.

'표현'을 놓고 공방이 오갈 때마다 대통령의 지지도는 떨어졌다. 임기 후반, 그는 결국 '자신의 말투에 부족함이 있었다'고 토로하기도 했다. 그의 파격적인 시도는 성공하지 못했다. 어쩌면 시기상조였을지도 모른다. 그의 현실은 여전히 정제된 언어를 구사해야 인정받는 대한민국의 대통령이었다.

욕심내지 말고 3가지 포인트만 압축하자

그럼에도 역설적인 사실이 하나 있다. '대통령답지 않다'는 공격을 받
긴 했지만 그래도 대화체 연설이 오히려 명연설의 반열에 많이 올라 있
다는 사실이다. 이미 인터넷 공간에서 명연설로 회자되고 있는 '대선출
마선언'이 대표적이다. 2001년 말 '노무현이 만난 링컨' 출판기념회 계기
에 '600년 기회주의 역사의 청산'을 역설했던 명연설이다. 앞에서 말했
듯이 재임 중에도 이와 비슷한 사례의 명연설이 많다.

반대의 사례도 있다. 행사의 계기나 중요성, 그리고 준비에 투입된 공
력을 감안할 때 명연설이 될 가능성이 높음에도 불구하고 낭독형이라
는 한계 때문에 각광받지 못한 사례들이다. 2002년 4월 새천년민주당
대통령 후보로 확정되는 순간의 '수락연설'이 그랬다. 2003년 2월의 '대
통령 취임사'도 마찬가지였다. 1년 중 가장 비중이 높다는 '광복절 연설'
의 경우도 재임 중 다섯 차례 모두 특별한 인상을 남기지 못했다. 다만
여기서도 예외는 있다. 2006년 4월 '한일관계에 대한 특별담화문', 일명
'독도 연설'이다.

외국 순방이나 정상회담과 관련해서는 의례적인 행사가 많은 만큼
준비된 원고를 낭독하는 것이 자연스러웠다. '환영사'나 '만찬사'가 그런
사례들이다. 여기서도 역시 예외가 있었다. 그는 '현지 경제인들과의 대
화' 자리에서만큼은 가급적 대화체 연설을 고수했다. 방문국의 경제인
들을 상대로 한국의 상황을 설명하고 투자를 요청하는 자리였다. '비

즈니스 포럼' 또는 '경제인간담회'와 같은 행사였는데, 격의 없는 대화체 연설을 통해 설득력을 높이려는 것이었다.

순방국 현지에서 열리는 '동포간담회' 역시 대화체로 소화했다. 교민들을 만나는 자리였는데, 방문하는 도시마다 크고 작은 규모로 예외 없이 치러졌다. 다른 행사와 달리 서너 명의 출입기자가 행사의 시작부터 끝까지, 특히 대통령의 이야기 전체를 노트북으로 받아쳤다. 해외에 사는 교민이 청중이라는 점을 감안하여 국내외 정치 현안을 설명하는 일이 많았다. 당연히 많은 기사가 쏟아졌다. 그런 탓에 임기 중반 무렵부터 기자들은 이 행사를 '공포간담회'라고 부르기도 했다.

많은 명연설이 탄생했지만, 대화체는 역효과나 부작용으로부터 자유롭지 못했다. 큰 흐름보다는 한두 가지 표현이 문제로 부각되면서 부정적인 기사가 잇따랐다. 그래도 그는 대화체 연설을 포기하지 않았다. 퇴임 후에는 봉하마을의 사저 앞을 찾아온 방문객들을 상대로 짧게는 30분, 길게는 한 시간이 훨씬 넘는 대화체 연설을 하루에도 수차례씩 소화했다.

이제 결론이다. 설득력을 높이고 싶다면 준비된 원고를 낭독하기보다는 대화체 연설을 선택해야 한다. 말하기 실력은 역시 대화체 연설에서 판가름 난다. 만일의 경우를 대비해 원고를 준비해두면 더욱 좋을 것이다. 준비과정에서 대화체로 이야기할 내용들이 일목요연하게 정리될 수도 있다. 말하기 실력을 키우고 싶다면 기회가 있을 때마다 부지런히 대화체 연설을 시도해야 한다. 작은 모임, 송년행사, 가족잔치 등 인사말을 할 기회는 누구에게나 주어진다. 욕심내지 말고 짧게 세 가지 포인트만 압축적으로 이야기해보자. 머릿속으로 숙지해두어도 좋고, 메모로 키워드를 정리해두어도 좋다. 물론 감당하기 어려울 만큼 중요한 자리라면 미리 원고를 준비하여 자연스럽게 읽으면 좋을 것이다.

'대화의 달인'들은 왜 원고를 읽지 않는가

1. 낭독하면 달변이 묻힐 수 있다

진정한 달변가는 출력된 '낭독본'을 들고 가서도 현장의 상황을 확인하며 원고를 고친다. 끊임없이 더 좋은 표현과 설득력 있는 비유를 고민하는 것이다. 또한 이미 한 이야기가 있다면 원고에서 과감히 삭제하거나, 꼭 말해야 할 내용이면 낭독이 끝난 후에도 수분간에 걸쳐 이야기를 덧붙일 줄 안다. 말하기 솜씨가 있는 만큼 '대화체'는 큰 설득력을 담보할 수 있다. 반면 낭독형에서는 '달변'이 차별화될 수가 없다.

2. 말하기의 설득력과 몰입도를 높일 수 있다

건조한 연설은 듣는 이의 입장에서도 긴장과 집중을 유지하기가 쉽지 않다. 내용을 제대로 전달받기 어렵다는 의미이다. 반면 대화체 연설은 잘하면 한 편의 수필과도 같은 느낌을 전달할 수도 있다. 누구나 쉽게 알아들을 수 있다. 그런 만큼 연설에 대한 집중도도 높아진다. 현장에서 청중과의 호흡도 가능하고 필요하면 문답도 할 수 있다. 임기응변과 순발력으로 깊은 인상을 남길 때도 있다.

"대통령께서
말씀하셨습니다."

2003년, 청와대에서 대변인직을 맡고 있을 때의 이야기다. 준비된 발표문을 읽고 나면 기자들과의 일문일답이 이어졌다. 때로는 TV카메라 앞에서 문답을 했는데, 대답 가운데 일부가 저녁 9시 뉴스에 인용되곤 했다. 카메라 없이 문답이 이루어진 경우, 나중에 방송기자가 요청하면 다시 해당 대목의 촬영에 응해야 했다. 정당의 대변인처럼 TV카메라를 똑바로 응시하는 가운데 핵심이 되는 한두 문장을 암기하여 또박또박 말하는 것이었다. 예를 들면 이런 내용이었다.

"오늘 국무회의에서 노무현 대통령께서는 교육부총리의 보고를 들으신 후, NEIS문제에 대해 국무위원들이 더 적극적으로 나서서 대처할 것을 주문하셨습니다."

얼핏 보기에 큰 문제가 없다. 이런 방식으로 몇 차례 녹음·녹화를 했고, 그 대부분은 방송 뉴스에 그대로 인용되었다. 얼마 후의 일이다. 한때 명대변인으로 이름을 날린 분이 홍보수석실의 비서관을 통해 이야기를 전해왔다. 내용인즉 '국민들 앞에서 대변인이 대통령을 그렇게 높여 이야기하면 안 된다'는 것이었다. '왕조시대도 아닌, 엄연한 민주국가에서 국민을 상대로 보고하면서 대통령에게 존칭을 붙이는 것은 경우에 어긋난 일'이라는 것이었다. 고개가 끄덕여졌다. 즉시 각 수석실이나 관계 부처에서 작성한 보도참고자료들을 점검해보았다. 사실이었다. '대통령께서는'이나 '말씀하셨다'와 같은 표현은 일체 없었다. 대외 발표를 전제로 작성된 문건들은 '대통령'이라는 단어에 존칭을 붙이지 않고 있었다. 결국 조언을 받아들이기로 했다. 공개적인 브리핑이나 녹화 녹음 시에는 존칭을 사용하지 않기로 했다. 그런데 생각대로 되지 않았다. 존칭을 떼기가 쉽지 않은 것이었다. 청와대 내부에서 늘 존칭을 붙여 쓰다 보니 입에 붙어 있었다. 기자들 앞에서 새삼스럽게 정색하며 '대통령은 말했다'는 식의 표현을 사용하는 것이 어색하기도 했다. 그래도 최대한 노력했다. 두 차례에 한 번 꼴로는 존칭 없는 문장으로 발표를 했고 녹음·녹화도 했다. 그러자 이번에는 청와대 내부로부터 항의성 지적이 들어왔다.

"대변인은 왜 대통령을 높여서 부르지 않고 친구처럼 표현하는가?"

"대통령께서 탈권위를 지향하신다고 하지만 이건 대변인이 너무한 것 아닌가?"

이유를 소상히 설명했지만, 흔쾌히 이해하는 모습들은 아니었다. 그렇게 어정쩡한 표현을 사용하며 두 차례에 걸쳐 대변인직을 수행했다. 그동안에도 무심코 나오는 경우가 아니면 가급적 존칭이 없는 표현을

쓰려고 최대한 노력했다. 그런데 그 후로는 존칭 사용에 대한 문제 제기
를 별로 접하지 못했다. 특별히 지적하는 기자들도 없었다. 기준을 정리
할 필요가 있는 문제라고 생각한다.

20

겸손하게,
실패의 경험도 말한다

"싱싱한 고등어가 있습니다. 싱싱한 고등어. 한 마리에 980원.
싱싱한 노무현이 왔습니다. 싱싱한 노무현."

"전군 주요지휘관 여러분 안녕하십니까? 대단히 반갑습니다. 국방장관님,
어~ '님' 자 붙이지 말라고 했는데…."[112]

2003년 5월 7일, 전군주요지휘관 회의석상이었다. 대통령이 고개를
갸우뚱하며 난처하다는 표정을 지었다. 아랫사람을 부를 때 '님' 자를
붙이면 안 된다는, 참모들의 신신당부에도 불구하고 또 다시 습관처럼
붙인 것이었다. 다른 행사도 아니고 군통수권자로서 참석한 전군주요
지휘관 회의였다. 취임 초기, 아직은 대통령문화에 익숙하지 않던 그의
모습이었다. 그렇다고 해서 그날 이후 그의 언행이 기존의 대통령문화
에 따라 달라졌는가 하면 그렇지도 않았다. 그는 어쩔 수 없이 '낮은 사

람'이었다. 대중 앞에 설 때마다 그는 언제나 스스로를 낮추었다.

2008년 여름, 그는 사저 앞을 찾은 방문객들에게 한국경제를 주제로 이야기하고 있었다.

"그래서 우리 경제라는 것은 분배 없는 성장은 앞으로는 없다고, 노벨 경제학상을 받은 많은 사람들, 아주 유명한 학자들이 이미 그렇게 말하고 있습니다."

그때, 대통령 할아버지가 이야기하는 모습을 보기 위해 손녀딸이 나타났다. 그가 손녀를 보며 한마디 한다.

"야! 이놈아. 네가 여기서 이러고 있으면… 이놈이 할아버지 사업을 방해하고 있어요. (웃는 이들 있음) 가거라! 그늘에. 옳지. 가만 서 있거라. 네가 거기서 요동치면 할아버지가 헷갈려."

그러고는 방문객들에게 잠시 손녀 이야기를 한다.

"쟤가 맨 큰 손녀입니다. 청와대에서 낳았어요. 아주… 예, 복을 많이 받은 아이지요. 근데 이제 할아버지 닮아서 인물은 좀 뭐 그렇습니다. ('아닙니다' 하는 이들 있음) 예."[113]

자신을 낮춰 말하면, 듣는 이는 한걸음 다가오게 된다

그는 강연이나 이야기를 할 때 좀처럼 자기 자랑을 하지 못했다. 낯이 두꺼운 편이 아니었다. 사석에서도 스스로를 추켜세우는 일이 거의 없었다. 어쩌다 작은 자랑이라도 한번 하면 무척 겸연쩍어 하는 모습이었다. 참여정부 정책의 잘잘못을 이야기할 때면 목소리가 높아져 열변을 토하지만, 스스로의 인물 됨됨이에 대해서는 그런 적이 거의 없었다. 타고난 겸손함이었다. 의도한 것은 아니었겠지만 화자의 겸손은 듣는 이를 한 걸음 다가오게 만드는 효과가 있었다. 자랑보다 겸손이 청중에게 신뢰를 주는 것이다. 신뢰를 얻기 위한 첫 번째 노력, 바로 겸손과 낮은 자세이다.

대통령이라고 하면 사람들은 쉽게 상대하기 어려운 존재로 생각한다. 하지만 그가 낮은 자세에 서민적인 말투로 특유의 유머를 구사하면 금세 이웃집 아저씨 같은 친근함을 느낀다. 게다가 망가지는 것조차 개의치 않는 모습에서는 인간적인 매력도 느낀다. 스스로를 낮춘다 해서 그가 정작 해야 할 말을 못하거나 빠트리는 경우는 거의 없다.

"싱싱한 고등어가 있습니다. 싱싱한 고등어. 한 마리에 980원. 싱싱한 노무현이 왔습니다. 싱싱한 노무현."[114]

2002년 12월 대통령선거 운동 당시 부산 어느 마트의 지하식품매장에 들렀다가 마이크를 붙잡고 한 이야기이다. 자신을 고등어 수준으로 기꺼이 낮춘다. 그런가 하면 자신을 아귀에 견주는 연설도 있다.

"제가 맛은 아귀보다 좋습니다. 아귀보다 맛있는 대통령이 되겠습니다."[115]

당시 TV찬조연설자인 부산 자갈치아줌마 이일순 씨가 그를 '아귀와 닮았다'고 표현한 것에 대한 반응이었다. 대통령 후보의 낮은 자세는 결국 호감으로 직결될 수밖에 없다.

이렇듯 그는 끊임없이 자신을 낮춘다. 자신의 이야기 속에서 스스로가 '멍청한' 사람이 되기도 한다. 2008년 10월의 사저 앞 방문객 인사 중 한 대목이다.

"한국에서 외국인 주식이 40% 대비 45%까지 올라갔을 때 '이거 어찌 하면 되나?' 저도 많이 물어봤는데, 아는 사람이 별로 없습디다. (일동 웃음) 이것 혹시, '투자한 사람이 한꺼번에 주식을 왕창 팔고 나가는 일이 없겠느냐?' 한번 물어봤더니 '그런 일이야 있겠습니까?' 지금 무슨 뭐 국민경제자문회의 같은 데 가서 한 말씀씩 하고 계시는 그분들한테 다 물어봤거든요? 학교 선생들 안 있습니까? 공부 되게 잘하는 선생님들한테 '이것 어느 날 갑자기 주식을 왕창 팔고 나간다 하면 어떤 일이 벌어지겠습니까?' 했더니 '아이고, 그런 일이야 있겠습니까?' 그래서 '그러면 40%가 들어와 있어도 아무 사고 안 나나?' '안 난다.' 그래요. 저도 그렇게 알고 있었습니다. 대'

통령도 멍청한 거죠. (일동 웃음)"[116]

자신도 챙기려고 상당한 노력을 기울이며 점검했지만 결국은 뜻대로 되지 않았음을 설명하기 위해 동원한 표현이다. 만일 '대통령은 다 잘 챙겼는데 선생님들이 다른 소리를 해서…' 또는 '참모들이 잘 챙기지 않아서…' 결과적으로 잘못되었다고 말하면 과연 설득력을 가질 수 있을까? 이 대목에서 그는 '더욱 꼼꼼하게 챙겼어야 했는데, 그 정도 물어보는 선에 그친 대통령이 멍청했다'는 표현으로 스스로의 실패를 인정하고 있다. 이처럼 실패의 솔직한 인정은 청중에게 신뢰를 얻는 바탕이 된다. 신뢰를 얻기 위한 두 번째 노력은 실패했던 경험을 솔직히 이야기하는 것이다.

가장 좋은 예화는 '자신이 살아온 이야기'

강연이나 이야기를 하다 보면 여러 가지 예화를 인용하게 된다. 이런 경우 특별히 어려운 고사(故事)를 예로 들어야 하는 것은 아니다. 자칫 요즘 시대에 어울리지 않는 고사를 인용하면 오히려 동의를 얻기 어려워지거나 역효과를 볼 수도 있다. 문화나 환경이 다른 외국의 사례도 마찬가지다. 애써서 고담준론을 찾을 필요도 없다. 청중이 쉽게 이해할 수 있는 이야기가 가장 좋은 예화다. 그런 면에서 가장 좋은 예화는 자신이 살아온 이야기이다. 성공의 이야기도 좋고 좌절의 이야기면 더 좋다. 거기에 재미까지 더해진다면 금상첨화다. 다음의 사례 역시 2008년 8월 사저 앞 방문객 인사이다.

"또 이제 마을에서 이제 또… 뭐라고 표현하면 좋을까요? 쪼깨 나뻰(조금 나쁜) 사람이라 할까요? 아니면 마을 뭐 이런 거… 어른들은 맘이 상했지요. 남의 동네 앞에서 술 먹고 부녀자들이 춤추고 한다고, 욕하면서 마음 상했는데…, 그 정도는 괜찮은데 깡패들이 술 먹고 와가지고 이제 이 길로 들어와서 물을 이고 가는 처녀한테 입 맞추려고 하는 일도 있었고… 그러자 마을 사람들이 곡괭이 들고 이제 쪼사직인다고… '쪼사직인다'는 말 처음 듣지요? '확, 이놈의 새끼 쪼사직여뿐다'고 쇠스랑이 들고 이제…. 그런 시절이 있었죠."[117]

동네를 어지럽히며 말썽을 부리던 깡패들을 묘사할 때 그가 사용하던 표현이다. 그들에게 당하기만 하던 어느 날 동네사람들이 들고 일어나 힘을 합쳐 대응하자 두 번 다시는 그런 일이 되풀이되지 않았다는 이야기다. 힘을 모아 부당한 횡포에 맞설 필요성을 주장할 때 그가 자주 인용하던 경험이다. 한편 자신이 살기 위해 다른 사람이 잘못되기를 바라게 되는, 구조적 문제를 이야기할 때 활용하는 예화도 있다.

"두 가지 문제가 있는데 하나는 그 물이 높아서 이쪽으로 범람할 수 있고, 다른 하나는 그 물이 높아서 이 안의 물이 못 빠져 나가지요. 그래서 결국

이 둑이 못 견디고 터지는 일이 있습니다. 우리가 둑을 지키는 것이 농장의 절체절명의 과제지요. 근데 저 건너 화포 둑 건너편에 농장이 있는데, 그 농장은 둑이 길게 생겼어요. 그 둑이 무너지면 수위가 낮아집니다. 농장으로 물이 들어가니까⋯. 그러면 이 농장이 살지요. 그러니까 여기서 경쟁하는 겁니다. 서로 둑 높이기, 튼튼하게 높이기, 가마니에 흙을 담아서 다 쌓아 올리는데 노인들은 일을 못하니까 산꼭대기에 올라갑니다. 아이들하고 노인들은 산꼭대기에 올라가서 징하고 꽹과리하고 장구, 북 가져가서 가만히 가슴을 졸이고 보고 있다가 건너 농장에 둑이 툭 터지면 그때 이제 징을 치고 꽹과리를 울리는 것이지요. 그때 하는 소리가 '이겼다'입니다. 참 이길 일도 아닌데⋯ 그때부터 사는 게 그렇더군요. 건너 마을 둑이 터지도록 간절히 기도를 해야 되는 그것이 우리 이 마을의 형편이었어요. 안 그러면 이쪽이 터지니까."[118]

지난날을 꼼꼼하게 반추해보면 수많은 경험들 가운데 자신의 주장을 뒷받침해줄 훌륭한 예화를 찾아낼 수 있을 것이다. 다음은 노무현 대통령이 변호사 시절에 겪었던 가슴 아픈 이야기다. 역시 사저 앞 방문객 인사의 한 대목이다.

"변호사를 하다 보면 공장에서 작업하다가 손가락이 끊기거나 팔이 끊기거나 이런 사람들이 재판하러 오는데, (중략) 증인이 있어야 돼요. 어떤 경위로 이렇게 되었고, 회사의 설비가 무엇이 잘못돼 있다든지 윗사람이 잘못시켰다든지 이런 핑계를 만들어야 재판이 성립되는 것이거든요. 그래서 증인을 불러내는데, 같이 일했던 친구가 증인으로 나오지 않아요. 친하던 친구들이 증인으로 못 나옵니다. 근데 법원에서 구인한다고 막 윽박지르고 해가지고 불러내놓으면, 이 증인이 증언할 때 판사를 보고 안 하고 저 방청석에 앉아 있는 자기 사장 얼굴을 자꾸 봐요. 판사나 변호사나 한 사람씩 무슨 질문을 하면 대답하려고 할 때마다 자기 사장 얼굴을 한번 쳐다보고 대답을 이리저리 피해요. 그런 것이지요. 친구인데, 똑같은 처지에 똑같은 위험 앞에 노출돼 있는데 한 사람은 이제 사고가 났고 한 사람은 사고가 안 난 사람인데, 마음으로야 얼마나 본 대로 말하고 싶겠어요, 그 직장이 평생직장도 아닌데, 그러나 당장 갈 데가 없으니까."[119]

생생한 경험이다. 이 정도면 굳이 격언과 고사를 인용하지 않아도 좋지 않을까? 이런 이야기로도 충분하다. 다만 예화를 지나치게 많이 활용하는 것은 경계할 필요가 있다. 어디까지나 핵심은 예화를 통해 주장하고자 하는 내용이기 때문이다. 주객이 전도되면 안 된다.

상대에게 믿음을 주기 위한 노력

1. 자신을 낮춰 말한다

말하는 이의 겸손은 듣는 이를 한 걸음 다가오게 만드는 효과가 있다. 자랑보다 겸손이 청중에게 신뢰를 주는 것이다. 신뢰를 얻기 위한 첫 번째 노력, 바로 겸손과 낮은 자세이다. 망가지는 것조차 개의치 않는 모습에서는 인간적인 매력도 느낄 수 있다. 스스로를 낮춘다 해서 정작 해야 할 말을 못하거나 빠트리는 경우는 거의 없다.

2. 고사 대신 '내가 살아온 이야기'를 풀어낸다

자칫 요즘 시대에 어울리지 않는 고사를 인용하면 오히려 동의를 얻기 어려워지거나 역효과를 볼 수도 있다. 청중이 쉽게 이해할 수 있는 이야기가 가장 좋은 예화다. 그런 면에서 가장 좋은 예화는 자신이 살아온 이야기이다. 성공의 이야기도 좋고 좌절의 이야기면 더 좋다. 거기에 재미까지 더해진다면 금상첨화다.

생각이 곧
말이다

21

불현듯 떠오른 표현은
끊임없는 사색의 결과다

"강물은 바다를 포기하지 않습니다."

2006년 3월 12일, 알제리의 수도 알제를 방문한 노무현 대통령은 대통령궁에서 부테플리카 대통령과 단독회담에 이어 확대정상회담을 가졌다. 확대회담이 시작되자 그는 먼저 이렇게 말했다.

"대통령 각하께서 시간을 느끼지 못하게 하는 마술을 썼는지 시간을 못 느꼈습니다."

단독회담을 하는 동안 시간 가는 줄 모르고 대화에 열중했다는 이 야기였다. 평소에 자주 사용하던 표현은 아니었다. 어떻게 순간적으로 저런 표현을 떠올릴 수 있는지 의문이 들었다.

노무현 대통령은 가끔 뜻밖의 표현을 썼다. 그중에는 금방 이해하기 어려운 표현들도 있었다. 어디서 그런 표현이 나온 것인지 추측해보아도 출처가 분명하지 않았다. 물론 시골에서 자란 어린 시절부터 익혀온 속담들도 있었다. 하지만 그것만은 아니었다. 나름대로 '말하기'를 위해 연구를 거듭한 끝에 창작해낸 표현도 있었다.

⋮

표현은 치열하게, 자료는 깊이 있게 연구하라

그의 최대 관심사는 언제나 '무엇을 말하고 무엇을 쓸 것인가?'였다. 대화와 토론을 즐기는 캐릭터가 말해주듯이 소통에 가장 큰 공력을 기울였다. 그러다 보니 말하고자 하는 바를 설득력 있게 전달할 방법을 항상 고민한다. 표현도 치열하게 연구한다. 관련 자료도 깊이 살펴본다. 그저 생각나는 대로 이야기하는 사람이 결코 아니다. 다음의 대화를 보면 알 수 있다. 2008년 8월 10일의 사저 앞 방문객 인사이다.

"저게 사자바위라고 하는데, 어릴 땐 저희가 이 산의 이름을 학산(鶴山)이라고 들었어요. 아, 그 앞 얘기가 또 있네요. 김수로왕이 가락국을 세우고 47년에 허 황후하고 결혼하고 아들을 일곱 명을 두었는데 두 명은 정치로 내보내고 두 명은 절로 보냈어요. 아, 다섯 명은 절로 보냈어요. 그리고 수로왕의 다섯째 아들이 여기 와서 절을 짓고 아버지의 만수무강을 빌었죠. 그래서 그 절 이름이 자은암, 아들 자(子)자 은혜 은(恩)자 자은암입니다. 저 생림의 무척산에 가면 모은암이 있고, 밀양에 가면 부은암이 있습니다."[120]

대화에 활용할 수 있는 소재들은 참으로 다양하다. 첫째, 역사적 사실들은 '말하기'를 할 때 누구나 쉽게 인용할 수 있는 소재이다. 노무현 대통령은 이 방면에 특히 일가견이 있었다. 역시 2008년 11월의 사저 앞 방문객 인사이다.

"1801년에 신유사옥이지요. 그때가 신유사옥, 기해사옥, 병인사옥, 그렇지요? 1801년에 신유사옥이라고 그랬는데, 그때는 정순왕후 즉, 정조의 계모인 대왕대비 정순왕후가, '이산' 할 때 나오지요. 이를 갈고, 그렇지요? 영조의 부인으로 나왔던 아주 당찬, 당차다고 표현하기보다는 아주 빡센 여자가 하나 있었는데, (웃는 이들 있음) 그 여자가 정조와 정적이거든요. 드라마를 보면 끝까지 정조를 죽이려고 하다가 끝내 정조가 권력투쟁에서 승리해서 궁궐 안에서 같이 공존하고, 힘 빠졌다고 정조가 그쪽을 살려놓은 것이지요, '패륜아'라는 소리를 안 들으려고… 그랬는데 어느 날 정조가 갑자기 죽어버린 겁니다."[121]

많은 사람을 대상으로 이야기하거나 강연할 때면 주제와 관련하여 다양한 사실들을 알아둘 필요가 있다. 이를 위해서도 역시 필요한 것은 독서다. 바쁘더라도 최소한 인터넷으로 검색해보는 성의를 보여야 한다. 물론 역사적 사실만 '이야깃거리'가 되는 것은 아니다. 두 번째 이

야기의 소재는 깊은 사색의 결과이다. 이것도 충분히 대화의 소재가
될 수 있다.

"전쟁을 결정하는 것은 정치인들이고, 정치인들의 아이들은 대개 뒤로 빠
지고 죽는 것은 군인이거든요? 그렇지요? (중략) 전쟁의 실체가 뭐냐? 우리
가 아까 얘기했다시피 권력투쟁은 내부적으로 하는 것이지만, 외부적으로
는 이제 권력의 영역을 넓혀 나가기 위한 전쟁들을 끊임없이 합니다. 그런
데, 이것이 국민들의 필요에 의해서 영토를 넓히는 것이냐? 지배자의 욕심
에 의해서 영토를 넓혀 나가는 것이냐? 전쟁의 동기를 가지고 생각해보면
지난 수천 년 동안 전쟁이라는 것이 참으로 황당한 것이었죠."[122]

∴

말하기의 소재는 깊은 사색을 거쳐 나온다

글이든 말이든 소재를 많이 확보하려면 깊은 사색이 뒷받침되어야
한다. 생각을 많이 하면 쓰고 말할 내용이 풍부해진다. 자신이 보고 들
은 이야기를 전달하는 것만으로는 한계가 있다. 어쩌면 듣는 이도 이미
다른 사람이나 책을 통해 보고 들은 것일 수도 있다. 그러니 그 이상을
이야기해야 한다. 반드시 사색하고 고민하면서 자신의 입장에서 재해
석한 결과를 덧붙여야 한다. 재해석한 결과가 바로 대화의 세 번째 소
재가 된다. 다음은 노 대통령이 2006년 5월 몽골의 울란바토르를 방문
했을 때 동포간담회에서 했던 이야기의 마지막 대목이다.

"마무리하겠습니다. 비행기를 타고 고비사막을 넘어오면서 누가 맨 처음 이 사막을 건넜을까 궁금했습니다. 아프리카에서 인류가 발상해서 서아시아, 터키 쪽으로 와서 남으로, 북으로 시베리아로 왔을 것입니다. 한국 사람은 저 북쪽으로 둘러서 온 것 같습니다. 몽골에 와서 다리가 아파 '더 못 가겠다, 너나 가봐라' 해서 아들에 아들, 아들에 아들 대를 이으면서 조금씩 동진해 한국까지 도착했지요. 형님이 여기 남고 동생이 왔는지, 동생이 남고 형님이 왔는지 모르겠습니다. 내 생각에 동생은 아버님 모시고 살고 형님이 온 것 아닌가 싶습니다. 그래서 우리가 형님이라고 생각합니다."[123]

깊은 사색의 흔적을 느낄 수 있다. 이처럼 치열한 사색과 연구가 이야기 소재를 풍성하게 제공한다. 그런 만큼 글을 쓰고 말을 하는 사람들은 머릿속의 창고를 날마다 업그레이드할 필요가 있다. 얼마 전까지는 재미있는 이야기였지만 지금은 한물간 노래가 되어버릴 수도 있다. 1년이 넘도록 비슷한 레퍼토리만 되풀이한다는 평을 들어서는 곤란하다. 새로운 정보와 지식으로 머릿속을 채우고, 그것을 깊이 있는 사색을 통해 재해석하고 심화시켜야 한다. 말하기의 성패를 좌우하는 최종적인 관건은 결국 생각의 힘, 사고의 힘이다.

2004년 4월이었다. 당시 노무현 대통령은 국회의 탄핵소추 의결로 직무가 정지되어 관저에서 일종의 유폐생활을 하고 있었다. 때마침 17대 총선이 이 기간 중에 치러지게 되었다. 선거일인 4월 15일, 대통령 내외는 투표를 위해 외출하게 되었다. 오랜만에 바깥에 나오는 만큼 언론의 취재도 있을 예정이었다. 그는 해야 할 말을 고심했다. 그리고 당일 아침 일찍 청와대를 나섰다. 서울농학교에 마련된 투표소에서 투표한 뒤 대통령 내외는 사진 촬영에 응했다. 관계자를 격려한 뒤 투표소를 나오자 언론이 소감을 물었다. 그는 준비된 답변을 했다.

"오랜만의 외출입니다. 이 사람(권 여사)이 외출한다고 좋아하던데요. 매일 마음을 비우기 위해 명상을 하는데 명상을 하다 보면 기도가 됩니다. 모두 투표하세요."[124]

이 말이 의미하는 바를 놓고 춘추관 기자들 사이에 설왕설래가 있었다. 읽을수록 깊은 뜻이 전해져왔다. 직무가 정지된 대통령이 언론을 통해 할 수 있는 최대한의 표현이었다. 이렇듯 그는 다양한 상황에서 정확하게 한마디를 전달하기 위해 고민하고 노력했다. 그런 고민 끝에 만들어진 의미 있는 표현들을 살펴보자.

"다이너마이트는 깊이 묻을수록 폭발력이 크다."

앞에서 한 차례 소개했던 표현이다. 문제를 덮지 말고 투명하게 공개해야 한다는 뜻이다. 그는 퇴임 후에 사저 앞 방문객들과 대화하는 과정에서 당시 현안이었던 '쌀 직불금' 문제를 해명하면서 이 말의 의미를 구체적으로 해설했다.

"하여튼 우리 정부에서 무언가 덮는 것을 하면 망한다는 게 신조였습니다. 왜냐하면 갖다 찔러 바치는 사람이 어떻게 많은지… 공직사회에는 이쪽이든 저쪽이든 찔러 바치는 사람이 많이 있기 때문에 덮으면 사고가 납니다. 그래서 덮으면 터진다, 덮지 마라 했습니다. 화약을 땅 위에서 터트리면 집이 안 무너지는데, 그놈을 땅을 파서 묻어 가지고 터트리면 집이 날아갑니다. 이렇게 화약은 묻지 마라, 제가 5년간 내내 이야기한 겁니다. 제가 그걸 왜 덮어요. 제도 개선하면 되는 거지."[125]

이 밖에도 들을수록 깊은 사색의 흔적이 느껴지는 표현들이 다양하게 있다. 몇 가지만 추려서 여기에 소개한다.

"타이타닉은 선회하기 힘들다."
(경제정책은 급격한 전환이 어렵다.)

"매듭이 있어야 대나무가 서 있다."
(원칙과 타협이 조화를 이루어야 한다.)

"눈사람 보고 개가 짖는 격이다."
(특별한 일도 아닌데 시끄럽다.)

"그 사람은 '풀칠이 안 된 표'를 가진 사람이다."

(고정 지지층이 부족하여 바람이 불면 표가 날아간다.)

"도매시장에 아무리 많아도 우리 집 냉장고가 중요하다."
(일단 확보해놓은 것이 중요하다.)

"본시 얼마 없던 밥그릇도 뒤에 가니까 비게 된다."
(얼마 안 되는 권력이지만 나중에는 이것마저도 없어진다.)

그리고 많은 사람들에게 깊은 인상으로 남아 있는 표현이 있다.

"강물은 바다를 포기하지 않습니다."

대통령 재임 5년 동안 계속된 그의 고뇌가 집약된 표현이다. 같은 뜻
으로 그는 '굽이쳐 흐르는 강'도 이야기했다. 다소 더디게 가는 것처럼
보일 수도 있지만 결국에는 바다로 갈 것이라는 믿음과 낙관의 표현이
었다. 2005년 9월, 그는 비슷한 취지의 이야기를 다음과 같은 반문으
로 표현하기도 했다.

"직선으로 시속 5km가 적당하냐? 지그재그로 시속 50km가 바람직하냐?"

요트를 탔던 경험에서 나온 표현이다. 또 이렇게 덧붙였다.

"요트는 평지의 강을 직진으로 못 간다. 유기체이론이 적정한 게 우리 사회이다. 우리 사회는 어떤 모델인가? 지그재그 모델이 아닐까?"[126]

얼마나 표현을 깊이 연구하는지 그가 직접 밝힌 적도 있었다. 2004년 3월, 불법선거자금 '10분의 1' 관련 논란이 극에 달했을 때의 일이다.

"10분의 1 논의 자체에 대해서 한때 말실수로 몰렸는데 말실수한 것이 아니다. 며칠을 고심하다가 마음먹고 한 얘기다. 왜 극단적인 표현을 했는가 하면, '절반은 받았지 않았겠나? 700대 0이 말이 되느냐?' 등이 기정사실로 당연한 진리처럼 덮여가는 상황이었다. 이것을 반전시키지 않고는 어려움에 빠질 수 있기 때문에 '절반 아니다, 차이가 많다'는 말을 하기 위해서 '10대 1과 은퇴'라는 도수 높은 말을 썼다. 위험부담이 있었지만 그렇게 하지 않고는 마구 덮어씌우는 그 보자기를 벗겨낼 수 없었다. 또 저에게 허물이 있으나 다른 허물과 차별화하고 싶은 생각도 있었다. 차별성을 부각하고 싶은 생각이 있었다. 그래서 생각하고 준비해서 한 발언이다. 그런데 말실수처럼 되어서 한때 우스갯감이 되고 말았다. 말실수가 아니라는 것을 분명히 말씀드린다. 중요한 것은 차이다. 10대 1이라는 것이 간단한 것이 아니다. 그냥 어쩌다 보니까 우연히 10대 1이 생긴 것이 아니다. 이것은 피나는 노력의 결과다. 그것도 한평생 정치를 하면서 이 차이를 만들기 위해 노력해온 결과가 10대 1이다."[127]

말하기 소재는 어떻게 찾을 것인가

1. 다양한 독서

대화에 활용할 수 있는 소재들은 참으로 다양하지만, 역사적 사실들은 '말하기'를 할 때 누구나 쉽게 인용할 수 있는 소재이다. 많은 사람들을 대상으로 이야기하거나 강연할 때면 주제와 관련하여 다양한 사실들을 알아둘 필요가 있다. 이를 위해서도 역시 필요한 것은 독서다. 바쁘더라도 최소한 인터넷으로 검색해보는 성의를 보여야 한다.

2. 깊은 사색

생각을 많이 하면 쓰고 말할 내용이 풍부해진다. 자신이 보고 들은 이야기를 전달하는 것만으로는 한계가 있다. 어쩌면 듣는 이도 이미 다른 사람이나 책을 통해 보고 들은 것일 수도 있다. 그러니 그 이상을 이야기해야 한다. 그러기 위해서는 반드시 사색하고 고민하면서 자신의 입장에서 재해석한 결과를 덧붙여야 한다. 새로운 정보와 지식으로 머릿속을 채우고, 그것을 깊이 있는 사색을 통해 재해석하고 심화시켜야 한다. 말하기의 성패를 좌우하는 최종적인 관건은 결국 생각의 힘, 사고의 힘이다.

진실과 사실에
대하여

노무현 대통령은 가끔 한 가지 사안에 깊이 몰두하기도 했다. 특정한 주제에 대해 고심이 시작되면 모든 신경과 정신력을 집중했다. 가까운 곳에서 지켜보는 입장에서는 고심의 편린만을 엿볼 뿐, 사유의 깊이를 가늠하기가 쉽지 않았다. 여기에 소개하는 이야기는 그가 얼마나 깊이 사색하고 고민하는지를 보여주는 단면이다.

2007년 초 스페인을 순방 중일 때였다. 오전에 잠시 여유가 생기자 그가 나를 숙소로 불렀다.

"사실 안에 진실이라는 게 있다. 사실 안에 또 거짓이라는 게 있다. 거짓도 진실도 아닌 사실이 있다. '어제보다 춥다'는 사실이다. '부산이 서울보다 훨씬 춥다'는 거짓이다. '크다', '뭐가 크냐?' 그러면 어느 쪽이 진실인가? 두 사람 사이의 기준이 뭐냐? '크다', '작다'고 하는 것은 두 사람 기준의 차이일 수도 있다. 국가적 기준, 세계적 기준일 수도 있다. 사실 자체에 주관적 사실이 있고, 객관적 사실이 있다. 춥다. 사실인가? 객관적 사실로서는 성립이 되지 않는다. '○○보다 춥다'가 맞다. 또는 지금 몇 도이다. 결국 수많은 사실 중에서 사실에 반대되는 거짓. 거짓에 반대되는 사실이 있어야… 진실이 나오는 것이다. 우리는 사실의 영역에서 참과 거짓을 놓고 이렇게 게임을 하는 것이다."

점심 무렵, 대통령 내외는 영빈관을 산책했다. 산책을 마치고 돌아오자마자 그가 다시 나를 불렀다. 오전에 했던 이야기를 계속하려는 것이었다.

"사실이냐, 진실이냐를 생각중이다. 그런 프레임을 가지고 주거니 받거니 하는 이야기이다. 사실이란 무엇인가? 주관적 사실도 객관적 사실인가? 어디까지가 사실인가? '춥다'라는 말이 사실의 표현인가, 인식의 표현인가? 경제가 어렵다고 하는데 사실인가? 파탄인가, 난관인가? '춥다, 덥다'를 이야기할 때처럼 '견딜 만한데 왜 춥냐?' 이럴 수도 있다. 이 문제를 해결하기 위해서 객관적 사실이 필요하다. 척도(尺度)할 수 있거나 비교할 수 있어야 한다. 척도할 수 있는 사실이나 비교할 수 있는 사실이 객관성을 얻게 된다. '지금 몇 도냐?'는 척도이다. 부산에 왔는데 혼자서 춥다고 말하는 경우도 있다. '불이 났다'고 하는 것은 사실이다. '비가 온다'는 것도 사실이다. '크다, 작다, 무겁다' 등등은 인식의 표현이다. 주관화될 수 있는 사실이다. 적어도 열 사람 가운데 일곱 사람이 춥다고 한다면 '춥다'가 객관적 사실일 수 있다."

대통령의 이야기는 쉽게 끝날 기미를 보이지 않았다. 노트북에 받아 적는 일이 서서히 힘들어지고 있었다.

"언론이 써야 하는 사실은 주관적 인식을 포함한 사실이라 해도 반드시 척도 또는 비교를 제시해야 한다. 적어도 보편성을 점검해야 한다. 그래서 통계를 써야 하는 것이다. 다만 주의해야 할 점이 있다. 언론이 써서 보편성이 되는 것이 있다. 언론이 어려운 것은 사실을 만들 수 있는 것이다. 사실에는 객관적 사실이 있고, 객관성이 없는 사실이 있다. 객관성의 한계를 보편성(객관적 기준의 하나)을 가지고… 그 보편성을 만들어갈 수 있다. 언론이 만들어갈 수 있다. 선동적으로 상황 묘사를 할 수 있다. 오해하게 만드는 것이 언론이나 여론의 힘이다. 나중에 시간이 흐르면 보편적 사실과 진실과의 다른 점이 나타난다. 척도되지 않고 비교되지 않고 단지 다수가 그렇다고 한 부분이 엄밀하게 사실과 다를 수 있다. 역시 척도를 동원하면 다를 수 있다. 사회적 정서가 진실과 부합하지 않는 경우가 있다. 진리와는 관계없다. 열 사람이 그렇다 해도 허위일 수 있다. 모두 다 그렇다고 하면 진실이 될 것 같지만 여전히 허위는 허위다. 척도하자. 비교하자."

일정을 마치고 저녁 늦게 돌아온 대통령이 그날의 이야기를 마무리하기 위해 다시 나를 불렀다.

"사실에 대한 개념 규정이 제대로 안 되는 경우가 있다. 몇 도인 줄 모르고 나왔다가 '춥다'고 써버리는 것이다. 부산에서 올라온 사람이 기차에서 내리면서 '춥다'고 한다. 이것은 사실이 아니다. 언론이 사실을 쓰려면 '어제보다 춥다. 오늘은 몇 도다.' 이런 식으로 해야 한다. '민생'에 대한 이야기가 그렇게 사용되고 있다. '민생'이라는 용어는 녹비에 가로왈 자 같은 것이다. 배 아픔도 민생, 머리 아픔도 민생, 다리 아픔도 민생이다. 언제나 민생이다. 그래서 내가 양극화를 이야기한다. 부동산, 사교육비, 일자리, 빈부격차… 그리고 정부가 주는 복지는 다 잊어버린다. 통신비는 미치는 영향이 큼에도 불구하고 민생이 아니라고 한다. 복지는 신문에서 이야기하지 않는다. 그래서 내가 수요자 중심 보고서를 이야기하는 것이다. 민생이 무엇인가? 이 분야의 분류를 시도해서 지표로 이야기하자. 서문에 이것을 넣으려고 한다."

22

철학에서 나온 말이
진정 내 말이다

"저는 의미 있는 삶에 눈뜬 것이 30대 중반에 들어와서입니다.
비로소 새로운 가치와 의미에 대해서 생각하게 되었습니다.
그래서 20대 때 자극을 받은 사람이 있다고 말하긴 어렵고,
30대 중반에는 어떤 사람이라기보다는 그 당시의 상황이었습니다."

노무현 대통령은 자신의 생각을 '말하기'를 통해 정리했다. 머릿속 생각을 사람들에게 이야기하는 과정에서 팩트(fact)는 교정되었고 구성은 정교해졌다. 비유가 풍부해졌고 논리도 진화했다. 지근거리에서 보좌하는 참모들은 동일한 내용의 이야기가 수많은 버전을 생산하며 진화하는 과정을 지켜볼 수 있었다. 그렇다고 해서 그가 글쓰기와는 거리가 먼 사람이라는 의미는 결코 아니다. 그는 글쓰기도 무척 좋아했다. 대통령, 아니 정치인이 되지 않았다면 어쩌면 글쓰기를 업으로 삼았을지도 모른다. 달변가이지만 그의 지향은 글쓰기에 있었다. 그에게 있어 글쓰기는 생각을 정리하기 위한 수단만은 아니었다. 세상을 설득하고 나아가 바꾸려는 분명한 목표가 거기에 있었다.

그가 직접 글을 쓰는 정치인이라는 사실을 알았던 것은 1994년 첫 자서전인 《여보, 나 좀 도와줘》를 출간할 때였다. 구술대로 초고를 작성하여 건네자, 그는 바쁜 와중에도 전체의 구조는 물론 작은 조사 하나까지도 수정한 교정지를 보내왔다. 깨알 같은 글씨로 거의 모든 문장에 손을 댄 교정지였다. 정치인으로 활동하는 동안, 또 대통령 재임 중에도 그는 많은 글을 직접 작성했다. 대연정 제안 등 중요 계기에는 몇 달에 걸쳐 직접 쓴 일련의 서신을 공개하기도 했다. 언론의 칼럼에 대한 반론도 있었고, '청와대브리핑'에의 기고도 있었다. 2009년 봄, 그 힘겨운 시기에도 '정치, 하지 마라', '강금원이라는 사람' 등의 글을 '사람사는세상' 홈페이지에 올리기도 했다. 하지만 연설문을 직접 작성한 사례는 의외로 드물다. '독도는 우리 땅입니다'로 시작하는 '한일 관계에 대한 대국민담화'를 제외하면 특별히 기억나는 것이 없다. 이렇듯 낭독형 연설의 경우, 그는 철저히 시스템에 의존했다. 자신이 구술하면 연설팀이 정리하고 압축하는 시스템이다.

중요 서신과 달리 연설의 경우 이런 시스템을 견지한 데는 나름대로의 이유가 있다. 무엇보다 시간의 문제이다. 서신이나 기고는 간헐적으로 발생하는 사안이지만, 연설은 하루 이틀 간격으로 준비해야 하는 일상이다. 대통령이 연설문 작성에만 몰두하는 것은 효율적인 국정 운영을 위해서도 바람직한 일이 아니다. 또 서신이나 기고는 논리적일 필요는 있지만 반드시 압축되고 정리되어야 하는 것은 아니다. 반면 연설문은 주어진 시간 내에 해야 할 이야기를 소화해야 하는 만큼 필사들의 조력이 어느 정도 필요하다.

⋮

스스로의 철학과 생각을 담아내야 한다

이처럼 대통령 재임 중의 그는 연설문을 직접 작성하지는 않았다. 하지만 구술과 수정작업에 들인 공력을 감안하면 어느 것 하나 그의 혼이 담기지 않은 연설문이 없다. 그는 분명히 스스로 연설문을 쓰는 리더였다. 좋은 연설문을 생산하기 위한 그의 노력은 치열했다. 무엇보다 그는 자신의 생각이 담기지 않는 글을 그냥 읽기만 하는 사람이 아니었다. 생각과 철학은 물론 언어와 표현까지 그의 것이어야 비로소 자신의 연설문으로 받아들였다. 아무리 좋은 예화가 인용되었어도 자신의 생각과 조금이라도 다르면 주저 없이 쳐냈다. 연설팀은 특별한 내용을 창작하기보다는 그의 철학과 생각을 담아내는 데 주력해야 했다. 이를 바탕으로 최대한 매끄럽게 압축된 문장을 만드는 데 심혈을 기울여야 했다. 그래서 그는 연설문에 담을 메시지나 키워드를 묻는 질문에는 항상 우선적으로 대답해주었다. 자신이 쓰는 연설문이라는 생각이 강했기 때문이다.

이것이 첫 번째 포인트이다. 연설문은 스스로 쓰는 것이 가장 좋다. 몇 가지 이유는 다음과 같다. 문장 하나하나를 완성하는 과정에서 내용을 한 번 더 생각하고 고민하게 된다. 그런 과정을 거치면서 좋은 표현이 나오고 설득력도 갖게 된다. 아울러 현장의 상황도 나름대로 파악하게 된다. 청중은 어떤 부류의 사람들인지, 대표자는 어떤 사람인지, 또 어떤 성향을 가지고 있는지 정확히 파악하게 된다.

다른 사람이 써준 원고를 낭독할 때면 무심코 지나쳤던 각종 예화와 수치도 한 번 더 확인하게 된다. 사실이 정확하게 인용된 것인지, 그것보다 더 적합한 자료는 없는지 꼼꼼하게 점검하게 된다. 실수할 가능성이 줄어드는 것이다. 또 그렇게 확인한 통계와 수치는 머릿속에 깊이 각인된다. 자신의 정보와 지식이 되는 것이다.

무엇보다 큰 강점은 자신의 호흡에 맞추어 연설할 수 있다는 점이다. 호흡의 길이는 사람마다 다르다. 목소리의 고저장단도 다양하다. 오랜 시간을 함께해온 사람이라도 호흡까지 정확하게 맞추어 글을 써내기는 쉽지 않다. 또 다른 사람이 쓴 글에는 자신이 잘 쓰지 않는 낱말이 섞이는 경우가 있다. 그것이 마침 발음하기 어려운 낱말이라면 현장에서 더듬거리게 될 가능성도 충분히 있다. '아버지가 방에 들어가신다'를 '아버지, 가방에 들어가신다'로 읽을 수도 있는 것이다. 옛날에 어떤 정치인이 참모가 써준 질의자료를 읽던 중 '괄호 열고, 물 한 잔 마시고, 괄호 닫고'라고 말했다는 이야기가 있다. 지어낸 우스갯소리이겠지만 아무런 생각 없이 읽다 보면 이런 상황이 없으리란 보장도 없다.

다른 사람이 작성한 원고의 경우, 연설을 앞두고 몇 차례 읽어보았다 해서 쉽게 자기 것이 되지는 않는다. 최소한 10분이 넘는 연설이라면 특정 대목이 어디쯤에 위치하는지도 가물가물할 수 있다. 그런 상황에서 돌발 요인이 발생하면 신속하고 원만한 대응이 어렵다. 청중이 특정한 내용에 대해 질문할 경우, 인용한 자료나 예화가 틀린 것으로 확인될 경우, 또는 날씨를 포함하여 이야기의 전제들에 변화가 있을 경우, 대처가 쉽지 않다. 스스로 작성한 연설문은 그렇지 않다. 전체의 흐름은 물론 세세한 내용을 연설자 본인이 꿰뚫고 있기 때문이다. 현장에서 돌발요인이 발생해도 큰 동요나 어려움 없이 무난하게 대처할 수 있다.

⋮

'자료'의 공급과 검증의 과정이 중요하다

연설문을 직접 쓰기 위해서는 부단한 노력이 필요하다. 무언가를 쓰고 말한다는 것은 일종의 출력 과정이다. 철학과 사고(思考)만으로 일상의 모든 출력을 감당하기는 쉽지 않다. 적절한 입력 과정이 있어야 한다. 참여정부 시절 청와대의 본관에는 이전 정부에 없었던 두 개의 비서관직이 있었다. 하나는 2004년에 있었던 리더십비서관이고, 다른 하나는 2005년 이후 있었던 연설기획비서관이다.

리더십비서관은 2004년에 신설되었다. 이 자리에는 당시 외교부 공무원으로 나중에 외교안보연구원장을 지낸 이주흠 씨가 임명되었다. 탄핵 기간 중 노무현 대통령이 읽은 《드골의 리더십과 지도자론》이 발탁 동기가 되었다. 이 책을 읽고 깊은 인상을 받은 대통령은 그를 직접 면담한 끝에 비서관으로 발탁했다. 리더십비서관은 대통령이 수시로 불러서 대화를 나눌 수 있는 곳에 있었다.

리더십비서관은 말하자면 '독서비서관'이었다. 노무현 대통령은 리더십비서관을 통해 자신의 '말과 글'을 풍부하게 할 자료를 공급받고자 했다. 그는 정리된 글을 통해 사람을 설득하는 데 관심이 많았다. 일찍이 돈 잘 버는 변호사에서 치열한 인권변호사로 변신하던 과정에 일련의 책들이 결정적 역할을 했기 때문인 것으로 보인다. 퇴임 후 봉하의 사저 앞을 찾아온 방문객이 '청년기에 가장 큰 영향을 준 사람이 누구인가?'하고 묻자 그는 이렇게 대답했다.

"저는 의미 있는 삶에 눈뜬 것이 30대 중반에 들어와서입니다. 비로소 새로운 가치와 의미에 대해서 생각하게 되었습니다. 그래서 20대 때 자극을 받은 사람이 있다고 말하긴 어렵고, 30대 중반에는 어떤 사람이라기보다는 그 당시의 상황이었습니다. 그때도 현실에서는 젊은 청년들이 투쟁을 하고 있었고 리영희 교수 같은 분이 책을 많이 써내고 있었습니다. 광주민주화운동이 있었고 그것과 관련된 여러 보고서들이 있었지요. 결국 한 사람을 이야기하라면 리영희 선생의 책이 될 것 같네요."[128]

책으로 자신의 삶이 바뀌었듯이, 그는 글이 세상을 바꿀 것으로 굳게 믿고 있었다. 그런 대통령에게 리더십비서관의 자료와 경험이 필요했던 것이다. 리더십비서관은 상당 기간 대통령의 말과 글에 참고할 자료를 생산하는 역할을 담당했다. 또 하나의 신설직인 연설기획비서관은 내가 2005년 말에 제1부속실장에 이어 맡은 직책이었다. 연설비서관처럼 직접 연설문을 쓰는 자리는 아니었다. 이 직책을 신설할 당시 대통령이 붙이고자 했던 직함은 '말과 글 비서관'이었다. 그는 왜 이런 역할의 참모가 필요했을까?

거듭 말하지만 그는 '말과 글'을 깊이 고민하는 정치인이었다. 그러다 보니 골똘한 생각 끝에 만들어낸 '말과 글'을 함께 검증해줄 참모가 필요했다. 자신의 비유나 표현 등이 혹시 잘못된 것은 아닌지 때로는 과도한 것은 아닌지를 확인하는 시스템이었다. 말하자면 대통령의 말과 글을 함께 기획하고 검증하며 기록하는 역할이었다. 2007년 상반기에 내가 청와대를 떠난 후에는 김경수 비서관(현 국회의원)이 이 역할을 맡았다.

노무현 대통령에게 '리더십비서관'과 '연설기획비서관'이 필요했던 이유를 한마디로 압축하면 '자료'와 '검증'이다. 이것이 두 번째 포인트다. 스스로 연설문을 쓰는 리더를 지향한다면 이 두 가지 역할의 중요성을 염두에 두어야 한다. 내용이 있는 연설문을 만들고 싶다면 무엇보다 독서 등을 통해 부지런히 자료를 확보해야 한다. 자신이 직접 쓴 연설문을 검증할 수 있는 시스템까지 갖춘다면 더욱 좋을 것이다.

⋮

핵심은 '표현'이 아니라 '콘텐츠'다

아무리 노력해도 도저히 연설문을 쓰지 못하겠다는 사람이 있다. 말하기도 안 되는데 글쓰기는 더욱 안 된다는 사람도 있다. 그럴 경우에는 달리 방법이 없다. 누군가에게 연설문을 작성해달라고 부탁해야 한다. 그렇다면 누구에게 의뢰할 것인가? 자신의 연설문을 가장 훌륭하게 작성해줄 수 있는 사람은 과연 누구일까?

영순위는 물론 자기 자신이다. 그것이 불가능할 경우 1순위는 주변에 있는 사람이다. 오랫동안 자신과 호흡을 맞추어온 사람 가운데에서 찾는 것이 좋다. 참모일 수도 있고 친구일 수도 있다. 때로는 아들딸일 수도 있다. 달리 말하면 자신의 생각이나 지향을 가장 잘 알고 있으면서 글을 어느 정도 쓸 수 있는 사람이다. 글 잘 쓰는 것으로 소문나 있는 유명작가나 필사는 오히려 그다음 순위다.

연설문의 핵심은 표현이 아니고 콘텐츠에 있다. 콘텐츠가 먼저고 표현은 나중이다. 콘텐츠가 바탕을 이루고 그것이 훌륭한 표현으로 다듬어질 때 명연설문이 되는 법이다. 거기에 연설자가 리듬과 고저장단, 그리고 강약을 조절하여 호소력 있게 읽을 때 명연설이 완성된다. 단순히 글을 잘 쓰는 사람이 훌륭한 연설문을 만들어내는 것은 결코 아니다.

정치인이나 국회의원의 경우도 마찬가지다. 선거를 앞두고 홍보물을 만들 때면 우선 유명 카피라이터부터 찾는 경향이 있다. 그러나 내용에 대해 가장 치열하게 고민하는 사람은 자기 자신이다. 유권자의 특성도, 홍보해야 할 콘텐츠도 자신이 가장 많이 알고 있다. 그것이 없는 상태에서는 아무리 유명한 필사도 훌륭한 작품을 만들어낼 수 없다.

마음에 드는 연설문이 필요하다면 어떻게 해야 할까? 대통령의 참모로 일하면서 터득한 노하우는 다음과 같다. 먼저 연설 전체의 흐름과 콘텐츠를 스스로 작성한다. 한글워드프로세서 작업도 좋고 구술도 좋다. 이 내용을 가지고 글쓰기에 관해 전문성이나 비교우위를 가진 참모 또는 주변인이 수정하고 보완한다. 그러면 정확한 콘텐츠가 바탕이 되고 적절한 표현으로 다듬어진 연설문이 만들어질 것이다. 이것이 세 번째 포인트이다.

연설문의 완성은 연설의 시작에 불과하다. 그다음에는 반복해서 읽는 연습을 해야 한다. 원고 내용을 외우다시피 하면 현장에서 읽는 모습도 무척 자연스러워진다. 연설에 처음 도전하는 사람이라면 원고의 곳곳에 호흡할 지점을 표시해두는 것이 좋다. '아버지, 가방에 들어가신다'와 같은 실수를 방지하기 위해서다. 거듭 말하지만 큰 결론은 이렇다. 스스로 연설문을 쓰는 사람이 진정한 리더이다.

'최고의 말하기'를 만드는 '최고의 연설문'이란

1. 스스로 쓰는 것이 가장 좋다

문장 하나하나를 완성하는 과정에서 내용을 한 번 더 생각하고 고민하게 된다. 그런 과정을 거치면서 좋은 표현이 나오고 설득력도 갖게 된다. 아울러 현장의 상황도 나름대로 파악하게 된다. 각종 예화와 수치도 한 번 더 확인하게 된다. 사실이 정확하게 인용된 것인지, 그것보다 더 적합한 자료는 없는지 꼼꼼하게 점검하게 된다. 무엇보다 자신의 호흡에 맞추어 연설할 수 있으며, 현장에서 돌발요인이 발생해도 큰 동요나 어려움 없이 무난하게 대처할 수 있다.

2. '자료'의 공급과 검증 과정은 필수다

무언가를 말한다는 것은 일종의 출력 과정이다. 적절한 입력 과정이 있어야 한다. 내용이 있는 연설문을 만들고 싶다면 무엇보다 독서 등을 통해 부지런히 자료를 확보해야 한다. 자신의 비유나 표현 등이 혹시 잘못된 것은 아닌지 때로는 과도한 것은 아닌지를 확인하는 시스템이 필요하다.

3. 핵심은 '표현'이 아니라 '콘텐츠'다

콘텐츠가 바탕을 이루고 그것이 훌륭한 표현으로 다듬어질 때 명연설문이 되는 법이다. 거기에 연설자가 리듬과 고저장단, 그리고 강약을 조절하여 호소력 있게 읽을 때 명연설이 완성된다. 연설 전체의 흐름과 콘텐츠를 스스로 작성해본다. 한글워드프로세서 작업도 좋고 구술도 좋다.

대통령의
방명록

정치인의 공보비서 역할을 하다보면 다양한 종류의 글을 쓰게 된다. 성명서도 있고 기자회견문도 있다. 때로는 수필 같은 기고문도 써야 한다. 또 하나 빼놓을 수 없는 것이 카피라이터 업무다. 비서실 내에서 글쓰기를 전담하게 되면 아무래도 홍보 관련 업무까지 맡을 가능성이 높다. 그런 일을 제대로 수행하려면 수준급은 못되어도 어느 정도의 실력을 갖춘 카피라이터가 될 필요가 있다.

카피라이터 역할 가운데 홍보문구를 작성하는 것 못지않게 신경 쓰이는 일이 하나 있다. 사소한 것 같지만 중요한 일이다. 방명록에 서명할 문구의 시안을 만드는 일이다. 대부분의 정치인들은 가는 곳마다 방명록에 서명해달라는 요청을 받는다. 식사하기 위해 음식점에 들렀다가도 주인으로부터 서명 요청을 받기도 한다. 그럴 때 흰 종이 위에 이름 석 자만 달랑 쓰면 조금 성의가 부족해 보인다. 그래도 뜻 깊은 한마디를 남겨야 체면이 서는 기분이다.

정치인 노무현에게도 방명록 서명은 일상에 가까운 일이었다. 특히 대통령 재임 중에는 외부 방문 행사의 경우 가는 곳마다 방명록에 서명해야 했다. '2005년 11월 12일, 대한민국 제16대 대통령 노무현'. 이처럼 날짜와 이름만 쓰는 때도 있었다. 흔한 일은 아니었다. 열 번 가운데한 번 정도의 일이었다. 나머지 대부분은 의미 있는 문구가 필요했다. 그 시안을 챙기는 것은 제1부속실의 일이었다. 일정이 확정되면 제1부속실은 나에게 시안을 작성해줄 것을 요청했다. 문구는 짧았지만 고민하는 시간은 꽤 길었다. 나름대로 괜찮다 싶은 복수의 시안들을 행사를 앞두고 보고했다. 그런데 내가 보고한 시안대로 대통령이 방명록 문구를 쓰고 서명한 경우는 단 한 번도 없었다. 대통령 재임 중에만 그런 것은 아니었다. 민주당의 대통령 후보이던 시절에도, 그 이전에 경선후보이던 시절에도 내가 올린 시안이 채택된 일은 전무했다. 그는 나의 시안을 참고하기만 할 뿐이었다. 그렇게 방명록 문구 하나를 쓰는 데에도 그는 깊은 고심을 거듭했다. 그렇게 해서 결국 자신의 독창적인 문구를 찾아냈다. 다음은 그가 고심 끝에 작성한 방명록 문구의 사례들이다.

"인류 양심의 영원한 등불이십니다." (2004년 10월 5일, 인도 간디공원방문)

"영원한 우정을 위해." (2005년 6월 10일, 백악관 루스벨트 룸)

"되살아나기를 기원해봅니다." (2005년 9월 10일, 멕시코 국립 인류학박물관)

"큰 성취를 축하드립니다. 감동을 표현할 수가 없습니다." (2005년 11월 12일, 이영미술관 전혁림 화백전 관람)

"압제에 대한 저항은 인간의 고귀한 권리입니다. 알제리의 거룩한 희생은 온 인류에 영원히 기록될 것입니다." (2006년 3월 12일, 알제리 충혼탑 헌화 및 독립기념관 시찰)

아무튼 보고한 시안이 휴지조각이 되고 마는 것은 스트레스일 수밖에 없었다. 그러나 대통령 임기가 절반의 반환점을 돌 무렵부터는 나도 마음을 비우기 시작했다. 스스로를 위로하는 방법을 터득한 것이다. 내가 보고한 시안이 바탕이 되어 결국 대통령이 최종 문구를 뽑아낼 수 있었을 것이라는, 자족적인 위로였다.

외국을 순방할 때면 방명록에 서명할 일이 더 많아진다. 행사장까지 가는 차 안에서도 그는 마지막 순간까지 문구를 고심한다. 때로는 의외의 장소에서 방명록 서명 요청을 받기도 한다. 2004년 가을, ASEM 정상회의를 위해 베트남 하노이에 머물 때의 일이다. 어느 날 제1부속실은 공식 일정이 없는 저녁시간을 이용하여 외부의 식당을 예약했다. 대통령 내외가 잠시라도 오붓하게 편안한 시간을 갖도록 하려는 것이었다. '황제'라는 이름의 식당이었다. 예정된 시간이 되어 대통령 내외는 공식수행원들에게 알리지 않고 시내의 식당을 찾았다. 여유롭게 식사를 마친 내외가 식당을 나설 무렵, 매니저가 인사하면서 방명록을 내밀었다. 서명해달라는 것이었다. 갑작스런 요청이었지만 대통령은 전혀 당황하는 기색이 아니었다. 잠시 생각하는 듯싶더니 그는 머뭇거리지 않고 방명록에 서명했다.

"하노이에서 잠시 황제가 되었습니다." (2004년 10월 9일. 하노이, 외부 비공개만찬시 방명록 서명)

23

생각을 흐리는 수사는
배제한다

"부산에서 파리행 기차표를 사서
평양, 신의주, 중국, 몽골, 러시아를 거쳐
유럽의 한복판에 도착하는 날을 앞당겨야 합니다."

"정의가 강물처럼 흐르는 사회!"

누구나 한 번 이상 들어보았을 표현이다. 어느 대통령의 취임사에도 등장한다. 듣는 순간 가슴이 벅차오르는 느낌도 있다. 어떻게 이런 표현을 만들어내었을까? 이 표현의 원천은 구약성경 '아모스' 5장 21절에서 24절에 있다고 한다.

⋮

비유가 사물을 비추는 조명이라면,
수사는 가치를 높이는 포장이다

비유법이 사물을 더 정확히 볼 수 있도록 비쳐주는 조명이라면, 수사는 사물을 그럴듯하게 보이도록 하는 포장이다. 조명이 사물의 본질을 바꿀 정도로 강하면 안 되듯이, 수사 역시 메시지의 본질을 가릴 정도로 두터우면 좋지 않다. 어울리는 포장은 제품의 가치를 높여주기 마련이다. 수사는 그렇게 적절한 수준으로 활용될 필요가 있다.

낭독형 연설의 경우 수사가 적극적으로 활용되면 좋다. 그렇지 않으면 자칫 딱딱하게 흐름이 전개되면서 긴장이 떨어질 수도 있기 때문이다. '정의가 강물처럼'은 낭독형 연설에 쓰이기에 매우 적합한 수사로 보인다. 그렇다면 노무현 대통령의 낭독형 연설에는 수사가 어느 정도 활용되고 있을까? 대표적 사례인 2003년 취임사를 한번 보자. 다음은 그 가운데 몇 대목을 발췌한 것이다.

"우리의 역사는 도전과 극복의 연속이었습니다. 열강의 틈에 놓인 한반도에서 숱한 고난을 이겨내고, 반만년 동안 민족의 자존과 독자적 문화를 지켜왔습니다. 해방 이후에는 분단과 전쟁과 가난을 딛고, 반세기만에 세계 열두 번째의 경제 강국을 건설했습니다."

"세계의 안보 상황이 불안합니다. 이라크 정세가 긴박합니다. 특히 북한 핵 문제를 둘러싼 국제사회의 우려가 고조되고 있습니다. 이럴수록 우리는 평화를 지키고 더욱 굳건히 뿌리내리게 해야 합니다."

"한반도가 지구상의 마지막 냉전지대로 남은 것은 20세기의 불행한 유산입니다. 그런 한반도가 21세기에는 세계를 향해 평화를 발신하는 평화지대로 바뀌어야 합니다. 유라시아 대륙과 태평양을 잇는 동북아의 평화로운 관문으로 새롭게 태어나야 합니다. 부산에서 파리 행 기차표를 사서 평양, 신의주, 중국, 몽골, 러시아를 거쳐 유럽의 한복판에 도착하는 날을 앞당겨야 합니다."

"이제까지 우리는 한반도의 평화를 증진시키기 위해 많은 노력을 기울였습니다. 그 성과는 괄목할 만합니다. 남북한 사이에 사람과 물자의 교류가 일상적인 일처럼 빈번해졌습니다. 하늘과 바다와 땅의 길이 모두 열렸습니다. 그러나 정책의 추진 과정에서는 더욱 광범위한 국민적 합의를 얻어야 한다는 과제를 남겼습니다. 저는 그동안의 성과를 계승하고 발전시키면서, 정책의 추진방식은 개선해 나가고자 합니다."

첫머리에서도 또 핵심 내용을 이야기하는 대목에서도 이렇다 할 수사나 비유는 등장하지 않는다. '부산에서 파리 행 기차표를 사서… 유럽의 한복판에 도착하는 날'이 어쩌면 유일하게 수사에 가까운 문장이 아닐까 싶다. 당시 노무현 대통령 당선인의 선호가 연설문을 작성하는 과정에 반영된 것으로 보인다. 나도 이 원고를 작성하는 데 참여하긴 했지만 취임사 전체가 이렇게 건조한 느낌을 띠고 있다는 사실은 최근에야 새삼스럽게 확인했다. 역시 그의 언어습관에서 벗어나지 않으려고 무척 애를 썼던 것으로 보인다.

알맹이 있는 수사는 전달력을 높인다

나는 민주당의 대통령 후보 경선 시절부터 그의 연설문을 작성하는 데 참여해왔다. 본선을 치르는 동안에도 마찬가지였다. 하지만 결정적으로 중요한 연설을 작성할 때에는 뒤로 빠지기 위해 애를 쓰곤 했다. 실제로 본선이 치러지는 시기에는 당시 민주당의 이병완 전략문제연구소 부소장 등에게 주요 연설문의 작성을 부탁한 경우가 많았다. 언론인 출신인 이병완 부소장은 후보가 하고 싶은 이야기를 군더더기 없이 정리해내는 편이었다. 언론인 출신들은 대체로 문장이 건조하고 담백했다. 노 후보는 그런 연설문에 상대적으로 높은 점수를 주었다. 나의 문체는 담백한 것과는 상당한 거리가 있었다. 경선캠프에 합류하기 전까지만 해도 문장마다 화려한 수사나 은유를 담아내는 편이었다. '태양'이나 '대지'도 자주 등장하고, '역사의 물줄기', '활화산', '불꽃', 나아가 '고뇌 어린 결단', '위대한 국민' 같은 표현들도 즐겨 썼다.

당연한 일이었지만 노무현 후보는 나의 이러한 문체를 수용하지 않았다. 내가 처음으로 두 건의 외부기고문을 작성한 후 결재를 맡기 위해 그의 방을 찾았을 때였다. 해수부장관이었던 그는 장관직을 수행하느라 경선후보 캠프에는 자주 들르지 못하고 있었다. 모처럼 캠프에 들렀을 때 결재를 받으려던 것이었다. 하지만 내 원고의 첫머리를 보고 나서 그는 바로 종이를 덮었다. 내용도 자신의 이야기가 아닐뿐더러 글 또한 자신의 문체가 아니라는 것이었다. 그로부터 그가 대통령 후보가 되고 다시 대통령이 되는 과정에 이르기까지 나의 글은 서서히 수사가 없는 문체로 변했다. 대통령이 된 이후에는 더욱 확실하게 건조체로 바뀌어갔다.

실제로 그는 사석에서 자신이 선호하는 문체에 대해 이야기하기도 했다. 퇴임 후인 2008년 10월 무렵 봉하의 사저에서 있었던 김경수 비서관과의 대화이다. 다음은 그 일부이다.

"사실은 이리저리 달라진 것을 실제로 글 쓸 사람은 들여다보고 그래 가지고 정리해 나가야 되거든. 누가 쓸 거냐의 문제에 관해서 자네들… 내가 수사를 많이 쓰질 않아, 그렇지? 내 글에 수사가 별로 없지?"

김경수 비서관이 '예' 하고 답하며 고개를 끄덕이자 대통령이 계속 말한다.

"직선적이고 담백한 대신에 얘기의 흐름을 부드럽게 해가는…, 수사를 복잡하게 쓰지 않고, 얘기의 흐름을 부드럽게 끌고 갈 수 있으면 좋겠는데… 글을 대개 그런 느낌의 분위기로 누군가가 써줘야 되거든. 큰 차이는 없지 싶은데, 그렇게 좀 수사 없이… 그런데 논리성, 논리 이런 것 때문에 필요하긴 한데, 큰 수사 없이 글을 쓰는…."

수사는 가급적 쓰지 않되, 이야기의 흐름은 부드럽게 하면서도 논리를 전개해나가는 문체를 그는 기대하고 있다. 그러면서 평소 자신의 글이 가지고 있는 약점도 토로하고 있다.

"나는 이야기가 곁가지로 잘 나가버리는데, 이것을 과감하게 잘라줘 버려야 되거든. 곁가지 얘기는 별도로 처리를 해줘야 되는 것이지. 곁가지는 끊어내고 수사는 많이 안 쓰는 글. 곁가지가 많은 게 내 글의 흠이기 때문에 곁가지가 많이 달리지 않게 하는 게 좋아. 곁가지는 나중에 모두 별도의 아이템으로 처리해줘야 되거든. 과수나무를 보면 굵은 가지에는 열매가 안 달려요, 굵은 가지에는. 그런데 내가 쓰다 보면 굵은 가지에 열매가 달려버리는 이런 방식이 되어버리지. 가지로 나간 다음에 열매가 달려야 되는데…. 그런 부분을 극복해 나갈 수 있는 글을 쓰면…."[129]

글쓰기나 연설문을 보좌하는 사람, 즉 고스트라이터(ghostwriter)의 입장에서는 당연히 주문자의 선호에 맞추어 글을 써야 한다. 그러다 보니 노무현 대통령의 낭독형 연설이 나에게는 항상 건조한 느낌으로 다가왔다. 적절하게 수사가 활용되었으면 하는 아쉬움이 있었다. 반면 낭독형 연설과 달리 그의 대화체 연설은 참으로 다양한 비유와 수사들이 등장하여 듣는 재미를 더해주었다. 나로서는 두 가지 유형의 연설로부터 받는 느낌의 차이가 매우 컸다.

적절한 수준의 수사는 필요하다. 물론 과도하게 활용하는 것은 자제해야 한다. 알맹이도 없는 상태에서 수사만 남발하는 것은 허공에 뜬 구름을 잡는 것이나 마찬가지다. 그러나 적어도 알맹이가 담보된다면 수사는 이야기를 매끄럽게 하는 윤활유 역할을 하기도 한다. 그래서 전달력을 더욱 높여준다.

링컨의 게티스버그 연설은 2분 40초 정도의 짧은 연설이다. 불과 266개의 단어로 구성되어 있음에도 세기의 명연설로 남아 있다. 이렇듯 짧은 연설임에도 불구하고 수사학적으로 매우 탁월하다는 평을 듣고 있다. 명연설을 꿈꾸는 사람이라면 깊이 음미해볼 필요가 있다.

어떻게 수사(修辭)를 활용할 것인가

1. 메시지의 본질을 가리지 않아야 한다

비유가 사물을 더 정확히 볼 수 있도록 비쳐주는 조명이라면, 수사는 사물을 그 럴듯하게 보이도록 하는 포장이다. 조명이 사물의 본질을 바꿀 정도로 강하면 안 되듯이, 수사 역시 메시지의 본질을 가릴 정도로 두터우면 좋지 않다. 어울리는 포장은 제품의 가치를 높여주기 마련이다. 수사는 그렇게 적절한 수준으로 활용 될 필요가 있다.

2. 알맹이 있는 수사로 전달력을 높여야 한다

적절한 수준의 수사는 필요하다. 물론 과도하게 활용하는 것은 자제해야 한다. 알 맹이도 없는 상태에서 수사만 남발하는 것은 허공에 뜬 구름을 잡는 것이나 마찬 가지다. 그러나 적어도 알맹이가 담보된다면 수사는 이야기를 매끄럽게 하는 윤 활유 역할을 하기도 한다. 그래서 전달력을 더욱 높여준다.

[부록]

노무현 대통령의 말하기에서 배우다

: 2005년 신임 사무관 특강

노무현 대통령의 강연은 재미있다. 5분마다 웃음이 터진다. 유익한 지식과 정보도 많다. 시간 가는 줄 모르는 강연이다. 대통령 재임 중 수행하며 들은 강연 가운데 가장 재미있었던 연설이 2005년 11월 9일 신임 사무관을 대상으로 한 특강이었다. 노무현의 끼와 유머코드가 한껏 발현된 강연이다. 지면의 제한으로 강연 전체를 전재하지 못하고 전반부만을 여기에 소개한다. 찬찬히 읽다 보면 노무현 대통령 특유의 말하기 노하우를 접할 수 있다.

감사합니다. 박수쳐주면 좋죠. 박수가 이게 참 묘약입니다. 말이 막혔을 때도 박수치면 말이 나오고 가슴이 떨릴 때도 박수치면 가라앉습니다. 근데 또하나 새로운 현상을 본 것 같습니다. 제가 들어오기 전에 여러분들이 많이 긴장하고 있대요. 그런데 들어오니까 긴장한 사람들이 웬 소리를 그렇게 지르는지 모르겠어요. 그래서 '아, 대한민국 신임 사무관들은 긴장하면 소리를 지르는구나.' 반갑지요?

저도 반갑습니다. 아주 반갑습니다. '소문난 잔치에 먹을 것 없다.' 그 말 딱 맞습니다. 소문난 강사 별로 들을 말 없습니다. 여러분과의 강연을 약속해놓고 준비를 안 했습니다. 왜? 강연의 도사니까….

그런데 하루하루 날짜가 다가오니까 걱정이 태산같이 되기 시작합니다. 할 말이 너무 많으면 무슨 말을 할지 몰라서 이 말 꺼냈다 저 말 꺼냈다 아예 실패하는 게 이게 도사의 운명입니다. 그래서 할 말이 많은 대통령은 반드시 강연에 실패한다, 그래서 할 말을 죽이자.— 아, 중간 과정을 마저 보고를 해야겠네요—이제 강연을 한다고 하니까 우리 혁신수석실에서 강연에 관해서 강연안을 적어 왔는데 대한민국의 좋은 말은 다 들어 있어요.

그 얘기를 하려고 하다가는 아무것도 말 못하고 끝날 것 같아요. 그래서 줄이자…. 일요일 이제 붙들고 앉았습니다. 여러분들도 일요일이 있지만 나도 일요일이 있지 않습니까? 일요일인데 붙들고 앉아 있으니까 처량하기도 하고, 갈 데도 없는 사람이 공연히 가고 싶고, 그런데 갈 수도 없어요. 몇 시간을 잡고 씨름을 했는데 운명입니다. 내가 선택한 주제가 여러분에게 마음에 드는 주제이면 오늘 강연은 성공하는 것이고, 내 딴에는 맘먹고 선택을 했는데 이게 또 이것저것 욕심 부리다가 그냥 여러분들한테 아무런 공감도 주질 못하면 그걸 뭐라고 그러죠? 헛방이라는 겁니다.

이제 제 아내가, 요샌 저도 이제 여사님 어디 갔노? 이래 묻거든요?

어디 가면 '내 아내가…' 이랬는데 대통령의 아내니까 또 함부로 '내 아내가…' 이렇게 말할 수도 없고 그래서 '집사람,' '아, 여보시오. 그게 당신 집이오?' 그러면 나도 할 말도 없고…. 그래서 '여사님.' 괜찮더라고요, 그것. '여사님 어디 가셨소?' 하고 물으면 '여사님 어디 갔대요.' 근데 오늘 집에 가면 여사님께서 '여보, 거 대통령이 돼서 그것 헛방이 뭐요? 헛방….' '그러면 뭐라고 말해 헛방을 헛방이라고 하지.' '빈 깡통….' '깡통이 뭐요, 또….'

제가 항상 고민이 이런 고민이거든요. 살면서 저는 그럴 때 가장 정확한 표현으로 헛방이라고 말을 하고 살았는데, 대통령이 되고 나니까 이게 헛방이라고 하면 안 되죠. 괜찮습니까? 하여튼 헛방입니다. 오늘 내 헛방하지 않도록 노력을 하겠습니다. 푸른 꿈을 안고 가슴은 사명감에 불타고 그렇습니다.

이제 대한민국의 난관이 나의 난관이다 몸을 바쳐 돌파하리라, 이렇게 사명감에 불타고—사명감에 불타는 것은 조금 전에 했죠?—왜 이 말을 하느냐? 오늘 한국호의 선장과 여러분이 만났습니다. 같은 배를 타고 있죠? 여러분은 아마 내가 보기에 비유를 한다면 선원 자격인 것 같아요. 선원 자격인데, 지금은 내가 가장 책임이 무거운 주인 같은 자리에 있는 것처럼 보이죠. 주인은 국민이고 '그러면 뭐요?' 사장이죠, 선장이죠, 그죠? 선장이 왕이지 뭐…. 배 타면요, 배에서는 선장이 왕이거든요? 옛날에는 형사사법권도 갖고 있었대요, 요즘은 없지만…. 형식적으로는 있지만 행사를 못하죠. 그런데 지금은 내가 중심에 있는 것처럼 보이지만, 2년 반 지나면 나는 보따리 싸고 가고, 여러분은 그냥 이 대한민국호의 아주 책임 있는 선원으로 남아 있습니다. 그냥 남아 있는 것이 아니고 10년 가도 그냥 있고 20년 가도 그냥 있습니다.

말뚝이요, 그죠? 주인이 있기는 있지만, 주인이 일일이 배 안의 일 다 모르고, 승객이 뭐 압니까? 여러분이 그 배의 주인이에요. 나는 손님이고 여러분은 주인입니다. 사명감에 불탈 것은 노무현이 아니고 바로 여러분이 사명감에 불타야 되는 거죠. 그래서 한 번 말을 해봤습니다. 사명감에 불타는 여러분들을 만나서 대한민국의 미래에 대해서, 그리고 여러분의 미래에 대해서 얘기를 지금부터 하려고 합니다.

그런데 오면서 '이 사람들이 그동안에 무슨 교육을 받았나?' 하고 여러분 교육과정을 이렇게 다 봤어요. 그런데 교육 과정을 보면서 내가 준비해온 모든 원고가 교육과정에 다 들어 있다는 사실을 다시 발견하고…

'야, 이것 망했구나.' 아, 참. 나는 그것 미처 몰랐어요. 망했어. 그렇게 됐습니다. 그런데 그러나 기뻤습니다.

제가 75년에 사법연수원 들어가 가지고 77년 8월까지 연수를 마치고 77년 9월 7일에 판사로 처음 발령을 받았습니다. 그런데 그때 사법연수원 교육 받기를 2년 과정이긴 하지만 대충 받았어요. 판결문 쓰는 건 열심히 받았지만 대강 대충 받았는데, 여러분들 교육 과정을 보니까 마치 군대 훈련 비슷하게 받은 것 같기도 하고, 요새 무슨 극기 훈련 하는 것 비슷하게 그렇게 아주 호되게 받은 것 같기도 하고, 내용도 이렇게 보니까 굉장히 알차게 받은 것 같습니다.

여러분들이 진심으로 그 내용을 정말 중요하다고 받아들였는지, 이 다리는 거쳐야 저 땅에 가니까 부득이 교육을 받았는지 알 수는 없습니다만, 그러나 여러분 시기에 받은 모든 것은 아주 강하게 새겨져 있습니다. 그래서 대충 받으신 분은 지금이라도 빨리 되돌려… 다시… 뭐죠? TV 보면 재방송하는 것 있죠? 재방송 다시 보십시오.

사실 지나고 보면 좋은 일이든 궂은일이든 젊은 시기에 경험했던 것이 그것이 밑천이 되지 않은 것이 없습니다. 정말 약이 되지 않은 것이 없습니다. 까마득한 지난날의 일도 어느 때 부닥쳐서 갑자기 머리 위에 떠오릅니다. 떠오르면서 다시 그것이 어떤 생각을 다듬고 판단하고 행동하는 데 큰 밑천이 되거든요. 그래서 여러분 교육 과정에 대해서 잘 받으신 분들은 그냥 됐고, 대충 받으신 분들은 지금이라도 오늘 밤에 자면서 마음속에 다시 다져 넣으십시오. 참 중요한 것이다….

무슨 교훈보다, '무얼 듣고 싶으냐?' 대통령이 살아온 과거에 대해서 고백을 하라…. 이게 여러분들의 제일 많은 요청이라고 해서 그래서 지금부터 저의 과거를 고백하겠습니다. 다만 하나 주의하실 것이 있습니다. 대체로 정치인들 만나서 얘기를 들을 때 주의할 것, 그 사람 말 들어서 잘하지 않은 일은 없습니다. 저 사람 영 엉터리지 싶은데 만나보면 그럴듯해요. 말을 들으면 더욱더 그럴듯해요. 그러니까 정치를 하죠. 그 재주가 없으면 정치는 실패합니다. 하물며 내가 정치 17년 만에 대통령까지 된 사람이니까 얼마나 말을 잘하겠어요. 그러니까 속지 않도록…. 각별히 유의하시고 들어주시기 바랍니다.

그를 이해하려면 그의 말을 듣는 것보다는 그가 걸어온 길을, 살아온 행적을 그렇게 한번 돌이켜보시고 판단하는 것이 좋습니다. 때로는 그 사람이 한 일은 찬성할 수 있는 일도 있고 찬성할 수 없는 일도 있겠지만 그것이 얼마나 진실한가, 그것이 제일 중요한 문제 아니겠습니까? 지금부터 제 진실을 다해서 여러분들께 제 과거를 고백을 하겠습니다.

그런데 또 한 가지 더 얘기를 하죠. 또 사람은 참 편리해서 잘못된 것은 다 잊어버립니다. 절반만 듣는다 생각하시고요. 어릴 때 배운 인생의 목표는 훌륭한 사람이 되는 것, 여러분과 똑같죠? 여러분도 대통령이 될 가능성이 있습니다. '무엇이 훌륭한 사람인가?' 학교에서 배운 대로 적었습니다. 읽어드리면 성공한 사람…. 예를 들면 큰 권력이 있는 지위에 오른 사람, 돈을 많이 번 사람, 명예를 얻은 사람, 정직하고 부지런하고 용기 있는 사람이 훌륭한 사람이고 남을 위해서 희생한 사람, 헌신한 사람, 남을 위해 일하는 사람, 이런 사람이 훌륭한 사람이다…. 공부 잘했죠?

20대에 와서 고시를 준비하면서 철학을 만났습니다. 철학 공부를 하고 싶어서가 아니고 법학 공부를 하기 위해서 준비 과정으로 철학에 입문했는데 거기 그럴듯한 말들이 많아서, 그래서 이제 그때부터 인생이 무엇인가 어떻게 살아야 되는가에 대해서 골똘하게 생각을 했는데, 그러나 갈 길이 바빠서 더 깊이 생각하지 못하고 또 생각한 것을 실행하지 못하고 그냥 그렇게 지나왔습니다. 여러분들과 똑같죠?

관념, 관념적 사상의 모색, 뭐 이렇게 볼 수 있겠죠? 그랬습니다. 그리고 고시에 합격했습니다. 여러분들도 고시에 합격했습니다. 변호사를 개업한 것은 별 뜻이 없습니다. 판사 생활이 좀 답답한 것 같았습니다. 내가 뭔가를 만드는 것이 아니고 남이 한 일을 사후적으로 평가한다는 것이 지금 생각해보면 굉장히 의미가 있는데, 그때 생각할 때는 그것 어쩐지 답답했습니다. 내가 뭔가 새로운 질서라든지 또는 새로운 무엇을 만들어 나가야지 만날 남 지나간 얘기만 듣고, 지나간 얘기도 밝고 즐거운 얘기는 별로 없고, 계약하고… 계약을 했는데 계약 내용에 대해서 분쟁이 생기고, 분쟁이 생기니까 지키지 않고 또 어떤 사람은 그냥 '배 째라!' 하고 안 지키고, 그러니까 이걸 어떻게 해야 되냐?

'그때 너 그 말 했냐? 안 했냐? 너 그때 이런 사실을 알고 한 거야? 모르고 한 거야?' 민사든 형사든 다 그래요. '그때 문서라도 하나 남기지 이 사람아. 말로 그냥 그것을 했어?' 만날 사람 말을 의심해요. 그것이 지금 생각해보면 매우 중요한 일인데, 중요한 일인데 그때는 답답해서 변호사로 개업했습니다만, 개업한 뒤에 약간의 고통은 있었습니다.

고달프게 사는 사람이나 고통스럽게 사는 사람, 또는 억압받는 사람들과 조우를 하게 되고, 실제로 정직하고 부지런한 사람이 성공할 수 있는 것이 맞는가? 성공한 사람은 결국 남을 지배하는 사람 아닌가? 때로는 고통 받는 사람들, 그 뿌리에 찾아 들어가 보면 결국 성공한 사람이 고통을 주는 자리에 있는 경우도 참 많고, 또 직접은 아니라도 내 스스로가 서 있는 자리가 우리가 만들어놓은, 아니 앞사람들이 만들어놓은 사회 구조의 수혜자가 아닌가, 그런 생각을 하게 됐습니다. 많은 사연이 있지만 다 줄여버리면 이렇습니다.

그리고 이제 이런저런 생각을 하는데, 어느 날 위인 전집 큰 책을… 나도 변호사고 돈 있으니까 아들을 위해서 큰 전집을 책장 달린 것을 통째로… 월부도 아니고 현금 바로 주고 갖다 집에 들여놓고, 아이 방에 들여놓고 누워서 그 책장을 가만히 보고 있는데, 거기 이름 나와 있는 사람이 모두 다 위인인가 했더니 위인과 영웅은 다른 것 같더라고…. 위인과 영웅이 다른 것 아니냐…

다 같이 막강하게 성공한 사람인데, 그러나 적어도 위인이라고 하면 남에게 고통을 주지는 않은 사람이어야 될 것 아니냐, 역사의 수많은 사람들에게 불행과 고통을 안겨준 사람은 빼야 될 것 아닌가…. 빼고, 그러고 보니까 거기 있는 사람들의 상당히 많은 숫자가 위인에서는 빠져야 되겠고, 그럼 그건 뭐냐? 그런 사람은 영웅이라고 합디다? 영웅이라고 해두자…. 영웅이 남긴 역사의 발자취가 과연 뭔가? 그런 생각을 하게 됐습니다.

칭기즈칸이 어떻게 해서 위인이냐? 그 사람의 성공이 우리에게 무슨 의미가 있는가? 몽골 사람들이 들으면 또 화를 낼지 모르겠습니다만, 아무 의미가 없는 것이죠. 우리한테 주는 건 아무 의미가 없어요. 그러고 보니까 내가 살았던 옛날 우리 마을에서 성공한 사람이 정말 나밖에 없어요. 나는 탈출했는데 그 사람들은 그냥 살고 있어요, 대체로. 그리고 다 같이 고향을 버리고 도시로 나왔는데, 나는 성공한 사람이고 내 많은 친구들은 성공 안 한 사람들입니다.

어릴 때 수없이 가난한 사람, 그리고 힘없는 사람을 위해서 살겠다고 했던 맹세가—나도 그런 맹세를 한 것 같아요, 기억에—그러나 나는 했는지 안 했는지 모르지만 어디 1등 합격한 사람의 합격기라든지 합격 인터뷰에는 반드시 가난한 사람들을 위해서 무료 봉사를 하고 그들을 위해서 살겠다…. 특히 변호사 되고자 하는 사람, 의사 되고자 하는 사람이 그 말을 많이 하더라고요, 그죠? 했으니 나도 안 했겠냐?

명시적으로나 묵시적으로나 누가 나보고 인터뷰를 하자고 안 했기 때문에 나는 말할 기회가 없었을 뿐이지, 그 맹세는 다 어디로 갔는가…. 회의, 갈

등 그리고 유신 체제에 대한 분개, 분노, 그러나 그것은 지적 사치, 그리고 미안하니까 양심의 가책을 느낌으로써 자기를 달래는 자위의 한계를 벗어나지 못하는 것 아니었던가… 그렇게 살았습니다. 그러나 역시 변호사 생활이라는 게 괜찮아요. 돈도 좀 벌 수 있고 가족을 위해서도 적당하게 쓸 수도 있고 시간도 있고 어디 가면 대접도 받고 예사로 남에게 좀 어떻게 하더라도 괜찮고, 성찰은 있었으나 변화는 없었습니다. 성찰은 있었으나 변화는 없었다….

내가 의문을 가진 그 문제에 대해서 양심이 발동해서 뭔가를 내가 실천하려고 하면 그날부터 인생이 고달파요. 내가 가지고 있는 많은 것들을 내놓고 포기해야 되는데, 그것을 할 수 있는 마음의 준비는 하나도 갖추어져 있지 않았다는 것이죠. 그러니까 입으로만 나가서 어디 분개하거나 혼자서 끙끙 앓고 마는 수준이었습니다.

어느 날 새로운 사람들을 만났습니다. 이 사람들은 그 시기 독재체제에 저항하고 데모하고 잡혀가고 하던 사람들이었습니다. 숨어서 무슨 양서조합이라는 것을 만들어서 하고, 그 사람들한테 약간의 돈을 지원하는 것으로 꽤 행복했습니다. 그 많은 마음의 부담을 그 일로 대강 덜어버릴 수 있었으니까… 그렇죠? 행복했습니다. 문제는, 습관의 문제죠. 새로운 삶을 선택할 수 있을 만한 아무런 준비가 없었다…. 내 습관을 바꿀 만한 아무런 결단을, 결단을 해야 될 계기도 없었다…. 그런데 이제 이 사람들을 만나서 이 사람이 자꾸 도와달래요. 가서 어디 나와 달라, 어디 돈 좀 내라, 무슨 사무실 여는데 돈 좀 내라, 데모하는데 나와서 앞장 좀 서 달라. 그렇게 해서 이제 슬슬 그냥….

그러니까 사회를 불안하게 하는 과격 불순분자는 아니고 그 옆에 따라다니는 사람이 됐어요.

친구들한테 슬슬 따돌림을 받게 되고, 받으면서 이제 내 친구들한테 분노를 갖게 되요. '그 새끼들 북한으로 보내버리지, 북한이 좋다 하면…' 나보다 조금 나이가 더 든 동료 변호사가 '그 새끼들 북한으로 보내버리지.' 이런 얘기를 들을 때는 이제 같은 사람에 대한 분노를 가지게 되고, 이중생활을 했습니다. 변호사로서 즐기는 삶도 즐기고 또 나가서 싸움도 하고….

근데 이제 뒷조사 당해서 잡혀가면 곤란하니까 그때부터 이제 여러 가지 편법으로 하던 일들을 정리해야 되는 난감한 문제가 따라오게 되죠. 그때는 마구 뒷조사했어요. 그런데 실제로 그 당시 변호사가 세금도 제대로 내지도 않고 사건 누가 한 건 가지고 오면 수수료도, 커미션도 주고, 그렇죠? 알선 수수료…. 비공식 수수료도 주고 뭐 사례금도 규정보다 많이 받고, 걸면 걸릴 것이 많았어요. 그것 정리하고 괴로웠습니다. 밤중에 자는데 면회 가자고 불러대고, 면회 갔다 와서 밤에 잠도 못 자고, 실컷 고생하고 오면 별로 고맙다는 소리도 안 하고….

왜냐하면 고통 받는 사람, 분노에 완전히 몰입돼 버린 사람은 주변에서 누가 도와줘도 고마운 것을 느끼질 못합니다. 자기가 받는 고통과 억울한 처지에 대해 완전히 빠져버리기 때문에 변호사의 도움을 받으면서도 변호사라는 종류의 인간에 대한 증오감 같은 것을 가지고, 불신과 증오감 같은 것을 가지게 됩니다. 특히 20대 젊은 사람들의 경우에는 더 그렇습니다.

그러니까 사람이 실컷 심부름해주고 때로는 화풀이 당하고 '이 짓을 왜 해야 하나?' 이 생각을 할 때가 내 아이가 초등학교 5학년 때였던 것 같습니다. 꼽아 보니까 8년, 8년 지나면 내 아이가 대학교를 가야 되고, 대학교에 가서 똑같은, 내가 부닥친 상황과 똑같은 상황에 부닥쳐야 할 텐데, 그 아이는 어떤 선택을 해야 하는가…. 아버지처럼 유신헌법이나 달달 외워 가지고 또 고시 공부를 해야 되는가? 아니면 불의와 부정에 과감하게 항거하는 양심 있는 젊은이가 돼야 할 건가? 그 당시는 어떻든 항거해야 된다고, 그것이 옳은 것이라고 보통은 생각했습니다. 지금은 어떨지 모르겠는데, 그것 참 난감해서 그 결심은—그때 그래서 이런 결심을 했습니다—애비가 대신하자…. 그렇게 진짜 순수하게 내 아이를 위해서…. 그래서 이제 인생을 걸기로, 부정(父情)은 아주 용감한 것이라는 것을 그때 내 알았습니다. 아이를 사랑하는 부모는 무슨 일이든지 할 수 있다….

단지 내 아이는 거기에 해당될 것이라는 생각을 많은 사람들이 하지 않았던 것이죠. 내 아이는 그럭저럭 그런 불행한 일을 당하지 않고 잘 지낼 것이라는 그런 안이한 생각들을 하면서 인생을 살고 있죠. 설마 우리 아이가…. 그런 생각 자체를 피하는 것이죠. 그래서 우리 아이가 대학교를 들어가기 전에 이 정권을 무너뜨리자, 독재를 무너뜨리자, 근사하죠?

했습니다. 죽기 아니면 살기다…. 그 말이 아니고 당신들이 망하지 않으면 내가 망하는 거다. 망할 때까지 하자. 그렇게 해서 그냥 그렇게 소문난 인생을 살게 됐습니다. 아시죠? 그런데 다 아는 일이고, 동기에 관해서만 내가 새롭게 말씀을 드리는 것입니다. 6·29가 6월 항쟁이 끝나고, 6·29가 있었습니다. 아시죠, 6·29가 뭔지?

6·29라는 선언이 있었습니다. 그때까지 우리가 세상을 바꾸자 하던 많은 사람들이 '이제 선거를 통해서 점진적으로 세상을 바꾸자!'라는 사람들과 '무슨 소리 하고 있냐? 밀어붙인 김에 한꺼번에 와장창 밀어붙여버리자.' 말하자면 봉기를 통해서 정권을 무너뜨리고 새로운 정부를 수립하자, 이 두 개의 노선이 쫙 갈라져 버렸습니다. 저는 그 차이가 있는 줄도 잘 모르고, 어어 하다가 그냥… '그런 차이가 있었는가?' 그전까지는 '무조건 싸우자.' 이것만 알았는데, 그 판에 가니까 이게 거기에 차이가 있더라고요, 보니까….

한참 동안 공부를 해야 그게 무슨 차이인지 알게 됐습니다. 저는 거기에 대해서 별 생각은 없고, 노동자들이 그때까지만 해도 구박을 받는 쪽이었으니까 노동자를 위해서 가자, 국회로…. 이 계기는 내가 구속돼 있었는데, 다른 사람이 구속돼 있을 때 내가 변호사이기 때문에 면회를 갈 수 있는 특권이 있었어요. 그게 그렇게 좋았습니다.

그런데 내가 87년 11월 달에 변호사 자격이 정지돼 버렸습니다. 정지되고 구속돼 있는데, 국회의원 한 사람이 저를 면회를 왔어요. 이상해요. 저 사람 변호사도 아닌데 면회를 왔어요. 그 당시는 구속돼 있는 사람 면회를 갈 수 있다는 것이 대단히 유용한 투쟁의 무기였습니다. 그것 국회의원 한번 해보자…. 밑천은 그때 마침 검찰에서 저를 구속시키는 영장을 세 번씩이나 영장을 청구했다가 기각돼 버렸거든요. 그래서 그게 큰 사건이 됐습니다. 당시 신문에 이만큼 크게 났으니까…. 첫머리 기사로 났어요. 그러니까 내 그때 생각은 동아일보 사회면에 이만큼 났으면 온 세상 사람들이 다 알겠지. 국회의원 하면 안 되겠나? 그렇게 생각하고 '하자.' 나중에 국회의원 나가 보니까 별로 아는 사람이 없더라고요.

세상이라는 것은 자기를 중심으로 돌아가는 것처럼 생각하기 쉽지만, 실제로 부닥쳐 보면 전혀 내가 살고 있는 세상은 극히 일부에 불과하다는 사실을 뼈저리게 뒤에 느꼈습니다만, 어쨌든 그렇게 착각하고 '가자 국회로….'

정치로 고치자…. 혁명과 투쟁의 노선에 대한 회의 이런 것들은 많이 있었습니다. 그 뒤에 국회의원이 되고 운동 진영은 분열했고 노동자 주도 노선이 세를 얻고 배타적 자주 노선 또한 세를 얻고, 그 사이에 노선 갈등이 많고 혼선이 있는 가운데 정치에 나간 사람은 변방의 인사가 되었습니다. 하여튼 주력 부대도 아니고 전위는 물론 아니고 뒤에서 거들어주는 보조적 부대, 이런 것으로 분류돼서 국회의원 노무현이 설 땅은 별로 없었던 것 같습니다.

그러는 가운데… 그래서 이제 좀 밀렸죠. 물론 아무도 밀어낸 사람은 없습니다만, 내가 동경하고 있는 것은 노동자들과 함께하는 것이었는데 별로 쳐주질 않는 바람에 자연히 밀렸고, 새로운 상황이 발생했습니다. 3당합당이라는 사건이 발생했습니다. 지역 분열의 구도라는 것이 구조화됐습니다. 소위 사회변혁이라고 하는 우리들의 진로에 커다란 새로운 장애가 발생한 것입니다. 87년 대통령선거 때 전국의 지역이 네 개로 갈라졌다가 다시 90년 3당합당을 통해서 전국의 지역이 세 개는 한 당으로 합치고 호남은 한 당으로 따돌렸죠. 그것이 90년 3당합당입니다. 그래서 새로운 지역구도가 만들어졌죠.

또한 이제 나를 괴롭히는 것은 80년대 초반에 《외채 무엇이 문제인가》 이런 책이 있었죠. 미국 사람이 쓴 것인데 잘 쓴 책입니다. '독점, 우리나라 금융자산의 40%를 10대 재벌이 다 가져다 쓴다.' '시장은 5대 재벌이 시장을 100% 독점하고 있다.' '중소기업 다 죽는다.' 등등의 얘기, 이런 얘기들이 있었는데 3저 호황을 거치고 90년대에 들어서면서부터는 외채와 독점의 문제가 점차 이슈에서 사라지기 시작하면서 외채 독점 문제를 얘기하고 농민가를 부르고 또 노동자 투쟁가를 부르던 사람들로서는 이것이 혼란스러웠습니다. 우리가 그때 부닥쳤던 문제, 사회적 모순이라고 부닥쳤던 문제는 이제 다 지난 일이 돼 버리고, 우리는 새로운 문제에 부닥쳤어요.

거기에 대해서 또 새로운 해답을 모색해야 되는데, 그때 새로 부닥친 문제가 세계화·정보화 이런 것이죠? 그리고 경제 질서도 이미 관치경제의 시대를 지나서 80년대 후반, 90년대 와서는 금융을 매개로 해서 국가 경제를 간접적으로 관리하던 시대로 변해버렸고, 개방은 돼버렸고, OECD 가입했고, 이런 변화 과정에서 그야말로 80년대 초반에 우리가 단순하게 의지해왔던 팸플릿 몇 개, 책 몇 권에 의지해왔던 단순한 우리들의 논리가 이제 현실과 맞지 않게 되는 상황에서 굉장히 많은 혼란도 겪었습니다.

그래서 민주주의의 과제, 그리고 경제·사회의 과제도 변화했습니다. 민주주의의 과제는 이젠…. 그렇죠, 직선 헌법을 쟁취하는 것, 이 한마디였습니다. '독재 끝내자. 대통령 우리 손으로 직접 뽑자.' 이것 한마디로 압축돼 있었죠. 그 이후의 민주주의 과제라는 것은 이제 '특권, 그들만이 누리는 권리, 그들만이 보는 유리벽 걷어내자.' 이런 것이죠? 가장 전형적인 것이 국정원이 나를 들여다보는 것 같고, 또 정권에게 고분고분하지 않은 사람에겐 국세청이 언제든지 뒷조사를 할 수도 있고, 검사는 또 항상 특별한 권력을 가지고 있게 되고 하는 그런 문제들에 대한…. 그리고 이제 정경유착… 뭐 이런 등등이 우리 사회의 주제로 많이 바뀌었습니다.

시계가 안 보여요, 대강 봐가면서 해야 되는데, 그죠? 하는 데까지 하고 중단하죠. 갑니다. 그래서 인식과 전략도 변화해야 되고 그렇게 하면서 제가 하는 일은 주로 개혁, 그리고 통합, 통합의 핵심적 내용은 지역구도를 어떻게든 극복하는 것이다, 이런 것이었습니다. 그렇게 하다 보니까 그냥 대통령이 됐습니다.

대통령이 어떻게 됐는지 내가 생각해도 신기해요. 어떻게 대통령이 됐을까? 그건 나도 놀라지만 나보다 더 많이 놀라는 사람들은…. 그렇죠? 나도 지금 생각해보면 내가 많이 놀랐을까? 아니면 보는 사람들이 더 많이 놀랐을까? 밑천, 밑천이 있었습니다. 가장 큰 밑천은 청문회…. 여러분 청문회가 뭔지 모르죠? 참 좋았던 시절입니다.

그때는 텔레비전 시청률 85%, 전 국민이 노무현 나오기만 기다리고 있던 시절, 청문회가 계속되고 있는 동안 전 국민이 부엌에 밥하다가도 '엄마, 노무현 나왔다.' 이러면 그냥 밥 때려치우고 와서 '엉, 노무현이다.' 와서 보던 시절이 있었습니다. 길거리에 나가면 모두다 손을 흔들어요. 저도 손을 흔들었죠, 좀 쑥스럽지마는…. 그때부터 낯이 많이 두꺼워졌습니다.

그런데 만나는 국회의원들이 이야기하는데, 어느 술집에 갔더니 술집 주인이 내가 오기만 오면 그날 저녁에 몇 명이 오든 술은 완전히 공짜로 준다고…. 그런데 바빠서 못 갔어요. 그 뒤에 그러면 다른 집에서도 그런 반응이 있어야 될 것 아니냐? 그 뒤에 술집에 가서 '술값 내지 마라.' 하는가 싶어서 카운터 앞에서 미적미적하고 이리 했어도 '술값 내지 마라.' 소리 안 하더라고. 웃자고 한 얘기입니다.

웃자고 한 얘기이고, 어떻든 그렇습니다. 이건 있습니다. 국민들이 뭔가 기대를 하는 무엇이 있었을 것입니다. 그렇죠? 바보 같은 짓을 계속했기 때문이다…. 원칙과 명분을 중시하고, 어떻든 일관된 길을 온 것 아니냐…. 그리고 끊임없이 명분을 축적했습니다. '저 사람 누고?' '응, 옛날에 인권변호사란다.' '저 사람 누고?' '아, 옛날에 노동자들 많이 도와준 사람이란다.' 굉장히 유리한 밑천이었던 것 같습니다. 사람들에게 나쁜 뜻으로가 아니고 좋은 의미로 사람들에게 좋은 인상을 준 것인데 '그 사람 왜 김영삼 대통령 안 따라 갔노? 김영삼 총재 안 따라 갔노? 배신자….' 이렇게 말하는 사람도 있지만 더 많은 사람들이 '참 아깝다. 참 아깝다.' 그랬죠. 지는데, '뻔하게 질 줄 알았다.' 이러면 사람들이 잊어버릴 텐데, 꼭 될 것 같아요, 선거를 할 때는…. 꼭 될 것 같으니 떨어져 버렸으니까 분할 것 아니에요, 그죠? 구경꾼도….

그래서 참 나를 떨어뜨렸지만 꼭 될 것처럼 분위기를 잡아준 그 유권자들…. 손 막 흔들어놓고 막판에 가서 거꾸로 찍어 버린 사람들…. 그러나 제가 고맙다고 말하지 않을 수 없죠. 여론조사 할 때 떴으니까… 그 덕분에 보는 사람들이 애석해 가지고 '참 안됐다.' 가능성이 없었던 도전은 3당 통합과 야당 통합 이후 부산 동구…. 가능성 있었던 도전은 부산시장 출마, 그리고 2000년 강서구 출마…. 왜 이것을 내가 구분했냐 하면은 '돈키호테는 아니다.' 말하자면 명분 있는 일도 가능한 일을 할 때 사람들이 신뢰를 하기 시작하는 것 아니냐? 신뢰를 갖는 것 아니냐? 그래서 아무리 좋은 명분도 역시 현실을 토대로 하고 가능성 있는 어떤 경로를 선택할 때라야 비로소 그것이 사람들에게 의미 있게 전달된다….

이건 많은 사람이 아니라도 바로 여러분들이, 여러분들의 동료에게, 다른 부처 사람들에게, 여러분들의 가족에게, 모든 사람에게 이것은 중요한 문제일 거다, 그렇게 생각합니다. 그래서 진지하고 현실성 있는 태도, 오로지 명분만 가지고 혼자 방방 뛰는 정치인들은 곱표 치십시오.

어떻든 제가 한 게 말이 안 되는 것 같기도 했지만, 말이 안 되는 것으로 본 사람들이 많았지만 지나고 생각해보면 이런 점이 있습니다. 최소한의 비빌 언덕이 있었다는….

대통령이 돼 버렸습니다. 됐는데, 요새 여론조사를 해보면 여론을 들어보면 잘 못한대요. 영 마음에 안 든대요. 그래서 내 친구들에게 그렇게 합니다. '당신들 나 때문에 얼마나 피곤하냐?' 내 친구들인 줄 아는 사람은 '그 대통령 만나서 잘하라고 해라. 똑똑히 좀 하라고 해라.' 이렇게 하니까 대통령은 직접 못 만나고 내 친구들만 시달려요.

그래서 내가 얼마 전까지는 '길고 짧은 것은 대봐야 안다. 조금 가 보자. 아직 1년밖에 더 됐냐? 아직 2년밖에 더 됐냐?' 이렇게 대답하라고 친구들한테 주문을 했어요. 근데 지금 보니까 이제 꽤 시간이 됐는데도 전혀 여론이 안 달라져요. 이상해요. 지금은 이제 길고 짧은 것은 대보자 말은 못하고, 요 며칠 전에 우리 동문들이 청와대에 놀러 왔기에—동문들 청와대로 초청해서 그분들이 왔기에—'나 때문에 많이 시달리지요?' 하니까 '말도 마소.' 이번에는 ' 나 빠진 것이 뭐요?'라고 말하십시오. '잘못한 것이 뭐요?' 말씨가? '대통령이 뭐 말씨 가지고 대통령 하는 거요? 그 말씨는 시비를 걸면 걸리는 거지.' 등등 이렇게 말하십시오. 지표로 말합시다. '우리 경제가 더 나빠진 것이 있으면 책임질게요.' 등등….

딱 한 가지 찔리는 것이 있습니다. 양극화 지표는 다 나빠지고 있습니다, 아직도…. 나머지 지표는 다 좋아지고 있습니다. 자신 있습니다. 그러나 그것은 그렇고….

'그 얘기를 왜 하냐?' 이 얘기를 하려고 그럽니다. 이럴 때 내가 하고 싶은 얘기…. 그래도 내가 대통령이 됐다는 사실만으로도 세상 달라진 게 얼마냐…. 나를 지지했던 사람들이 불만이거든요. '뭐가 달라졌냐?' 그렇습니다. 내 처지에서 보면 많이 달라졌고, 그들의 처지에서 보면 별로 달라지지 않았습니다. 이게 우리 고민입니다. (이하 생략)

1. 2007년 5월 7일, '정치인' 노무현의 좌절 – 최근 정치상황에 대한 심경을 밝힙니다.

2. 2003년 12월 17일, 정치개혁 입법과 관련하여 국회에 보내는 대통령 서한

3. 2003년 12월 18일, 충북지역 언론인과의 만남 및 오찬

4. 2004년 1월 14일, 신년 내외신 기자회견

5. 2005년 6월 24일, 총리공관 11인회의 참석

6. 2008년 10월 18일, 사저 앞 방문객 인사

7. 2008년 10월 24일, 사저 앞 방문객 인사

8. 2005년 5월 30일, 한미, 한일정상회담 준비 관련 회의

9. 2003년 6월 9일, 일본국회 연설

10. 2008년 10월 18일, 사저 앞 방문객 인사

11. 2006년 11월 28일, 국무회의 모두발언

12. 2004년 5월 27일, 연세대 리더십 특강 '변화의 시대, 새로운 리더십'

13. 2004년 3월 11일, 기자회견

14. 2005년 4월 7일, 독일·터키 순방 사전보고

15. 2006년 11월, 하노이에서 한미정상회담 직후

16. 2004년 11월 22일, 하와이 동포간담회

17. 2004년 12월 5일, 프랑스 동포간담회

18. 2004년 2월 20일, 취임 1주년 KBS 특별대담 '도올이 만난 대통령'

19. 2005년 3월 8일, 국민에게 드리는 글

20. 2004년 11월 29일, 한·싱가포르 정상회담

21. 2008년 10월 7일, 사저 앞 방문객 인사

22. 2008년 10월 7일, 사저 앞 방문객 인사

23. 2006년 5월 3일, 민주평통 미주지역 자문회의

24. 2008년 10월 4일, 사저 앞 방문객 인사

25. 2006년 3월 23일, 국민과의 인터넷 대화

26. 2007년 10월 18일, 벤처기업대상 시상식 계기, 혁신 벤처 기업인을 위한 특별강연

27. 《노무현은 이렇게 말했다》새천년민주당 제16대 대통령선거 백서발간위원회, 46쪽

28. 《노무현은 이렇게 말했다》새천년민주당 제16대 대통령선거 백서발간위원회, 35쪽

29. 2008년 10월 7일, 사저 앞 방문객 인사

30. 2008년 10월 26일, 사저 앞 방문객 인사

31. 2008년 10월 26일, 사저 앞 방문객 인사

32. 2007년 6월 2일, 참여정부평가포럼 월례강연

33. 2007년 9월 3일, 제44회 방송의 날 축하연

34. 2004년 9월 22일, 러시아 순방 중 특별수행원과의 만찬

35. 2004년 12월 28일, 민정수석, 민정비서관과의 환담

36. 2007년 6월 2일, 참여정부평가포럼 월례강연

37. 2008년 11월 12일, 사저 앞 방문객 인사

38. 2004년 5월 27일, 연세대 리더십 특강 '변화의 시대, 새로운 리더십'

39. 2004년 1월 8일, 2004년도 여성계 신년 인사회

40. 2003년 12월 10일, 세계인권선언 제55주년 기념행사 대통령 연설문

41. 2008년 10월 7일, 사저 앞 방문객 인사

42. 2007년 6월 2일, 참여정부평가포럼 월례강연

43. 2003년 4월, 〈국민일보〉 '노무현의 말말말'

44. 2003년 7월 9일, '칭화대학' 방문 연설

45. 2005년 4월 16일, 터키 이스탄불 동포간담회

46. 2003년 6월 23일, 전국근로감독관과의 대화 및 오찬간담회

47. 2006년 12월 28일, 정책기획위원회 신규위원 위촉장 수여식 및 오찬

48. 2008년 10월 18일, 사저 앞 방문객 인사

49. 2003년 4월, 〈국민일보〉 '노무현의 말말말'

50. 2008년 11월 12일, 사저 앞 방문객 인사

51. 2004년 5월 18일, 국무회의 모두발언

52. 2004년 5월 20일, 열린우리당 전·현직 지도부 만찬

53. 2004년 6월 4일, 주한외교단 리셉션

54. 2004년 5월 27일, 연세대 리더십 특강 '변화의 시대, 새로운 리더십'

55. 2004년 11월 15일, 아르헨티나 부에노스아이레스 총장 접견

56. 2005년 9월 15일, 미국 코리아소사이어티 Korea Society 연례 만찬 연설

57. 2005년 11월 9일, 신임 사무관 특강

58. 2005년 5월 19일, 주한외교단 리셉션

59. 2005년 11월 9일, 신임 사무관 특강

60. 2005년 9월 12일, 한국 코스타리카 정상회담

61. 2005년 12월 21일, APEC 정상회의 유공자 격려 오찬

62. 2006년 4월 25일, 노무현 대통령의 '한일관계에 대한 특별담화문'

63. 2003년 6월 16일, 전국 세무서장 초청 특강 연설

64. 2003년 5월 26일, 수석·보좌관 회의

65. 2003년 8월 1일, 제2차 참여정부 국정토론회

66. 2006년 11월 30일, 대변인 브리핑

67. 2008년 11월 2일, 사저 앞 방문객 인사

68. 2006년 4월 25일, 노무현 대통령의 '한일관계에 대한 특별담화문'

69. 2008년 10월 5일, 사저 앞 방문객인사

70. 2003년 12월 14일, 4당대표 접견 다과회

71. 2003년 12월 15일, 수석보좌관 회의

72. 2005년 9월 20일, 국무회의

73. 2009년 4월 23일, 집필팀 회의, 사저

74. 2003년 8월 13일, 경북도민들과의 오찬간담회

75. 2003년 9월 3일, 서민주거안정 관련 현장 방문

76. 2004년 5월 27일, 연세대 리더십 특강 '변화의 시대, 새로운 리더십'

77. 2005년 7월 12일, 해병대 신병교육단과 오찬간담회

78. 2004년 11월 14일, 아르헨티나 동포간담회

79. 2007년 1월 30일, 지역언론사 편집·보도국장 오찬간담회

80. 2003년 4월 8일, 문화관광부 업무보고

81. 2007년 6월 13일, 한겨레 특별인터뷰

82. 2002년 4월 6일, 새천년민주당 대통령 후보 인천경선 연설

83. 2007년 1월 23일, 노무현 대통령 신년 연설 요지

84. 2004년 3월 12일, 수석보좌관들과의 만찬

85. 2004년 3월 13일, 참모들과의 환담

86. 2004년 3월 13일, 참모들과의 환담

87. 2004년 2월 20일, 취임 1주년 KBS 특별대담 '도올이 만난 대통령'

88. 1988년 7월 8일, 제142회 임시국회, 사회문화 분야 대정부질문

89. 1995년 4월 27일, 원광대학교 행정대학원 특강 '국제발전과 지방자치의 전략'

90. 2001년 10월 25일, 원광대학교 행정대학원 특강

91. 1997년 제15대 대통령선거 TV찬조연설

92. 2003년 12월 16일, 국무회의 모두발언

93. 2004년 5월 27일, 연세대 리더십 특강 '변화의 시대, 새로운 리더십'

94. 2005년 11월 9일, 신임 사무관 특강

95. 2008년 11월 25일, 충남지역 지인들과의 대화

96. 2003년 6월 2일, 참여정부 100일 대통령 기자회견

97. 2003년 6월 23일, 전국근로감독관과의 대화 및 오찬간담회

98. 2003년 9월 25일, 민주평통 해외자문회의 초청 다과회

99. 2003년 7월 23일, 민원·제도개선 담당공무원과의 오찬

100. 2003년 8월 2일, 제2차 참여정부 국정토론회

101. 2006년 5월 27일, 정부혁신 및 정책책임성 토론회

102. 2008년 10월 7일, 사저 앞 방문객 인사

103. 2008년 10월 4일, 사저 앞 방문객 인사

104. 2008년 8월 10일, 사저 앞 방문객 인사

105. 2004년 9월 22일, 모스크바 대학 강연 및 명예박사학위 수여식 일문일답

106. 2004년 12월 8일, 자이툰 부대 방문

107. 2005년 12월 12일, 한·말레이시아 경제인 만찬 간담회

108. 2003년 7월 9일, '칭화대학' 방문 연설

109. 2003년 7월 31일, 사스 방역 평가보고회

110. 2007년 1월 23일, 신년 연설 요지

111. 2003년 5월 30일, 언론사 편집·보도국장 오찬간담회

112. 2003년 5월 7일, 전군주요지휘관 회의 및 오찬

113. 2008년 8월 13일, 사저 앞 방문객 인사

114. 《노무현은 이렇게 말했다》새천년민주당 제16대 대통령선거 백서발간위원회, 32쪽

115. 《노무현은 이렇게 말했다》새천년민주당 제16대 대통령선거 백서발간위원회, 31쪽

116. 2008년 10월 25일, 사저 앞 방문객 인사

117. 2008년 8월 13일, 사저 앞 방문객 인사

118. 2008년 8월 13일, 사저 앞 방문객 인사

119. 2008년 10월 24일, 사저 앞 방문객 인사

120. 2008년 8월 10일, 사저 앞 방문객 인사

121. 2008년 11월 1일, 사저 앞 방문객 인사

122. 2008년 10월 18일, 사저 앞 방문객 인사

123. 2006년 5월 9일, 몽골 동포간담회

124. 2004년 4월 15일, 제17대 국회의원 선거 투표

125. 2008년 10월 18일, 사저 앞 방문객 인사

126. 2005년 9월 22일, 참모들과의 오찬

127. 2004년 3월 11일, 기자회견

128. 2008년 10월 5일, 사저 앞 방문객 인사

129. 2008년 10월 11일, 사저 앞 방문객 인사

대통령의 말하기

초판 1쇄 발행 2016년 8월 24일 **초판 33쇄 발행** 2023년 6월 1일

지은이 윤태영
펴낸이 이승현

출판2 본부장 박태근
W&G 팀장 류혜정
디자인 조은덕

펴낸곳 ㈜위즈덤하우스 **출판등록** 2000년 5월 23일 제13-1071호
주소 서울특별시 마포구 양화로 19 합정오피스빌딩 17층
전화 02) 2179-5600 **홈페이지** www.wisdomhouse.co.kr

ISBN 978-89-6086-970-7 [03320]